中國學術思想研究輯刊

十七編

林 慶 彰 主編

第2冊

《周易》與亞理斯多德天人哲學思想比較

黃 原 華 著

花木蘭文化出版社

國家圖書館出版品預行編目資料

《周易》與亞理斯多德天人哲學思想比較／黃原華 著 — 初版
— 新北市：花木蘭文化出版社，2013〔民 102〕
目 4+230 面；19×26 公分
（中國學術思想研究輯刊 十七編；第 2 冊）
ISBN：978-986-322-370-2（精裝）
1. 亞理斯多德（Aristotle, 384-322 B.C.） 2. 易經 3. 比較研究
030.8 102014621

中國學術思想研究輯刊
十七編 第 二 冊 ISBN：978-986-322-370-2

《周易》與亞理斯多德天人哲學思想比較

作 者 黃原華
主 編 林慶彰
總編輯 杜潔祥
出 版 花木蘭文化出版社
發行所 花木蘭文化出版社
發行人 高小娟
聯絡地址 235 新北市中和區中安街七二號十三樓
電話：02-2923-1455／傳眞：02-2923-1452
網 址 http://www.huamulan.tw 信箱 sut81518@gmail.com
印 刷 普羅文化出版廣告事業
封面設計 劉開工作室
初 版 2013 年 9 月
定 價 十七編 34 冊（精裝）新台幣 60,000 元 版權所有・請勿翻印

《周易》與亞理斯多德天人哲學思想比較

黃原華　著

作者簡介

黃原華筆名黃鼎，台灣彰化人。以「《史記・秦始皇本紀》研究」撰寫碩士論文，對於中國上古思想、歷史與文化進行探討。之後又以「《周易》與亞理斯多德天人哲學思想比較」作為博士論文題目，對於華夏與歐洲兩個文明的重要源頭，進行對照式的參考比較。作者任教於台中東海、逢甲等大學，並於彰化鹿港從事文化創意工作。

提　要

本文旨在以德國哲學家卡爾・雅斯培（Karl Jaspers，1883 ～ 1969A.D.）所提出的「軸心時代」（Axial Age）理論為基礎，比較代表中國哲學之源的《周易》，與做為西方哲學源頭的希臘亞理斯多德（Aristotle，384-322B.C.）思想中，關於宇宙與人生所進行的觀察和思考。

文中首先探討中華與希臘兩個古文明的歷史文化背景，以了解此二文明如何從巫術信仰與神話時代，而轉型進入哲學突破與精神超越的軸心時代。再從本體論（Ontology）、宇宙論（Cosmology）、認識論（Logic）、倫理思想（Ethics）與政治思想（Politics）等範疇，比較二者間主要內涵的異同之處。

並於論文中分別論述自軸心時代迄今二千餘年來，《周易》與亞理斯多德天人哲學思想的傳承與演變情形，以及二者於當今的時代所具有的現代價值。作者於論文結尾處特別強調以《周易》占卦輔助心理諮商，如榮格（C.G. Jung，1875 ～ 1961A.D.）提出的關於將《周易》占卦決疑的過程，視為是一個獨特的「共時性心理現象」（Synchronous Psychological Phenomenon）。而亞理斯多德的倫理學，則直接影響丹尼爾・高曼（Daniel Goleman，1946 ～）影響廣遠的 EQ 理論之提出。

《周易》與亞理斯多德思想宛若來自於軸心時代的兩座思想高峰，此兩座高峰二千餘年來始終對人們的思維產生甚為巨大的影響力，並且對現今人們生活的影響亦未曾衰減，此雙峰標誌著人類理性智慧發展的高度。本文以文明思想比較的方式，嘗試探討其二者間一些面向的異同之處，希冀對人們心靈智慧的提升與幸福生活的促進，能產生一些助益。

致謝辭

本論文的完成首先感謝父母親對我用心撫育栽培的劬勞之恩。家父已於2008 年夏日氣化於宇宙大化流行之中，然而他的靈魂想必也爲我的完成這本博士論文而感到欣喜，同時我也要對親愛的家人們表達一併的感恩之意。

感謝十年前引導我修習玄奘大學彰化學分班的程廣仁主任。更感謝就讀於玄奘大學中文所碩士班時柯金虎、莊雅州、沈謙、羅宗濤、文幸福、陳弘昌、李霖生等增上緣的鼓舞和提攜。

也感恩就讀東海大學中文所博士班期間，李威熊老師於經學，特別是《易經》領域；張端穗老師於哲學思想領域；朱歧祥老師於古文字學領域；呂珍玉老師於《詩經》領域的提點、指導和啓發，令我獲益良多，內在能量日漸充實飽滿。

本論文寫作過程中，在國學系統參考書目上，特受惠於屈萬里、黃沛榮等先生；在哲學系統參考書目上，特受惠於方東美、程石泉、傅佩榮等先生之大作，在此亦一併致上無限謝忱。

東海大學中文所自 1989 年設立博士班迄今 22 年來，尚無任何關於《周易》的博士論文產生，本論文的完成，讓東海大學於華文世界的此一領域中，多誕生一本參考文獻，這是東海大學對於我的恩德，也是小子我回報東海大學恩澤的一點薄力。

在完成這本論文的研究之後，讓我更深刻體會到應該更虔誠地尊天地、敬鬼神、愛眾生；並且更加謙卑地提升個人的德行、智慧與能力，追求創造個人與眾人的善和幸福，才無愧於作爲一個致力修持保合太和沖和之氣的「士」，存活於人世間的使命。

目次

圖目次

第一章　緒　論

第一節　研究緣起

德國哲學家卡爾・雅斯培（Karl Jasper, 1883～1969）曾提出一個概念，指出西元前八〇〇至二〇〇年間，人類的精神發展似乎構成一個軸心（Axis）。中國有燦爛的諸子百家爭鳴；希臘產生荷馬（Homer，約西元前 8～9 世紀）、巴門尼德斯（Parmenides, 520～450B.C.）、赫拉克利特斯（Herakletos,ca.544～484B.C.）、蘇格拉底（Socrates, 469～399B.C.）、柏拉圖（Plato, 427～347B.C.）、亞理斯多德（Aristotle, 384～322B.C.）等大哲；印度是奧義書〔註 1〕（Upanisads）和佛陀（Buddha, 565～486B.C.）的時代；伊朗有查拉圖斯特拉，亦即瑣羅亞斯德（Zarathustra，約 628～551B.C.）提出他挑戰性的概念，認爲宇宙是善與惡的鬥爭；巴勒斯坦（以色列）則出現以利亞（Elijah，約西元前 9 世紀）、以賽亞（Isaiah，西元前 8 世紀）、耶利米（Jeremiah，西元前 7 世紀）、後以賽亞（Ieutero～Isaiah，西元前 8 世紀以後）等諸位先知。他們在這六〇〇年內共同的思維，是人類應如何完善地共同生活，如何善加管理和統治，並因此而創立的思想體系與宗教，至今仍影響著人們的生活，雅斯培認

〔註 1〕 印度奧義書有古奧義書與新奧義書之分。古奧義書年代之確認有其困難，但一般認爲古奧義書之時期大約爲 800 B.C. or 600 B.C.～300 B.C.，而新奧義書則爲 300 B.C.以後所成立者。由於新奧義書並無甚哲學價值，因此一般所稱之奧義書即指古奧義書，本文所指之奧義書亦指古奧義書而言。參見林煌州〈古奧義書（Upaniṣads）與初期佛學關於人的自我（Self）概念之比較與評論〉，台北：台灣大學佛學研究中心學報第五期，（2000.07），頁 1～35。

爲這是一個改革的時代，亦稱之爲「軸心時代」（Axial Age）。〔註 2〕在這段時期，希臘、以色列、印度及中國等人類四大古文明，都經歷哲學的突破，逐步地脫離巫術與神話的時代，人的主體性與獨立思維能力突飛猛進地發揚，是個哲學突破和精神超越的時代。吾人亦可將「軸心時代」理解爲「轉軸時代」，其本意是經由此一段時期，人類的文明產生重大的變化，由較蒙昧無知的巫術與宗教信仰主導的階段，像轉軸般轉向比較理性與文明的時代。

本論文所探討的範圍，即是以軸心時代東方的中華文明居群經之首的經典《周易》經、傳中闡發的宇宙、人生哲理，與軸心時期古典希臘的大哲亞理斯多德著作裡，關於宇宙及人生論的領域，進行一個東方與西方，古代和現代的會通比較。試圖在這兩條人類重要文明遺產的脈絡中，了解先賢如何定位宇宙與安排人生，並發掘一些可促進人們幸福生活的智慧靈光。

《易經》是自然萬象相互關連轉化的代名詞，涵攝了人類的生活環境、文化活動與心性活動。易的世界是自然、人文社會、文化與人性相互影響的機體世界，是中國古代思想智慧的結晶。易學的歷史是中國哲學史和文化史的重要部份，是文化與思想開創與萌芽的源頭活水，具有不廢江河萬古流的文化史價值，中國歷代每一階段的重要思想家與文化歷史發展，都受過《易經》及其衍生的易學哲學思想深刻的影響。本論文在《周易》的範疇主要涵攝《易經》和《易傳》，並在第捌章回顧後代學者對於前述文本的詮釋與創發，特別是在易學哲學的思想領域的論述。

與《周易》同處軸心時代的希臘哲學大家——亞理斯多德，對於西方乃至於全體人類的思想發展影響至爲深遠。他所創發的科學研究方法，與嚴謹的推理模式，有條不紊地整理、推論與分析當時所有有關人類全部的廣泛知識。他以銳利的觀察力、豐富的閱歷、出類拔萃的才智、客觀的態度、冷靜的思考，和無比的毅力，在天文學、生物學、心理學、歷史學、哲學、倫理學、政治學、詩學與戲劇學等學科上，爲人類做出巨大的貢獻。在人類文明與文化發展史上的影響力，不同凡響，特別是哲學中邏輯學與形上學。他對於抽象世界知識的思考，具有客觀、永恆與長久的成就。

希臘文明與基督教文明，同爲西方文明之兩大源頭。而近 400 年來，歐美文明在人類生活中，不論就科學或人文領域，客觀而言均有較其他區域更卓越

〔註 2〕見 Karl Jaspers（卡爾·雅斯培，1883～1969 ***The Hhistory of Man in Way to Wisdom***（《智慧之路》），（New Haven: Yale University Press, 2003）, p.p.96～109。

的表現。深究其因，和其文化的根柢有密切關聯。而燦爛多元的古典希臘時期，在蘇格拉底、柏拉圖、亞理斯多德之前，即有泰勒士（Thales,ca. 642～546B.C.）、亞諾西曼德（Anaximandros,ca. 610～546B.C.）、亞諾西姆內斯（Anaxienes,ca. 585～528B.C.）〔註3〕，畢達哥拉斯（Pythagoras, 570～469B.C.）〔註4〕，色諾芬尼（Xenophanes,ca. 570～475B.C.）、赫拉克利特斯（Herakletos,ca.544～484B.C.）〔註5〕、帕米尼德斯（Parmenides,ca. 540～470B.C.）、亞拿薩哥拉斯（Anaxagoras,ca. 500～428B.C.）〔註6〕、恩培多克雷斯（Empedokles,ca. 492～432B.C.）、齊諾（Zenon,ca.490～430B.C.）、梅力索斯（Melissos，約西元前5世紀）〔註7〕、雷基博士（Leukippos,？）、普羅達哥拉斯（Protagoras,481～411B.C.）、格而齊亞斯（Gorgias,483～375B.C.）、德謨克利圖斯（Demokritos,ca. 460～370 B.C.）〔註8〕、普羅弟可斯（Prpdicos，約西元前4～5世紀）、希比亞斯（Hippias，西元前4～5世紀）、安提芬（Antiphon，約西元前4～5世紀）、特拉西馬可斯（Trasymachos，約西元前4～5世紀）、克利提亞斯（Kritias，約西元前4～5世紀）〔註9〕等諸先哲，曾提出許多關於宇宙和人生的高明見解，即是西方文明的重要源頭活水之

〔註3〕這三位乃所謂米勒杜斯（Milatos）三鉅子，亦稱愛奧尼亞三思想家。主要貢獻在於對宇宙太初元素水、火、風、雲、土、石等「氣」的變化之思考。以及提出人類的祖先是魚類演進而來的主張。鄔昆如《希臘哲學》，台北：五南，2001年，頁29。

〔註4〕他所提出的「愛智」（Philo-sophia）二字，成爲今日「哲學」的字義。主張靈肉二元，眾人一齊修行。對於數和幾何學的研究，建立甚早期的貢獻。同注3，頁36～40。

〔註5〕赫氏的核心思想，從現象上看是「萬物流轉」（Penta rei），本體上則是「道」（Logos）。同注3，頁57。

〔註6〕亞拿薩哥拉斯首先提出精神是在四元素（土、水、火、氣）之外而存在的唯心思想，它才是事物形成和變化的原因。同注3，頁65～66。

〔註7〕這四位是伊利亞學派代表人物。色諾芬尼反對神話，並進一步論證自然物理、最高唯一性及思想與存在的關係。帕米尼德斯提出同一律、矛盾律、排中律。及宇宙的觀念界、感官界二元劃分。齊諾進一步完成伊利亞學派的唯心體系，論證一與多，動與靜的關係。梅力索斯提出「非物質」一詞，說明思想和存在都是精神性。同注3，頁42～53。

〔註8〕此三人是機械唯物論三鉅子。其中雷基博士爲原子論學派創始人。原子論、機械唯物論與無神論三位一體。德謨克利圖斯也論述倫理學相關主題。同注3，頁58～65。

〔註9〕這些以「人」爲中心考量的辨士派哲人，特強調精神主導的主觀意識，主張「人是萬物的尺度」。侷限於自身的存在和意識，未能進一步探討人與人、人與物、人與天的關係。同注3，頁68～76。

一〔註 10〕。這些至今仍對人類深具啓發性的思想產生之年代，正與東方的易學被哲學化之時期相去不遠。依照雅斯培軸心時代的說法，正可作爲此一比較研究的理論基礎。

方東美曾主張，將下述三件工作做到之後，才算眞正了解《周易》：一是通其象。須了解 64 卦卦符的形成過程，64 卦本身即是一個符號系統，要剖析形成這組符號系統的思維方式和象徵意義。二是通其字，亦即了解包涵經、傳文辭章句的意義。三是通其理，必須了解《周易》經文和十翼章句中所闡發的哲理智慧〔註 11〕。

牟宗三曾言，愛因斯坦相對論發明以來，有諸多派別的解析，啓發出許多新鮮的思想。《周易》的情形亦然，其內容亦啓發出許多高深思想。其文字與符號原形是素樸淺陋的，然而經後人的解析卻高明了。他認爲這是思想的開展，智慧的擴大〔註 12〕。本研究除比較探索易學與亞理斯多德天人哲學思想之異同，也探討這些思想對後世的諸多啓發及影響。並嘗試預估其對於未來人們的生活，能否繼續產生一些有用的價值。

筆者的先師沈謙曾提出四點爲學的基本概念：一是理想的目標，二是恢宏的胸襟，三是精審的態度，四是當代的意識。以及三個研究取向：一爲洞明章句，尋味義蘊，以印證作品。二乃上探淵源，下究影響，以貫串源流。三以變通古今，斟酌中西，鎔鑄新說〔註 13〕。這些觀點，亦是本研究所依循的準則與基本態度。

《周易》與其他文明的重要經典，均有其恆久價值，歷久而彌新，須隨時代發展而賦予新的傳承和詮釋。本論文的研究將以《周易》經、傳爲主，從文明源頭的文化歷史層面切入，並在與亞理斯多德的天人哲學思想面向異同的比較中，期望與當今的時代精神結合，進行精審紮實的學本探原工作。

〔註 10〕當今歐美現代文明之底蘊，源自古典希臘、希伯來文化及羅馬文化於初世紀的第一次大綜合。繼而於 13 世紀集羅馬天主教、猶太教與伊斯蘭三宗教的智慧，誕生現今綜合「大學」（Universitas）之學術文化機構，進行第二度文化大融合，開展出許多文化成就，諸如：人文的研究催生文藝復興（源自義大利）；對社會的探討孕育啓蒙運動（起自法國）；自然科學的研究啓動工業革命（從英國開始）；神學院的辯論促成宗教改革（以德國爲首）。這些人類文明成就，爲現今的人文與科學發展，奠定一個文化累積與傳承的厚實基礎。

〔註 11〕方東美：《原始儒家道家哲學》，台北：黎明文化，1993 年，頁 139。

〔註 12〕牟宗三：《周易的自然哲學與道德涵義》，台北：文津出版社，1988 年，頁 12。

〔註 13〕沈謙：《文心雕龍與現代修辭學》，台北：文史哲出版社，1997 年，頁 5～6。

希能效法司馬遷究天人之際，通古今之變，融裁傳統與現代，會通東方與西方，以蔚爲國華，成一家之言。

第二節　研究回顧

孔子晚年讀《易》，韋編三絕，深好《易》理，而自言「不占而已矣！」他的態度深深影響儒家治《易》的方向。到了戰國時代，儒家學者撰十翼，賦予《易經》哲理性之微言大義。自此《易》便從「卜筮之書」，成爲文化活動中，具有價值、意義、目的和理想的《易》。唯聰明睿智神武不殺者能體認，自其中體悟哲理，闡明並推進諸般理想，鼓舞人心，力爭上游，創造優美文化，享受幸福人生。

據《史記》〈太史公自序〉、〈仲尼弟子列傳〉言，孔子贊易爲第一代，然後傳予商瞿爲第二代，傳至田何時是第六代，王同乃第七代，楊何爲第八代，司馬談是第九代，傳至司馬遷時，乃爲第十代，皆能明易之微言大義。

漢代之京房、馬融、鄭玄、荀爽、虞翻等家亦傳易學者。京房治易明「災異」；孟喜治易明「易候、陰陽災異」；梁丘賀治易明「變異」；費直治易長於「卦筮」；高相治易明「陰陽災異」；其子高康治易明「世變」；鄭玄通「京氏易」，主「爻辰納甲（五行）」，今已失傳；管輅以卜筮預言名滿天下；虞翻治易，其筮法之說尚爻象（談卦氣、災異）。

上述之漢代學者治易以象數爲主，充斥陰陽災異符讖之事，其說已偏離孔子之「微言大義」甚遠。

至三國時期，魏人王弼引道家之玄理破除災異迷信之說，其著《易注》，厥功至偉，但偏流於清談玄學之易。隋唐易學，如孔穎達之《正義》，亦踵兩晉之餘韻，傾向玄談。

宋儒周敦頤、程頤、朱熹志在訪孔子先範，闡述易理，成爲新儒學一派。並採納於民間已流傳久遠之易圖，併入易書。

清代樸學興，黃宗羲、胡渭、惠棟、張惠言、尙漢易，整理漢代易學家之說易條例，斥易圖（太極圖、洛書、河圖），謂其無根據，開易漢學與易宋學的門戶之見，並著重於訓詁考據。如顧炎武之《易音》、毛奇齡之《易韻》，李富孫之《周易異文釋》、宋翔鳳之《周易考異》、俞樾之《古書疑義舉例》等書，俱爲代表。焦循治易頗能自成體系，言「旁通交易」、「當位失道」、「變通趣時」。然過於重視爻之所變，恐非易辭本意，亦非其所指之實象。章太炎亦有論《易》之說，且以之與佛法之《唯識》相比附。

近百年來，研究易學者，百家爭鳴，各有其路線。屈萬里主張進入《易經》卦爻辭古文字本意，以經解經。牟宗三則藉漢、晉、宋、清先賢所談之易，闡發其中的自然哲學與道德函義。錢穆以史學家綿密之考據功夫，對先秦、西漢、魏、晉、宋、明、清以來之易學多有研究，從訓詁通至義理。戴君仁的《談易》，是一部探討自《易經》成書以來，以至清代的易學史著作。高明治易，有〈連山歸藏考〉、〈易圖書學傳授考源〉、〈五十年來之易學〉、〈易象探源〉、〈孔子的易教〉等大著，主張易之本經本傳皆重要，象數亦不可偏廢。

方東美深知易之微言大義，發揮「生之理」、「愛之理」、「化育之理」、「原始統會之理」、「中和之理」、「旁通之理」，皆能對易中之旨意探賾索隱，鉤深致遠。其門人程石泉承其後，以《易學三論》(《易學新探》、《易學新詮》、《易學新論》)，於易之歷史面、象數面、哲理面，精密而深入地原始探本，指正歷代缺誤，會通中西，頗多創發新見。薛學潛之《易經數理科學新解》、黎凱旋之《易數淺說》從數理科學面解易，不失爲嶄新研究路線。

近四十年來，在海峽兩岸的學術界，研究易學者眾，人才輩出，顯示《易》作爲中國群經之首所開展出的思想文化巨流之重要性。

考察國內近半世紀以來易學相關博士論文，其研究取向多側重個別時代及易學家研究，如胡自逢的《周易鄭氏學》、黃慶萱的《魏晉南北朝易學考佚》、徐芹庭的《漢易闡微》、曾春海的《王船山易學闡微》、胡瀚平的《宋象數易學研究》、金周昌的《王弼易研究》、江弘毅的《宋易大衍學研究》、莊耀郎的《王弼玄學》、金尚燮的《朱熹以理學詮釋易學之研究》、孫劍秋的《清代吳派經學研究》、杜保瑞的《論王船山易學與氣論進路並重的形上學進路》、千炳敦的《易傳道德形上學研究——並省王弼與朱子之易學》、林文彬的《船山易學研究》、賴貴三的《焦循雕菰樓易學研究》、黃忠天的《宋代史事易學研究》、林志孟的《俞琰易學思想研究》、劉慧珍的《漢代易象研究》、楊自平的《吳澄之易經解釋與易學觀》、許朝陽的《胡煦易學研究》、王宏仁的《張惠言易學研究》、許維萍的《宋元易學的復古運動》、許雅妃的《朱熹醫、易會通研究》、康全誠的《清代易學八家研究》、羅卓文的《清乾嘉易學七家研究》、陳明彪的《牟宗三的漢代易學觀述評》、陳伯適的《惠棟易學研究》、段致成的《道教丹道易學研究》與喬家駿的《孟喜、焦延壽、京房及其易學研究》等。

另有自易的文辭、象數與哲理切入者，如黃成權的《易經倫理思想研究》、劉遠智的《易數研究》、朴正根的《易經之人生哲學研究》、金學權的《易經之天人關係研究》、王新華的《周易繫辭傳疏證》、鄭炳碩的《易經哲學中人與道德理念之研究》、尹任圭的《易經之「生生」思想研究》、金聖基的《易經哲學中人之研究——以人之自律擴大過程爲中心》、趙中偉的《周易「變」的思想研究》、周甘逢的《周易教育思想研究》、張銀樹的《易傳哲學思想析論》、李霖生的《辭與物：易傳釋物的秩序》、林文欽的《周易時義研究》、謝綉治的《魏晉象數易研究》、劉秀蘭的《宋代史事易學之義理分析》等。

此外尚有從事不同思想領域間之會通比較者，如孔令信的《伯格森生命哲學與易經生命哲學比較研究》、蔡憲昌的《周易與孫中山先生人生哲學之比較研究》、陳進益的《蕅益智旭《易》佛會通研究》等，皆各有所長。

關於天人合一探討的專門著作或論文，有傅佩榮的《儒道天論發微》、張立文的《天》、吳健明《先秦儒家天人合德思想之演進與發展》、何保中《由天人之際論先秦儒學思想的傳承與演變》、楊慧傑《天人關係論》、劉述先〈論孔子思想中隱含的天人合一貫之道——一個當代新儒學的闡釋〉、秦紅增〈天人關係：從神話到哲學的文話嬗變〉、王建文〈古代中國的天人關係〉、吳疆〈儒家中的天人合一與神秘體驗〉、呂宗麟〈論儒家哲學中的天人合一觀〉、李景林〈孔子性、命、天道思想新論〉、曾春海〈易經的天人觀——從宋明易學的觀點〉、項退結〈孔子與孟子對天的看法〉、〈從易經探討孔子天人一體思想〉、蒙培元〈周易的天人哲學〉、趙源一〈孔子的天人關係探微〉、楊澤波〈孟子天人合一思想辨義〉、蔣立文〈春秋戰國時期天人關係之爭論〉、鄭力爲〈易傳性命天道思想之析論〉、盧瑞鐘〈孟子的天道觀念〉、伍振勳〈荀子天生人成思想的意義新探〉等，均對先秦天道與天人合一思想進行過深入的探討，而各有創獲。

亞理斯多德曾師從柏拉圖 20 年，堪稱柏拉圖學園中最傑出的學生，是一個全方位發展的大哲人。古典希臘的思想家們，自蘇格拉底、柏拉圖以來，至亞理斯多德，可謂集前代之大成。並非因爲他建立一個無所不包的體系，或者宣示幾條不變的永恆定理，而是他將希臘哲學愛智慧、尙思辨的精神充實且具體化，將其發揚光大至頂峰。他的哲學尊重經驗，跟隨現象，最後歸諸理智和思維。他主張人們通過經驗，獲得科學與技術。一個人因其有經驗，將比那些只懂原理而無經驗的人，增多許多成功的機會。他推崇理智，將其置於靈魂的最高地位。理智的思辨活動是至高無上的快樂，經由探索日常所見事物之生成與存在原因，並解決事物的構成要素。哲學的思索起源於對未知事物探究的好奇心，人們爲了擺脫無知而進行哲學思考，爲求知識而求知識，正如人爲其自身存在而存在，而稱爲自由的人。這種爲知識自身而存在的科學——哲學，是一種自由、高尚、神聖的科學。他眼裡的神性，即是一種不懈地追尋，無窮的探索之別名。亞理斯多德本身即是愛智慧、尚思辨的希臘哲學精神化身。

其著作部份已失佚，在 40 年的講學與著述過程裡，現存者依 2 世紀傳記作家歐根尼・拉爾修（Diagenes Lartius）於其《著名哲學家傳》中所錄 164 種 400 餘卷作品，現今較好的標準本爲柏林科學院伊曼紐爾・貝克爾（Immanuel Bakker）主編的《亞理斯多德全集》，僅能見 164 種中之 47 種，約 29%。其中《論宇宙》（Peri Cosmou）等 13 種，學界多認爲是後人僞托之作，但仍有很高參考價值，故被保留於全集之中。在貝克爾版本的基礎上，還有《托布奈叢書》（Teubner Series），《牛津古典本文》（Oxford Classical Texts），《布德叢書》（Budé Series）、《洛布叢書》（Loeb Series），本論文的參考版本主要爲牛津古典本文的英文譯本，及苗力田主編由洛布古典叢書的古希臘語本翻譯，中國北京人民大學出版的中文版本。

亞理斯多德龐大思想體系的著作，依其學術成長分期如下：

第一期，沿續柏拉圖學說時期

1、《歐德摩斯》（***Eudemos***），旨在討論靈魂的先天性與不死性。由靈魂的先天性，導出知識回憶說。受畢達哥拉斯學派與蘇格拉底、柏拉圖影響，認爲靈魂落入身體是一種病，須透過記憶方能喚醒先前所知的知識。

2、《普羅特利弟古斯》（***Protreptikos***），是一封寫給提米森（Themison）的書信。信中一再提及支持柏拉圖人世間的幸福快樂均屬虛幻，靈魂唯有在肉體死亡後方得眞自由，才能活出眞正生命的主張。

3、《自然哲學》（***Philosphy of Nature***），其中的第一、二、七卷屬此一時期的較早期作品。

第二期，過渡期

4、《論哲學》（***Peri Philosophia***），自此開始修正柏拉圖的觀念論，對於宇宙的定位提出「不動的首動者」（The first unmovable mover）概念，認爲至高的善與美，即是具備超越的神性。

5、《形上學》（***Metaphysics***），其部分初稿完成於此一時期，包括 A、B、K、D、M 等卷。

6、《幸福倫理學》（***Eudemia Ethica***），此書共計七卷，亞氏自此處開始主張「知即德」與「德即福」的原理。

7、《政治學》（***Politics***），二、三、七、八諸卷概完成於此時。開始對於柏拉圖過於理想主義的烏托邦裡論，進行較務實的修正。

8、《論天》（***De caelo***）與《論生滅》（***De generation of corruption***），亦被歸於此一時期作品。

第三期，成熟期

9、《範疇論》（***Kategoriai***），說明存在的種類與存在的法則。提出「概念」、「範疇」等命題。特別是「實體」（Substance）的觀念，實體即事物的定義。實體之下有九個範疇，皆是實體的屬性。

10、《論解釋》（***On Interpretation***），探討「概念」或由「概念」所構成的「語句」及「判斷」。「概念」無眞假，但「判斷」有分眞假與對錯。

11、《分析前論》（***Prior Analytics***），提出三段論的推論方法，分大前提、小前提與結論。闡明判斷與名詞間構成的關係。

12、《分析後論》（***Posterior Analytics***），討論定義、分類與證明等命題。

13、《論題》（***On Topics***），論可能性的結論，兼論辯證法。

14、《詭辯性謬論》（***De Sophisticis Elenchis***），指出辯論應注意之事項，兼批判辨士派的謬論。

15、《形上學》（***Metaphysics***），形上學的成熟完稿於此一時期完成。亞氏稱此一著作爲《第一哲學》（***First Philosophy***），或《智慧》（***Wisdom***），或《神學》（***Theology***）。現行的名稱 Metaphysics 即「物理學之後」的意思，乃是因亞氏的弟子安德羅尼可斯在編輯亞氏全集時，將此書置於《物理學》（***Physics***）之後而得名。本書共 14 卷，主要在探討關於「存在」的原理、原因及基礎。

16、《物理學》（***Physics***），共八卷，旨在探討各種存在的分類和等級。特別注重萬物的運動和變化情形，並探討運動和變化的原理、原因與基礎。是亞氏討論宇宙論的最主要作品。

17、《論氣象》（***Meteorology***），其中包含地理的知識。

18、《動物史》（***Historia animalium***），共十卷，討論動物生理學與解剖學。

19、《論動物部分》（***De partibus animalium***），一卷。

20、《論動物起源》（***De generatione animalium***），共五卷。

21、《論動物運動》（***De motu animalium***），一卷。

22、《論動物生態》（***De incessu animalium***），一卷。

23、《論靈魂》（***De Anima***），共三卷。

24、《自然短論》（***Parva naturalia***），討論感覺、記憶、夢與生死等。

25、《問題論集》（***Problemata***），是亞氏的一些筆記集結。

26、《大倫理學》（***Magna Moralia***），共二卷。

27、《尼可馬科倫理學》（***Nicomachean Ethics***），此書是其前兩部倫理學著作集大成的系統性成熟作品。深入地討論「德行」、「智慧」、「幸福」與「善」的關係。

28、《政治學》（***Politics***），一、四、五、六卷完成於此時期。是倫理學的擴大，從個人善的討論，擴大爲思考整個城邦生活的善。

29、《雅典政制》（***Atheniensium Respublica***），探討雅典城邦歷代以來憲法及政治制度的演變。

30、《修辭學》（***Rhetorica***），共三卷，討論成功演說的條件，演說者本身修辭的說服能力，以及演說中如何舉證理論，並對於群眾情緒的掌握等。

31、《論詩歌》（***Poetics***），共二十六章。

另外《論宇宙》、《論氣息》、《論顏色》、《論聲音》、《體相學》、《論植物》、《論聲音的奇異》、《機械學》、《問題集》、《論不可分割的線》、《論風的方位和名稱》、《論麥里梭、克賽諾芬和高爾吉亞》、《大倫理學》、《論善與惡》、《家政學》、《亞歷山大修辭學》等卷，學者多認爲可能爲後人僞托之作〔註14〕。

國內關於亞理斯多德的研究，有不少著作集中於其倫理學思想。顯然亞

〔註14〕即便爲後人所托之作，若其核心思想未與亞氏所主張者偏離，亦可視爲其門徒、後學或同一學派之學說，亦有相當之參考價值。

氏關於自我的理性節制，與幸福人生的思考，對後世影響甚鉅，引發許多共鳴。列舉諸華文著作有：余紀元著（林航譯）的《理性之鏡——孔子與亞理斯多德的倫理學》、黃藿《理性、德行與幸福——亞理斯多德倫理學研究》、嚴群《亞理斯多德之倫理思想》、江子嵩《亞理斯多德・理性・自由》、鄔昆如〈目的論、幸福論、德行論三合一體系的研究〉、俞懿嫻〈亞理斯多德的幸福論——目的價値論與目的倫理學〉、〈自律與道德教育：亞理斯多德與康德學說比較〉、范明生〈亞理斯多德快樂思辯與幸福〉、蕭永倫〈評論《尼各馬科倫理學》之幸福目的論〉、程諾蘭〈亞理斯多德倫理思想研究〉、林芳蕙〈亞理斯多德《尼高邁倫理學》之「靜觀生活」研究〉、林素梅〈走出倫理困境——重振亞理斯多德倫理學中之「德行」觀〉、張匀翔〈亞理斯多德《尼各馬科倫理學》之幸福觀——由「幸福」與諸概念之關係談起〉、莊國銘〈亞理斯多德鞏固政治共同體的兩大德性：正義與友誼〉、游惠瑜〈從友愛到幸福——對亞理斯多德倫理學的一個詮釋〉、洪櫻芬〈德行與理性之互蘊——論亞理斯多德的德行觀〉、黃信二〈論亞理斯多德「幸福」觀念在古希臘倫理學中之意義〉、龔群〈亞理斯多德的德行與社會的關係理論〉、何珮瑩〈亞理斯多德的「智慧」概念及其回響〉、錢運淼〈亞理斯多德的幸福論〉、張坷圳〈亞理斯多德尼可馬赫倫理學之基本線索〉、王賀白〈亞理斯多德德性優越意識之批判〉、潘小慧〈論友誼（愛）——以亞理斯多德及多瑪斯的思想爲據〉、何淑靜〈亞理斯多德與孟子——幸福與成聖〉、〈孟、告、荀與亞理斯多德對「人性與道德」一關係之看法比較〉、項退結〈孟子與亞理斯多德對人的定義——從海德格對西方邏輯思考的批判說起〉等。

其中有專門針對亞理斯多德倫理學思想之研究，也有與西方後來的哲學家康德（Immanuel Kant, 1724～1804 A.D.）、多瑪斯（Thomas Aquinas 1225～1274）等人進行比較者，余紀元、何淑靜、項退結等人則以之與中國先秦時期的思想家孔子、孟子、荀子等人進行東西方思想內涵的比較。

《易經》作爲中國十三經之首，是孔、孟、荀等原始儒家的思想源頭之一。老子的思想於若干程度上亦深受《易經》影響。從《易》之經、傳開展出豐富而源遠流長的文化思想巨流，中國歷代研治國學思想的知識份子，泰多有遺留與易學相關之論著。

本論文著眼於《周易》與亞理斯多德之天人哲學思想之比較，試圖從文化歷史層面切入，探討其對於宇宙存在和人生哲學思考的異同。在本文之前，尚無發現有相關博士論文之論著爲之。本論文藉由東西方思想同異之比較，應能提升一些思維格局，產生拓寬心靈視野與增長智慧的些許效益。

第三節　研究方法

本研究先從考古、文字、語法、歷史、文化的考察切入，考察軸心時代以前及該時期的歷史文化背景的探索。然後進入思想價值的哲學思想層面的比較。在研究與理解的過程中，對於易學所代表的中國歷史文化與思想系統，和亞理斯多德所繼承與開展的西方歷史文化與思想系統，進行二者間同、異的比較。

二重證據法與哲學史研究法，是本研究所使用的主要方法。王國維（1877～1927A.D.）所提出的二重證據法，旨在以地下出土新材料，與既有之紙上材料相印證，以補足紙上材料之不足。〔註 15〕以此方法，可更進一步得知典冊所載內容，何者可給予證明肯定，而何者可給予證明否定。更擴大而言，以出土之地下材料，與不同出土材料間的比較；或者以他族的文獻，證我國族之文獻；或者以西方之理論，與我國族文獻間相互詮釋與比較，亦是二重證據法之應用。以此方法治學，可通中外、兼古今、究天人，亦能經世致用，且成果堅實，不流於空言。在固有國學領域專精之餘，可進一步從事科際整合工作。既有實證之考據成果，又不流於過度傾向義理之空言鑿鑿。亦不流於爲既有之理論思想等意識形態所框限，以主觀之預設立場指導材料。在精密分析論證同時，可兼顧深度性及系統性。亦可一掃疑古派與國故派等諸先輩，對於古史的全盤否定，或視出土甲骨、鐘鼎等文物爲訛器的主觀暗昧態度。

二重證據法的細緻內涵包括：一、以古文字證古史。近百年來相繼出土的商、周代甲骨文、金文、簡帛書等地下材料，與古書結合，作爲進一步印證古史的重要工具，成效顯著。二、以古音韻的通假關係，作爲文獻與文獻間繫連的橋樑。三、以古器物證古史。商、周之際的鐘鼎彝器，其內容可據以協助了解上古思想、制度、習俗、禮儀、歷史、文化等面向　。四、以文字

〔註 15〕參見王國維《古史新證——王國維最後之講義》，（北京：清華大學出版社，1966 年），頁 2。而後來吳其昌稱物質與經籍證成一片法；陳寅恪釋爲地下之實物與紙上之遺文互證法；傅斯年則謂之直接和間接材料互相爲用法；蔣汝藻指此爲新舊史料輾轉相生法。均與二重證據法指向同一事。

與文獻相互重疊蟬連互證。將形近、形訛、通假或偏旁通用的文字歸爲一組，接著將相關文獻也排成一組，最後將文字和文獻兩組成果連接，推出結論。此間有文字的串聯、文獻的串聯、文字與文獻的串聯。儘量以較早的材料，原文獻互證原文獻〔註16〕。

上述引用王國維二重證據法，如同勞思光所提「基源問題研究法」所述，是以史學的考證工作爲助力，以協助吾人對於哲學思想的了解。勞思光所提的方法是必須統攝事實記述的眞實性、理論闡述的系統性與全面判斷的統一性。眞實地呈現歷史面貌，並且將理論的建構脈絡明確地表現出來，沒有散亂現象。而且清晰的統觀人類心靈之發展，智慧之成長。有一貫的判斷原則與理論設準，使所下判斷的表現能有一定的識見和尺度〔註17〕。

此外，張岱年所提及的哲學思想的理論分析方法，強調理論分析的必要性，主張應深入到每一思想體系的內部，進行切實的考察，分析其理論內容。唯有如此，才能找出理論思維發展的歷史線索，及每一位重要思想家的理論貢獻。深入地考察理論體系學說的內容，才能充分認識這些珍寶的價值。如此才能了解思想家在客觀世界裡，追求眞理過程中的理論貢獻。其次是對於各種名詞、概念、觀念與範疇，深入地分析，確切的了解。如命題是由許多名詞組成，名詞表示概念，概念又是客觀事物本質、類型和規律的反應，而觀念則是由觀察事物所得的思想。範疇是關於世界事物的基本類型的概念。並且對於普遍的、特殊的與個別的三個層次，能夠分析與辨別。在思想體系發展演變過程中，關於概念與範疇的演變，也必須清楚明瞭。對於哲學命題的分析，必須了解其普遍意義與特殊意義。也必須了解哲學命題的多層意義，對於各項命題，進行多面向的辯證分析。對於如何考察與分析哲學體系，則應注意思想家或思想體系所要解決的主要問題。並考察每一思想理論體系的基本傾向，確定其基本性質。同時還須注意所考察的思想體系中概念與範疇的層次問題，細密深入地考察思想體系中概念與範疇的層次，有助於了解哲學體系的性質。最後則是好學深思，心知其意，以了解思想學說體系的眞諦，及其所達到的深度〔註18〕。

在精神思想價值的哲學層面，本研究將試圖找出兩個思想系統間對人類

〔註16〕朱歧祥：《甲骨學論叢》，台北：台灣學生書局，1999年，頁353～366。
〔註17〕勞思光：《新編中國哲學史》，台北：三民書局，2004年，頁13～17。
〔註18〕張岱年：《中國哲學史方法論發凡》，北京：中華書局，2005年，頁44～60。

的共同普遍性，也須發現其彼此間因時空背景關係，而產生的差異特殊性。比較其對於天（本體論、宇宙論）、人（倫理學、政治學——道德與公共問題）所思考的概念、範疇、層次、邏輯（認識論）與思維方式間的差異。在二者相似或相近的觀念與觀點中，以原始文本作爲最主要依據，從事彼此間的對照研究。在研究中，既從事分析，又進行綜合的歸納與比較。以期正確了解其思想內容，在過去、現在以及未來，所具有的時代價値。並且對於研究材料進行批判性考察，若其中存有普遍規律的眞知灼見，應予以肯定繼承；對於已不合時宜的觀念，應予揚棄。

東西方思想體系各有其特殊範疇，以及固有的特定含義，且各具不同的起源與演變過程。本研究於比較過程中，將力求避免過於簡單的比附，並致力於對其各自的思想體系中的特點，進行深刻的認識。

第二章　前軸心時期中國與希臘的人文環境

第一節　占卜與巫術

軸心時代前的人類社會（西元前 9 世紀以前），原始文化成分甚濃，文明〔註 1〕開化的程度，相對地較低落，於是對於大自然與祖先神靈進行崇拜，各種鬼神信仰雜陳，占卜（Divine）及各種巫術（Magic）活動盛行。政治權力相當高程度地與這些宗教信仰，及占卜巫術活動相結合〔註 2〕。經由巫術與占卜的結合，預測及解釋未知之事，藉著話語權的掌握與詮釋，進一步鞏固統治領導權威。古中國商、周代的國王皆十分嫻熟占卜術，而巫師的政治社會

〔註 1〕這裡所指的文明，指人類在其文化發展過程中，逐漸創造一個較大且較複雜的環境。愈來愈廣泛而深入地利用自然資源，而且創造更豐富的社會與精神遺產，智慧與知識的累積亦逐日遞增。人們生活於自己所創造的環境，與原始的自然環境有些區隔。是運用自然環境，而非受制於自然環境。

〔註 2〕法國人類學家馬塞爾．莫斯（Marcel Mauss, 1872～1950），在談論巫術的一般理論與要素時，似乎有意將祭祀與巫術儀式切割區隔。他說：「在祭祀當中，重要人物、動物祭牲、神與祭祀本身融爲一體；與之相同，在巫術儀式中，巫師、巫術儀式與儀式的效應，也造就了互不可分的形象，相互混融。」馬塞爾．莫斯（Marcel Mauss）著，楊渝東等譯，***A General Theary of Magic***，《巫術的一般理論》，桂林：廣西師範大學出版社，2007 年，頁 78。但我們探討古代中國的商、周代的甲骨文，及相關出土文物、典冊時，發現該時代的祭祀與占卜巫術活動，並未有如此清楚之切割，多數時候是結合成一組儀式先後進行，而且充滿濃厚的宗教性。

職能角色多十分親近權力核心，國王其實就是一位群巫中最大的領袖〔註3〕。占卜與巫術活動，主導這個時代人們的思維，成爲主流的集體意識，在哲學與科學出現前，巫覡可能是最早從事醫療行爲、放毒及冶金的一批人。同時他們也從事礦物、植物、動物、身體各部位、幾何圖形、數字、道德品質、死亡與生命等範疇的探究〔註4〕，深深地影響早期人類生活。

就卜骨言，1930年代發掘出土的距今4000年前之龍山文化遺址〔註5〕，即發現卜骨之使用，此占卜法至商〔註6〕、周〔註7〕時代仍被先民普遍傳襲，後又東傳至日本，北至通古斯及西伯利亞之濱海民族；歷史期間的韃靼民族也浸染此習慣。以後西播，直到愛爾蘭、摩洛哥一帶〔註8〕。此一早期先民的普遍習俗，在通往歐洲的西邊與北非的過程中，作爲中間地理位置的希臘，其早期住民也相當頻繁地使用占卜術。奧林匹亞博物館藏一尊西元前 5 世紀石雕，描繪一位年老占卜者，很明顯地關心國王和希波達彌亞的求婚者之間的比賽結果，可作爲古希臘亦流行占卜術的依據〔註9〕。至於多神信仰的希臘祭司，如何於神廟的祭祀活動中，遂行其巫師的職能？我們於西元前15世紀的邁錫尼時期，至西元前 5 世紀逐漸被視爲「宇宙中心」的德爾斐神廟，作爲代表希臘榮耀的萬神殿（Pantheon），在神殿最深處（adyton）的阿波羅神廟，女祭司（Pythia or Sibyl）坐於神聖的三腳祭壇上，此處蒸氣繚繞，古希臘人

〔註3〕從中國出土的西元前16～11世紀的商代骨、龜卜上所契刻的文字，可以了解以商王爲首及其身邊的史官重臣，經由頻繁的占筮問卜，來預測或詮釋政治社會生活中的大小事。以及比商代更早的中國東北邊牛梁河紅山文化、東南邊長江下游的良渚文化出土的事神玉器；與商代約同期的西南邊四川三星堆文明所出土的青銅祭司雕像，都表明了該時期宗教信仰、巫術與政治間的密切關係。

〔註4〕同注20，頁93。

〔註5〕現今山東濟南附近的城子崖（今龍山鎮），中央研究院於1930年代的挖掘中，曾出土未刻有文字的卜骨，其最早年代可上溯至西元前2000年。

〔註6〕以河南安陽爲中心向外輻射的殷墟遺址，自清朝末年的19世紀末至1990年代，陸續出土逾10萬片的獸骨、龜腹甲的占卜紀錄，其上並契刻有豐富的甲骨文材料。

〔註7〕1977年於陝西省扶風縣出土的1萬7千餘片周原甲骨，多爲獸骨，其上所契刻的數字符號，被認爲極可能是《周易》易卦卦符的早期面貌。

〔註8〕李濟序《中國考古報告集之一——城子崖》（山東歷城縣龍山鎮之黑陶文化遺址），台北：中央研究院歷史語言研究所，1992年，序二，頁xv。

〔註9〕Stefano Maggi 著，張寶梅譯 ***Greece: History and Treasures of an Ancient Civilization***，《世界古文明之旅——眾神殿堂的希臘（歐洲區）》，（台北：閣林國際圖書，2009年），頁89。

視爲大地的入口處。這些水蒸氣，和女巫咀嚼的月桂樹葉，使她進入恍惚狀態，然後以其靈媒的身分，向人間世傳遞神的旨意〔註 10〕。南義大利洛克里地區出土，現收藏於該區雷焦．卡拉布里亞（Reggio Calabria）國家博物館的一尊 19 公分高狂舞赤陶質地女巫雕像，左手持鼓類樂器行使巫術，似乎有助於我們進入該時代的文化氛圍，去理解原始社會先民的宇宙觀。

圖 1　狂舞的希臘女巫雕像〔註 11〕

目前所知更早的卜骨發源地另有三處：一爲距今 6000 年左右，中國河南省西南地區漢水上游支流丹江一帶淅川下王崗遺址；二是距今約 5800 年左

〔註 10〕同注 29，頁 130～132。

〔註 11〕這座陶質雕像，左手持類似小鼓法器，進入恍惚狀態施行巫術，發掘自希臘殖民地區的南義大利洛克里，屬於古希臘文化影響範圍，約作於西元前 400 年。現收藏於 Reggio Calabria 國家博物館。引自約翰·格里菲思·佩德利（John Griffiths Pedley）著，李冰清譯：《希臘藝術與考古學》（***Greek Art and Archaeology***），桂林：廣西師範大學出版社，2005 年，頁 237。

右，中國甘肅武山傅家門遺址；三乃距今 5500 年左右，內蒙昭蒙巴林左旗富河溝門遺址。〔註 12〕大抵而言，卜骨使用的習俗，其源頭雖依新文物之出土，而仍存有若干爭議，但綜上所述，是由亞洲漸往西方的歐洲、北非傳播，應爲可接受之說法。

原始社會的占卜，除卜骨外，尙有其他如夢卜、魔棍、算命晶球、飛鳥、龜甲等卜法；或者透過巫師的幻覺，或者神魂顚倒手段來占卜〔註 13〕，以與神靈溝通，預測及詮釋生活中未知的大小諸事。在遠古中國，「巫」職司祝禱，當然包含祈雨祝禱，他（她）們亦能以巫術進行針灸醫療。巫於祭祀祝禱時所跳的舞蹈，奏唱的頌歌，也成爲中國古代浪漫文學中，詩和詩論等文學觀的歷史根源〔註 14〕。

周人的先祖從事游牧生活，以八卦筮卜而逐步衍生爲數字卦、64 卦的過程中，原初可能是一種八卦索占卜法，亦即占卜時，手持八條牛毛編織成的繩索，擲於地以預卜吉凶〔註 15〕。而後歷經各種筮法，這些以簡單的數字運算，所得之數字卦，曾經契刻於出土的商、周代卜甲、獸骨、青銅器上。商、周代乃至於更早的夏代先民，可能各有其筮法系統，就是文獻上所謂的《連山》、《龜藏》與《周易》的分別，夏、商先民所習用之《連山》、《龜藏》已不易尋覓其蹤跡。筮法經歷長時期的演變，如《繫辭傳》所記載，逐漸成爲以揲蓍草所得數字變化，將之畫成卦爻之形，再依其卦象，繫以卦爻辭，據以論斷吉凶福禍，即後來所見之《周易》。

周人的巫亦設有專職，《周禮・春官》說：「男巫……冬堂贈，無方，無撻。」言男巫於冬日持撻以舞祝禱，向四方之神祈求攘除惡夢疾疫等不祥，「撻」即玉器也。《儀禮・既夕禮》的「踊無撻」似亦作如是解。玉是高貴的禮器，於是「以玉作六器，以禮天地四方〔註 16〕」，遂有蒼璧、黃琮、青圭、赤璋、白琥、玄璜、玉罾、玉瑁、大圭、圭、璋、瓚等美玉之名。玉，

〔註 12〕王宇信、楊昇南《甲骨學一百年》，北京：社會科學文獻出版社，1999 年，頁 223。

〔註 13〕路先・列維——布留爾（Luciēn Levy－Brül）著，丁由譯：《原始思維》，台北：台灣商務印書館，2001，頁 291。

〔註 14〕周策縱，《古巫醫與六詩考——中國浪漫文學探源》，台北：聯經出版公司，1986 年，序頁 i-ii

〔註 15〕同注 29，頁 217。

〔註 16〕《周禮・春官宗伯第三》。

作爲上古中國的事神重器，遂成爲其文化之重要之特色。至於平常之祭祀，尚有牛、羊、豬等大牲，雞、鴨等小牲，五穀釀的鬯酒，有時尚用人牲獻神〔註 17〕。

周人上自周王本身，乃至於其周邊之王侯公卿重臣，皆熟諳卜筮之術。朝中亦設置太卜、卜師、占人、筮人、龜人及占夢等官職〔註 18〕，職司占卜等相關事務。

此外亦設司巫一職，其職責主要是：「掌群巫之政令，若國大旱，則帥巫而舞雩」，因久旱不雨，將嚴重影響民生經濟的農業生產，故由王或司巫爲首，率眾舞雩祈求降雨。

《尚書》〈洪範・稽疑〉云：

> 擇建立卜筮人，乃命卜筮。曰雨、曰霽、曰蒙、曰驛、曰克、曰貞、曰悔。凡七，卜五，占用二，衍忒。立時人作卜筮，三人占，則從二人之言。汝則有大疑，謀及乃心，謀及卿士，謀及庶人，謀及卜筮。汝則從、龜從、筮從、卿士從、庶民從，是之謂大同；身其康彊，子孫其逢：吉。汝則從、龜從、筮從、卿士逆、庶民逆：吉。卿士從、龜從、筮從、汝則逆、庶民逆：吉。庶民從、龜從、筮從、汝則逆、卿士逆：吉。汝則從、龜從、筮逆、卿士逆、庶民逆：作內，吉；作外，凶。龜筮共違于人：用靜，吉；用作，凶。

這段話似乎說明在軸心時代前，處於商、周朝的上古中國，以神道設教，巫術氛圍瀰漫，依據卜筮觀其兆象，所占得的神諭啓示，深深地影響人們的政治社會生活。卜筮結果之重要性，居於王、卿士及庶民意見之上，成爲下決策之最終依據。殷墟與周原所出土的甲骨刻辭，及易卦和其經文，便是先民

〔註 17〕以人牲獻祭，在西元前 16 世紀以來的商代甲骨文裡時有所見。周人的典籍與出土青銅器銘文裡常見之「馘」字，即征戰獲勝後獻俘祭神祖之紀錄。周武王對商紂王革命成功的牧野之戰後，將殷王與其百名高級官吏的首級，置於鼎中獻祭，記載於《逸周書・世俘》、小子鼎等處。《周易》經文中亦有多處獻俘祭祀的文辭。另如《左傳》文裡多處記載獻人牲祈雨之事、又《太平御覽》卷十記亦有佚文《莊子》載，宋景公時，曾大旱三年，卜云：「以人祀，乃雨。」不過焚人祈雨的習俗，於西元前 4、5 世紀以後的戰國時期，因人道的考量，已逐漸改爲於炎陽下曝曬祈雨。

〔註 18〕《周禮・春官宗伯下》。

占卜活動所遺留的紀錄。

多神信仰且神廟林立的古希臘人，也曾使用人牲奉神：阿嘉門農曾爲求一陣風，犧牲了 Iphigenia；阿奇里斯在 Patroclus 的柴薪堆上，奉獻 12 名特洛伊青年；經常將活人從來卡司和塞浦路斯島的懸崖投下，以獻祭阿波羅神；狄密斯托克利亦曾在 Salamis 之戰後，以波斯戰俘獻祭戴奧尼索斯；斯巴達人於慶典節日上，常在祭壇上鞭笞青年，有時鞭笞至死；希臘諸神之主宙斯，亦常於阿卡迪亞（Arcadia）接受人祭；當瘟疫流行，或逢飢荒，便以人著聖袍，飾以聖枝，自懸崖擲下獻祭，以求滌除城市罪愆〔註 19〕。這些原始社會充滿巫術文化的以人牲獻祭習俗，應比西元前 16 世紀的阿嘉門農時代更早即已流行於古希臘社會。至於西元前 4 世紀時，由於人文精神的覺醒，以及有智慧的先人對於道德的思考，遂逐漸改良爲以牛、羊、豬等動物，亦即古中國人所謂之大牲作爲奉獻祭品。

約西元前 7、8 世紀以前的古中國商、周代統治者，用人牲獻祭以取悅天神祖靈，乃是習見之事。後來東周的晏嬰、臧文仲、孔子及荀子等先賢，開始對於以人牲隆禮祭天進行批判性思考〔註 20〕，當時正是西元前 7 至 3 世紀，如雅斯培所謂「軸心時代」的人文覺醒年代。東西方兩個古文明先哲們，對於以人牲祭祀獻神的人道思考，使他們所處的社會，逐漸往更富於人文化成的道德之路邁進。

第二節　神話與宗教信仰

在人類學家眼裡，全世界都曾經歷神話與宗教信仰時期。那些早期初民所虛構的神話，其觀念中充滿詩意的幻想。那個世界裡有和人們相類似的自然生活，當然是由於創作者是人，且人們所經驗的自然世界，當然成爲其創作的直接基礎，因此人類靈魂也與自然神靈相類似。於是在早期的神話描述內容裡，太陽便成爲君主，早晨威風凜凜地自天空升起，夜晚疲倦憂傷地降入地下世界。狂風巨浪的海洋，是恐怖之神，他準備吞沒勇敢的航海者。森

〔註 19〕 Will Durant 原著，張平男等譯：***The Life of Greece: Aegean Prelude & the Rise of Greece***《希臘的興起》，（台北：幼獅文化，1995 年），頁 276～277。

〔註 20〕 參見拙文〈論殷周巫舞祈雨的傳承與流變〉，收錄於《中華人文社會學報．第十二期》，2010 年，頁 96～115。

林中的野獸，在思想和語言上，有一半像人。森林的樹木，是精靈的棲止之所。他們葉子的颯颯聲，是樵夫的話語。那搖曳的樹枝，像樵夫在招手。而樵夫卻懷著如同殺人犯罪的心理，來砍伐它們的枝幹〔註21〕。早期的人們，從大自然的生活環境裡，產生神話幻想的原料。於是身體能夠變形，靈魂亦能遷移，人或神皆能變成野獸、河流、樹木或岩石，木棍也可能幻化爲野獸〔註22〕。在他們眼中，大自然的一切現象，無處不充滿神靈，因此不論天、地、雷、風、水、火、澤、山，皆可爲神明。

宗教與神話其實具有密切的關係，神話對於社會生活與宗教儀式，產生重要的影響〔註23〕。這個時期古中國與希臘的宗教信仰中，背後其實都流傳著一個多元的神話系統，成爲先民在現實生活中的精神支柱，從而進行終年不輟的祭祀活動，這些祭祀活動可能在神廟或郊野，乃至於庶民的自家神祖牌位前進行。

在前軸心時代中國的商代及早周時期，他們有個最高宗神——帝〔註24〕，也就是人們所認知的宇宙中最高主宰，祂具有支配人間的最大神力。依傅斯年的說法，就中國而論，古來一切稱帝之神王皆是宗神（tribal gods）。每一部落皆有其宗神，後因部落間之融合，而後漸成爲普遍之混合，宗神觀念於焉具備普遍性。在殷商成爲一個國家後，其宗神帝嚳便成爲全民的上帝。在殷商的政權統轄範圍內，便成爲一個具普遍性的觀念。

殷商人相信帝有極大的神力，足以左右他們的生活，我們臚舉下列20條甲骨卜辭辭例以作進一步論證：

1、翌癸卯帝不令風夕霧？（《合集672正》）

2、貞：勿伐𢀛，帝不我其受祐？（《合集6272》）（圖2）

〔註21〕Edward B. Tylor（愛德華·B. 泰勒）著，連樹聲譯 ***Anthropology: An Introdution to the Study of Man and Civilization*** 人類學——人及其文化研究，桂林：廣西師範大學出版社，2004年，頁368。

〔註22〕同注44，頁368。

〔註23〕馬林諾斯基（Malinowsky）〈神話在生活中的作用〉，收錄於艾倫·鄧迪斯（Alan Dundes）編，朝戈金等譯，劉魁立主編《西方神話學讀本》（***Sacred Narrative: Readings in The Theory of Myth***），桂林：廣西師範大學出版社，2006年，頁236～252。

〔註24〕最高宗神的說法，參見傅斯年關於傅斯年《性命古訓辨正》，劉夢溪主編《中國現代學術經典·傅斯年卷》，石家莊：河北教育出版社，1996年，頁73～76。

3、貞：不惟帝令作我禍？（《合集 6746》）

4、帝若？（《合集 7075 正》）

5、王占曰：吉，帝若。（《合集 7075 反》）

6、貞：帝不降大堇，九月？《合集 10167》

7、庚戌卜，貞：帝其降堇？（《合集 10168》）

8、貞：帝其及今十三月令雷？（《合集 14127》）

9、壬申卜，古貞：帝令雨？（《合集 14129 正》）

10、貞：今一月帝令雨？（《合集 14132 正》）

11、今三月帝不其令雨？（《合集 14135 正》）

12、貞：翌丁亥，帝其令雨？（《合集 14150》）（圖 3）

13、丙子卜，𡧊：翌丁丑，帝其令雨？（《合集 14153 乙正》）

14、貞：卯帝弗其降禍，十月？（《合集 14176》）

15、辛丑卜，𡧊貞：帝若王？（《合集 14198 正》）

16、貞：帝弗若王？（《合集 14198 正》）

17、己卯卜，爭貞：王作邑，帝若我从之唐？（《合集 14200 正》）

18、王作邑，帝若？（《合集 14203》）

19、貞：帝疾唐邑？（《合集 14208 正》）

20、戊戌卜，爭貞：帝疾茲邑？（《合集 14211 正》）（圖 4）

帝是最高的神，可以令雨、雷、風等神向人間世下雨、打雷、刮風，降福佑或降疫疾、飢饉等災禍。日、雨、雷、風、雪、東母、西母是比帝稍低階的天神，聽令於帝；山、河、四巫、四戈、四方及社是地祇；至於先王、先公、諸先祖妣、諸母及舊臣，皆是人鬼〔註 25〕。從甲骨文刻辭得知，天地之間無一不是神靈，皆具有對人事間降下福禍的能力。

〔註 25〕陳夢家：《殷墟卜辭綜述》，北京：中華書局，1988 年，頁 562 頁。

圖 2　占問征伐𢀛方是否將獲得帝的庇佑〔註 26〕

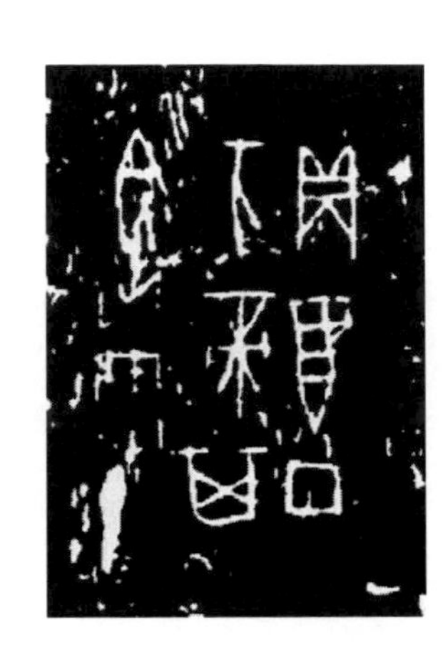

圖 3　占問翌日丁亥帝是否將下令降雨〔註 27〕

圖 4　占問帝是否將對此城邑降下疾病〔註 28〕

周代初期對於最高宗神的觀念，則以帝、天混用，但其所指涉者，則與殷商人的帝一致，是一位具有人格意志的最高神靈〔註 29〕。考諸周人的重要典籍與出土文獻，西周金文的帝至少出現 4 次，我們看到一個從殷商的帝，

〔註 26〕引自《甲骨文合集 6272》。

〔註 27〕引自《甲骨文合集 14150》。

〔註 28〕引自《甲骨文合集 14211 正》。

〔註 29〕白川靜說：「談到天字，在殷代，幾乎被使用得與帝的意義相同。」白川靜著，溫天河、蔡哲茂合譯《金文的世界》，台北：聯經出版社，1989 年，頁 36。

過渡到周代之天的遞嬗過程。在殷代名之爲帝的最高主宰之神，到周初逐漸被轉名爲天，但其間仍不斷出現帝或上帝之稱呼，作爲一種時代的過渡性質。

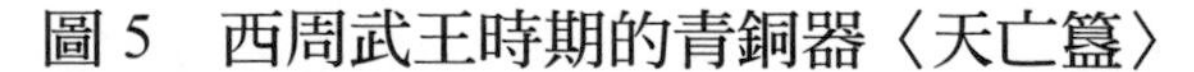
圖 5　西周武王時期的青銅器〈天亡簋〉

銘文中提及武王之父文王已升天，侍奉居於天室的上帝左右。〔註 30〕

殷人對於帝和諸天神地祇等神明的信仰，被視爲是一種具有較豐厚狂熱與感性的「自然宗教」型態，尚未進入「倫理宗教」的型態。他們觀念裡的「帝」，是「全能」而非「至善」的〔註 31〕。正因具有感性的宗教狂熱，使殷

〔註 30〕引自上海博物館商周青銅器銘文選編寫組編：《商周青銅器銘文選》，北京：新華書店，1986 年，頁 17。

〔註 31〕陳來：《古代宗教與倫理—儒家思想的根源》，台北：允晨出版，2005，頁 126。

商人終年對前述的神祇祭祀不輟。而周人的「帝」，在若干程度上應曾受殷商人觀念影響，周人也虔敬地祭祀上帝、山川、鬼神及祖靈。但由於周人在檢討殷商政權失敗之因後，逐漸發展出「天命」與「道德」觀念及相關論述，早周的先哲提出脩德以上承天命，下以保民。並在《尚書・周誥》等多處篇章、出土青銅器〈大盂鼎〉、〈利簋〉、〈大豐鼎〉、〈𤔲尊〉等銘文中，多次提及這些觀念。王國維於其〈殷周制度論〉中亦曾說周人將此一道德精神，落實於《周禮》中各項國家制度的設計。這些轉變，使周人的宗教信仰漸趨向較多理性的「倫理宗教」型態邁進。

與古中國相當時期的古希臘，也流傳著多神信仰。其神話體系的最高神是宙斯（Zeus），地位類似於古中國的「帝」。在宙斯之前的神明，是一批泰坦神族（Titans）的老神，包括：宙斯的父親克洛諾斯（Kronos、Cronos，別名撒頓）、河神大洋氏（Okeanos、Oceanus）、其妻蒂塞絲（Tethys）、日月和黎明之父海波利昂（Hyperion，記憶之意）、澤米士（Themis，正義之意），因其子阿特拉斯（Atlas）肩挑世界，另一個因兒子普羅米修斯（Prometheus）拯救人類而聞名的伊亞批特士（Iapetus））。宙斯推翻其父親，掌握權力，並趕走眾多老神。只有上述幾位未遭趕離，但地位皆被降低〔註32〕。

繼泰坦神族以後，以奧林匹斯山的 12 位人神地位最高。此 12 位人神所構成的神仙家庭，以大家長宙斯爲首。次爲其 2 位兄弟：海王波塞冬（Poseidon）、冥王哈德斯（Hades）、2 位姊妹赫斯提（Hestia）、宙絲之妻赫拉（Hera，亦是其姊妹）；和 7 名宙斯的子女：阿瑞斯（Ares）、雅典娜（Athena）、阿波羅（Apollo）、阿佛洛狄特（Aphrodite，即維納斯 Venus）、赫耳默思（Hermes）、阿爾忒彌斯（Artemis，即黛安娜 Diana）、赫菲斯托斯（Hephaistos）。

宙斯掌管天空與氣候，娶姊姊赫拉爲妻，但始終對她不忠。宙斯象徵霹靂閃電、老鷹和橡樹；波塞冬是海神與地震之神，駕著一輛金色戰車，住在一座水下宮殿，他手持一根三叉戟；冥王哈德斯也駕著金色戰車，並警惕自己當死者之護衛；赫斯提是女灶神與家庭女神，聰明、溫柔而純潔；赫拉是保護婚姻及女人之女神，她的象徵是孔雀和石榴；戰神阿瑞斯，他脾氣暴躁，一手執燃燒的火炬，另一手執一杆長矛，狗與禿鷹是其象徵；雅典娜是智慧

〔註32〕〔德〕葛斯塔・舒維普著，葉青譯，***The Myth and Legend of Ancient Greek and Rome***，《古希臘羅馬神話與傳奇》，廣西：廣西師大出版社，2003 年，頁 80。

與戰爭女神，守護雅典的女神。貓頭鷹和橄欖樹，是她的標誌；阿波羅是藝術的守護神，太陽和醫藥之神，月桂樹是他的象徵；阿佛洛狄特是愛與美的女神，出生於地中海的泡沫中，被西風刮向塞浦路斯；赫耳默思是眾神的調皮信使，他的涼鞋與帽上長著翅膀，還持著一根楞杖。他是旅行者、商人和小偷的庇護神；阿爾忒彌斯是月亮與狩獵女神，帶著弓箭和箭袋。她的銀箭帶來瘟疫和死亡，但她也幫助女人分娩，鹿與狗是她的標誌；殘疾之神赫菲斯托斯是個鐵匠，她是火和鍛冶之神。

除 12 位主神外，尚有一些重要的小神，如愛神厄洛斯（Eros，Cupid），他的武器是飛鏢，鏢尖塗有讓人墮入情網的迷藥；9 位繆斯女神，分別職司史學、天文、悲劇、喜劇、舞蹈、史詩、情詩、聖歌與抒情；酒神戴奧尼索斯（Dionysus），是戲劇與豐產之神，過著放蕩不羈的生活，縱欲狂飲。據悉他每年都死一次，來年春天又再生；厄瑞斯（Eris）是復仇女神，戰神阿瑞斯的妹妹，敵意與傷害的女神；醫藥之神阿斯克勒庇俄斯（Asclepius），許多希臘人跋山涉水，到他的神廟求醫問藥；以及潘（Pan），是赫爾默斯之子，牧羊人和自然界之神。他熱愛音樂，吹著排簫在田野與森林裡漫游。其他尚有青春女神希碧（Hebe）、彩虹女神伊麗絲（Iris）、優雅女神（Graces）阿葛萊亞、尤芙柔心、仄麗兒（Aglaia、Euphrosyne、Thalia）、大洋妮等水神（Oceanids）、穀物女神德墨忒耳（Demeter）等〔註 33〕。

上述諸神，既然身爲神明，皆各自具備其充滿變化的神力。但古希臘人爲其創造的神話世界，注入更多以人類自身爲形象的成分。在他們的神話裡，充滿更多喜、怒、哀、樂、愛、惡、欲等人性的情節。

中國商、周朝的人們，對於先祖來源的說法，也各有其充滿神話色彩的說法。《史記》作者司馬遷，依據周人史詩《詩經》〈商頌．玄鳥〉的記載，說殷人先祖契的母親—簡狄，於行浴時見玄鳥墮卵，簡狄取吞而孕生契〔註 34〕。另

〔註 33〕同注 54，頁 13～21。古希臘神話裡的富於詩意幻想的神明，被比較務實而缺乏想像力，但富於宗教情感的羅馬人直接繼承。大部分希臘神明的名字皆被更換，僅少部份人保留原來名謂。例如宙斯成爲邱比特（Jupiter）；赫拉變成朱諾（Juno）；波塞冬轉爲涅普頓（Neptune）；赫斯提成了維絲塔（Vesta）；阿瑞斯變馬爾斯（Mars）；雅典娜換爲密涅瓦（Minerva）；阿佛洛狄忒蛻變成維納斯（Venus）；赫耳墨斯幻爲墨丘利（Mercury）；阿爾忒彌斯替換成戴安娜（Diana）；赫菲斯托斯變伏爾甘（Vulcan）；德墨忒耳成了席瑞絲（Ceres）；酒神戴奧尼索斯則改成巴克斯（Bacchus）。少數則保留原希臘名稱者，如太陽神阿波羅、冥王普路托（Pluto）。

〔註 34〕《史紀》〈殷本紀〉。

周人先祖后稷（又名棄），其母姜原出野見巨人跡，欣然踐之而有身孕，遂生下后稷。后稷原本出生時，可能有經過占卜，見其兆不祥，遂被棄置於林野。後因飛鳥以羽翼覆蓋保護，姜原驚以爲神，便重新帶回撫養〔註35〕。

商、周人的先祖來源神話，都不約而同地出現神鳥。似乎與農業生活中需仰賴陽光、雨水及水中耘田的飛鳥，有著密切關聯。此種視鳥爲吉祥動物的大自然鳥神崇拜，記錄於一些陶盆、玉器和青銅器等出土文物中：約 7000 年前東南方浙江省出土的河姆渡文化遺址，即有刻劃儺面、稻禾及水中耘田之鳥的陶盆；約 4000 至 6000 年前的同一區域的良渚文化，亦出土由河姆渡文化鳥圖案變形而來的玉琮。其上刻飾著大眼、頂冠、尖耳的鳥紋圖案。而 3000 至 4000 年前出土的殷商青銅器，其上的饕餮紋之基本特徵，也是大眼、頂冠、尖耳的鳥型特徵。從河姆渡到良渚文化，乃至於殷商文明的出土文物中，所刻劃的鳥圖騰，其間的流變情形，可能存在著時間縱線之傳承，以及早期不同地域人們的交往與遷徙，所產生相互間的文化影響使然。

圖 6　浙江河姆渡陶盆，上刻有儺鳥與嘉禾紋〔註36〕

圖 7　浙江河姆渡陶盆，上刻有儺鳥與儺面紋〔註37〕

〔註35〕《史紀》〈周本紀〉。
〔註36〕引自林河：《儺史：中國儺文化概論》，台北：東大圖書，1994 年，頁 168。
〔註37〕同注 54。

圖 8　浙江餘姚良渚文化出土反山玉琮〔註 38〕

圖 9　浙江餘姚良渚文化出土瑤山玉琮〔註 39〕

圖 10　殷墟婦好墓出土大方尊上饕餮圖紋〔註 40〕

圖 11　殷墟婦好幕出土大方尊饕餮圖例〔註 41〕

古中國較南方的長江流域，所流傳的神話，也是來自於大自然的崇拜，並且富於詩意的想像。《楚辭・九歌》裡的東皇太一、雲中君、湘君、湘夫人、大司命、少司命、東君、河伯、山鬼等人物中，東皇太一即是帝的角色，是天神中的領袖，如宙斯在希臘神話中的地位一般；雲中君則是雲雷之神；湘君、湘夫人及河伯均爲河神；大司命與少司命，是上帝身邊的命運之神；東君乃太陽神；山鬼即山神。《山海經》的神話裡，也有位在中國大名鼎鼎的西

〔註 38〕引自浙江省文物考古研究所等編著：《良渚文化玉器》，北京：文物出版社，1990 年，頁 209。

〔註 39〕同注 56，頁 210。

〔註 40〕引自古方著：《圖說殷墟婦好墓》，重慶：重慶出版集團，2006 年，頁 34。

〔註 41〕同注 58。

王母娘娘，這位頭有戴勝（首飾）、虎齒、豹尾、穴處的西王母〔註42〕，據人類學者凌純聲考證，可能係兩河流域地區所東傳的神話人物，其原意本指月神〔註43〕。

古人所創造的神話世界，充滿對於大自然的崇拜、敬畏及想像之情。古中國的神明，均高高在上，他們可對人間賜福降禍，神權、君權與父權似乎連成一氣，三位一體，成爲根深柢固的文化底蘊。希臘神話裡的神明，雖也高處雲深不知處的奧林匹亞山，但希臘人賦予這些神明更多的人性，神性與人性交融，幻化成更富於戲劇性情節的希臘神話故事。但兩處的先民，均建有莊嚴的神廟，以虔誠的心靈祭祀這些神明，祈求降福賜佑人間。只是古代中國神廟建築多爲木質材料興建，現已難見軸心時期前後的神廟遺址。而古希臘人以當時較容易取得的石材，他們所興建的神廟，至今仍有多處遺址仍保存完好，成爲神話時代最佳的見證。

在軸心時代的睿智哲人還未出現，人文精神尚未萌發之前，所有重要的巫術、社會禮儀、自然崇拜與宗教儀式，都包含著信仰，這些信仰被編織成彷彿是過去曾發生的事，但多半是加入人們詩意的想像與創造力，而緊密結合成許多神話與傳說。這些儀節、習俗、社會組織，或上述的神廟建築、造型藝術等，時常與神話內容有直接的關係，甚至可以視爲神話的產物。在這個時代，整個社會的精神生活重心、社會組織、儀式與習俗，幾乎都依賴神話，成爲原始文明社會文化中的重要成分〔註44〕。而希臘神話中雖多有觸及宇宙神明之起源、罪惡及命運等問題，或可視其爲前哲學時期的獨立思考。這些原始文化的集體思維，在進入軸心時代後，因爲人文精神的覺醒而促生哲學思想，對人類文明發展產生重大的轉折，而這些轉變對人類的影響力，

〔註42〕相關記載見《山海經》〈大荒西經〉、〈海內北經〉、〈海內西經〉等處。

〔註43〕凌氏主張西王母可能是多音節的非中國語。西王母三字，起於蘇末人（Sumerians）和阿加第人（Accadians）的月神，名叫 sin，有時音節拼成 si-in 或 si-en-nu。又祭月神在夏至之月 sirnanu、亦叫 siwan。上述四音，都與西王母接近。且自遠古以來即有「神人西王母，太陰之精，天帝之女」之傳說。凌純聲〈崑崙丘與西王母〉，收錄於《中國邊疆民族與環太平洋文化》，（台北：聯經出版，1979 年），頁 1604～1605。

〔註44〕馬林諾夫斯基（Malinowsky）著，宋穎譯：〈神話在生活中的作用〉，收錄於艾倫・鄧迪斯（Alan Dandes）原編，劉魁立主編《西方神話學讀本》（***Sacred Narrative: Readings in The Theory of Myth***），桂林：廣西師範大學出版社，2006 年，頁 236～252。

至今仍在進行中。

圖 12　位於雅典城郊高地的帕德嫩（Parthenon）神廟

位於雅典城郊高地的帕德嫩神廟（Parthenon），迄今仍巍然聳立。是古希臘人的宗教信仰中心，雅典娜是護守這座城市的主神。〔註 45〕

〔註 45〕引自 Stefano Maggi 著，張寶梅譯：《世界古文明之旅——眾神殿堂的希臘》（***Greece: History and Treasures of Ancient Civilization***），台北：閣林圖書，2009 年，頁 2～3。

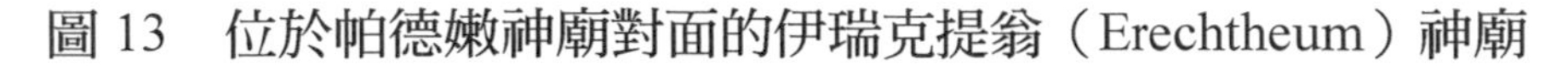

圖 13　位於帕德嫩神廟對面的伊瑞克提翁（Erechtheum）神廟

位於帕德嫩神廟對面的伊瑞克提翁神廟（Erechtheum），屬愛奧尼亞式建築。其南側廊台有 6 尊女像柱（Cariatids），是後來的複製品，真品收藏於雅典衛城及大英博物館。〔註 46〕

圖 14　位於西西里島的康科德（Concord）神廟

位於西西里的康科德神廟（Concord），約建於西元前 5 世紀，是古希臘多利安式風格建築，迄今仍保存完好。〔註 47〕

〔註 46〕引自 Peter Acroyd 著，冷杉等譯：《古代希臘》（***Ancient Greece***），北京：三聯書店，2007 年，頁 138。

〔註 47〕同注 64，頁 139。

第三節　人文精神的覺醒

軸心時代的出現，標示著占卜、巫術與神話時代即將步入尾聲。人類主體性「自我覺醒」（self awareness）的「理性思維」（rational thinking），取代「巫術思維」（magical thinking）和「神話思維」（mythical thinking）。這是人類文明邁向更成熟化的重要過程，人走向他自己參悟的道路，進一步地從內心所思索與經驗的諸多概念、範疇中自我肯定。人們運用理性，更有尊嚴地存活於世界。並且跨出更大一步，思索宇宙的來源，和思考因存在而必須面對的各種人生問題。這些對天人關係的探索，是更深入地探索萬事萬物存在的原理、原則、原因和基礎，人類社會的哲學，也因此而誕生。誠如雅斯培所言，西元前 800～200 年間的軸心時代，中國、希臘、印度、伊朗和以色列所出現的睿智哲人，或者稱爲哲學家、隱者、漫遊思想家、苦行者、先知等，雖然他們的信仰、觀念以及內心態度大不相同，但幾乎可將這些人列爲同道〔註 48〕。是他們開發了人自身內在的肯定能量，或稱之爲「原始根源」（the primal source），他們讓眞正的人性精神初次覺醒。他們用心思維宇宙的起源，共同思考人類應如何完善地生活，以及如何地善加管理統治。

本節將討論此一時期中國與希臘在思想面的精神文明基礎，並於下一章起，聚焦於《周易》與集古希臘哲學思想大成的亞理斯多德，從本體論、宇宙論、認識論、倫理思想與政治思想等範疇，探討其二者間天人哲學思想的異同。回顧二者的傳承和發展，並從現代性的觀點，探討易學與亞理斯多德思想對於現今世界的啓發和影響。

一、周初的天命與德、敬思想

周王朝政權的建立，取代過於感性與崇神的殷商王朝，對於商代諸多典章制度多所承襲，但周人仍加以革故鼎新，進行若干的增刪損益。在繼承商朝政權後，發展出周人特有的「天命」、「道德」、「保民」、「天人合一」等核心價值思想。這些重要的思想觀念，記錄於《周易》、《詩經》、《尚書》、《周禮》等周初以來的經典，以及諸多出土的周初時期青銅器銘文中。周初以來所繼承前代和開創累積的文化養分，孕育出老子與孔子所建立的原始道家、

〔註 48〕見 Karl Jaspers（卡爾・雅斯培，1883～1969 ***The Hhistory of Man in Way to Wisdom***（《智慧之路》），（New Haven: Yale University Press, 2003），p.p.96～109。。

儒家等哲學流派，同時也開展出其他如墨家、法家、名家、陰陽家、雜家，兵家、小說家、農家等諸子百家流派。他們對於整個「存有」（being），以及對「人自己」（man），和作爲人的種種「限度」（limits），人性的「超越」（transcendence）等命題，均提出各自的問題和討論，而成就一家之言，並有意識地了解在有限度的努力中，爲自己定下不斷超越的最高標的—成爲更完善的人。

周初人們眼中的的帝天，本質上即是一位有人格意志的最高存在，代表最崇高與圓滿的道德標準。在人世間的王，必須以天爲最高準範，虔敬修德，以上承天命，安居於王位，並且盡最大所能，保護與造福祉予在下的臣民。而其他受良好教育的在上位者，也必須戮力脩德，以與上天之德相配，成爲君子、聖人。周初天人合一與天人感應的核心觀念，即在上述的理論架構裡彰顯，並且開啓爾後中國儒家的格物、致知、誠意、正心、修身、齊家、治國、平天下的一貫論述，對後世心靈層面之影響十分深遠。

圖 15　周初天人合一與天人感應架構簡圖

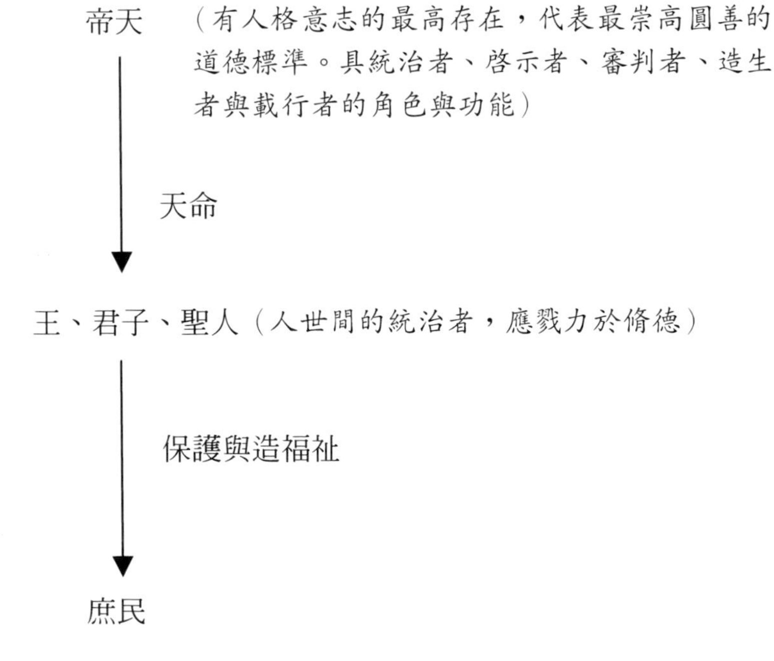

這些論述，在周初的典籍裡有諸多記載，如：

1、寧王（文王）遺我大寶龜，紹天明（即天命）。（《尚書・大誥》）

2、予惟小子，不敢替上帝命，天休于寧王，興我小邦周。寧王惟卜用，克綏受茲命。（《尚書・大誥》）

3、天命不僭，卜陳惟若茲。（《尚書・大誥》）

4、弗造哲，迪民康，矧曰其有能格，知天命？（《尚書・大誥》）

5、爽邦由哲，亦惟十人迪知上帝命。（《尚書・大誥》）

6、在昔上帝割申（複）勸（觀）寧王之德，其集大命於厥躬。（《尚書・君奭》）

7、皇矣上帝，臨下有赫，監觀四方，求民之莫。（《詩經・大雅・皇矣》）

8、維此王季，帝度其心。（《詩經・大雅・皇矣》）

9、昊天曰明，及爾出王；昊天曰旦，及爾游衍。（《詩經・大雅・板》）

10、天監在下，有命既集。（《詩經・大雅・大明》）

天在觀察與評價有德的人王後，降予天命，使其以明德智慧統治天下，時時探查民瘼，領導並且造福於百姓。君王承受天命，產生源自天的道德意識，虔敬修德，事民如事天，他必須具備如天一般崇高的道德修養，敬重照顧人民，為其謀求最大幸福。

《尚書》、《詩經》關於君王脩德代天行道，以領導教化人民的記載如下：

1、弗造哲迪民康，矧曰其有能格知天命。（《尚書・大誥》）

2、爽邦由哲，亦惟十人迪知上帝命。（《尚書・大誥》）

3、今天其命哲，命吉凶，命歷年。（《尚書・召誥》）

4、天亦哀於四方民，其眷命用懋，王其疾敬德。（《尚書・召誥》）

5、欲王以小民，受天永命。（《尚書・召誥》）

6、古之人猶胥訓告，胥保惠，胥教誨，民無或壽，譸張為幻。（《尚書・無逸》）

7、厥圖帝之命，不克開于民之麗。（《尚書・多方》）

8、帝謂文王：予懷明德……不識不知，順帝之則。（《詩經・大雅・皇矣》）

9、維此文王，小心翼翼，昭事上帝，聿懷多福，厥德不回。（《詩經・大雅・大明》）

10、穆穆文王，於緝熙敬止，假哉天命。（《詩經・大雅・文王》）

11、無念爾祖，聿修厥德，永言配命，自求多福。（《詩經・大雅・文王》）
12、上天之載，無聲無臭，儀刑文王，萬邦作孚。（《詩經・大雅・文王》）
13、維天之命，於穆不已，於乎不顯，文王之德之純。（《詩經・周頌・維天之命》）

圖 16　周成王 5 年所鑄青銅器「何尊」

西元 1963 年於陝西省寶雞縣出土，現藏於寶雞市博物館的西周成王 5 年所鑄〈何尊銘〉，器主是名爲何的貴族。文中記載成王營建新邑於成周後，對先祖、父文王、武王進行祭祀，文內並刻有文王受天命、敬與德等早周時期的重要觀念。〔註 49〕

在人文覺醒的周初，先哲發展出影響日後深遠的重德觀念。就字形而言，「㥁」之本意原指能行正道，具備正直品格，且時時能於內心進行循省

〔註 49〕引自上海博物館編：《商、西周青銅器銘文選》，頁 21。

覺察之意。當然有德之人，其精神必然在某種程度上，散發著馨香，向天上飄升，而能感動上帝神明。德是對天定法則的一貫態度，理想的德是將此種恪遵天定法則的態度，實踐於日常行爲中。個人與天的交往需依賴此種態度維持。德也代表早周以來，統治者對下民的恩賜，而這也是承受自上天的命令。於是因爲此種德治的政治，使人民內心產生敬愛與忠誠，並群起歸向行德之人〔註 50〕。

《尚書》與《詩經》皆以周初具備敬與德內在品質的文王，作爲受天命人君之最高標準。他以中年之身即位，又執政近半世紀〔註 51〕，以 97 之年而終〔註 52〕。其才華洋溢的兒子周公及周初諸賢臣，將這些道德觀念具體落實於政治制度的設計，相傳其理想的計畫藍圖記載於《周禮》綱紀天下的擘畫之中。使國家除了是一政治實體外，更成爲一個道德集團〔註 53〕。

二、變易與不易的天命觀

（一）須勉力維持天命

周人了解天命如同德一般，必須恭敬謹慎，勤於脩德，努力維持，方能延續。如：

1、我受命無疆惟休，亦大惟艱。(《尚書・君奭》)

2、天命不易，天難諶，乃其墜命弗克經歷，嗣前人恭明德。(《尚書・君奭》)

3、惟文王德丕承無疆之恤。(《尚書・君奭》)

4、惟王受命，無疆惟休，亦無疆爲恤。嗚呼！何其奈何弗敬。(《尚書・召誥》)

5、肆維王其疾敬德，王其德之用，祁天永命。(《尚書・召誥》)

6、其眷命用懋，王其疾敬德。(《尚書・召誥》)

7、王敬所作，不可不敬德。(《尚書・召誥》)

8、天維顯思，命不易哉。(《詩經・周頌・敬之》)

〔註 50〕Donald Munro（孟洛），***The Concept of Man in Early China***（California: Stanford University, 1969）, p158。

〔註 51〕《尚書・無逸》言：「文王受命惟中身，厥享國五十年。」

〔註 52〕據《禮記・文王世子》之記載。

〔註 53〕見王國維：《觀堂集林卷十・殷周制度論》，台北：台灣商務印書館，1979 年，頁 439～468。

9、宜鑒於殷，駿命不易。(《詩經・大雅・文王》)

10、命之不易，無遏爾躬。天難忱斯，不易維王。(《詩經・大雅・大明》)

周人尚未翦商前，生活於中原西邊較乾旱的環境，生存環境未如中原優越。且建國初期，又屢遭叛亂，因此伴隨天命而來的憂患意識特強。故而在經典中念茲在茲，不斷提醒統治者，必須無間斷地日新其德，以長保天命。

(二)變易無常的天命觀

周人亦覺察到天命變異無常的特性，關於天命無常的論述如：

1、皇天上帝，改厥元子，茲大國殷之命。(《尚書・召誥》)

2、有夏……有殷……惟不敬厥德，乃早墜厥命。(《尚書・召誥》)

3、弗弔！天降喪於殷，殷既墜絕命。(《尚書・君奭》)

4、天不可信，我道惟寧王德延。(《尚書・君奭》)

5、弗弔！旻天大降喪于殷，我有周佑命。(《尚書・多士》)

6、周雖舊邦，其命維新。有周不顯，帝命不時。(《詩經・大雅・文王》)

天命的無常，使殷商喪失天命，而讓天命轉移至周人身上。周人認知到天命之所以轉移的主因，乃是因爲殷商君王的失德所致。周人認爲喪失天命是咎由自取，其實人們應該自負其責，這些說法如：

1、非天庸釋有夏，非天庸事有殷，乃惟爾辟以爾多方大淫，圖天之命屑有辭。(《尚書・多方》)

2、非我有周秉德不康寧，乃惟爾自速辜。(《尚書・多方》)

3、天非虐，惟民自速辜。(《尚書・酒誥》)

4、非天夭命，民中絕命。(《尚書・高宗肜日》)

5、庶群自閻腥酒在上，故天將喪于殷。(《尚書・酒誥》)

6、則惟汝眾自作弗靖，非予有咎。(《尚書・盤庚》)

7、匪上帝不時，殷不用舊。……曾是莫聽，大命以傾。(《詩經・大雅・蕩》)

當治國者鄙視天命，縱欲無度，耽溺酒肉，無所節制，不虛心納諫，不將人民置於眼裡，終將陷於凶險危殆之境，如此邦國將如何再維持康寧安樂？天命的喪失，確該由主政者自負其責。

(三)不易有常的天命觀

周人檢討前朝喪失天命的最大主因乃在於失德，終而肯定有人格意志的天，能夠秉持正義法則，賞善罰惡，這些說法如：

1、天命不僭，卜陣惟若茲。(《尚書・大誥》)

2、惟上帝不常，作善降之百祥，作不善降之百殃。(《尚書・伊訓》)

3、天道福善禍淫。(《尚書・湯誥》)

4、取譬不遠，昊天不忒。回遹其德，俾民大棘。(《詩經・大雅・抑》

周人認爲只要與天道同行，行天之常道，亦即實踐人間的正義之道。天命終究還是有常，代表著一種絕對的正義理想〔註54〕。後來中國的儒家所強調的正德、利用、厚生，皆源自周人的此種重德思想。周初先賢對於天的種種論述，給予軸心時代的中國各家哲學流派思想無窮的養分，開啓豐富多元的學說論述。

從帝到天的原始概念中，其間所共同展示的意義，不外乎啓示者、審判者、統治者、造生者與載行者等，五種角色與功能〔註55〕。

(四)《周易》蘊含周人變易、不易與簡易的天人觀

周人關於天命的變易無常與不易有常的思想，除記錄於《尚書》與《詩經》外，在哲學層次上更加深入的思考，此種變易觀更反應於《周易》之中〔註56〕。《周易》雖是周人卜筮的工具書，但是在其形式、結構與內容，亦即象、辭、理之中，蘊含著周人對於宇宙與人生的深刻思考，中國軸心時代的主要哲學流派之原始儒、道，莫不深受其生生之理啓發，而對後世產生極深遠之影響。誠如雅斯培所言，一直到現今的時代，仍持續發揮著巨大的影響力。

易的甲骨文作一〔註57〕，其原形乃象日在雲端將出之意，該字計有三部件：最右者爲日，中間是雲端或山脊，最左則是三道陽光，充滿陰陽變化的意象。這些變化涵蓋於宇宙的時間與空間裡，以及人們所創造的文明世界中。

以簡易的陰陽爻符號所組合成的8卦及64卦，再繫之以卦爻辭，其內涵中體現了周人對天地宇宙的認知，以及對人生不變經常之道的體悟。由宇宙觀啓發人生觀，重德的思想也由此天人合一的路徑產生，並一路開展成百家爭鳴的思想流派。特別是影響東亞文明深遠的儒家與道家，《周易》這部內含深刻廣大理性的嚴肅哲學著作〔註58〕，是其一脈相傳的活水源頭。

〔註54〕傅佩榮：《儒道天論發微》，台北：台灣學生書局，1985年，頁51。

〔註55〕同注66，頁60。

〔註56〕王暉：《商周文化比較研究》，北京：人民出版社，2000年，頁153。

〔註57〕見藝文印書館發行：《校正甲骨文編・卷九》，台北：藝文印書館，1974年，頁394。

〔註58〕方東美：《原始儒家道家哲學》，(台北：黎明文化，1993年)，頁140。

圖 17　從陰陽爻衍變成八卦的邏輯圖

八卦卦名	乾	兌	離	震	巽	坎	艮	坤
八卦卦形	☰	☱	☲	☳	☴	☵	☶	☷
第三爻位	—	--	—	--	—	--	—	--
第二爻位	—		--		—		--	
第一爻位	—				--			

若僅就 64 卦卦名而言，已體現周人對於自己在宇宙自然環境間的定位，以及人生不同時態與狀況的認知。至少又體現了周人對於生存環境、社會型態、社會制度、生活細節、個人修養、人際關係與人生際遇〔註 59〕等層面的體悟。這些蘊涵於《周易》裡的天人觀，我們將於往後幾章，進行更深入的討論。

圖 18　《周易》先天圖 64 卦方圖〔註 60〕

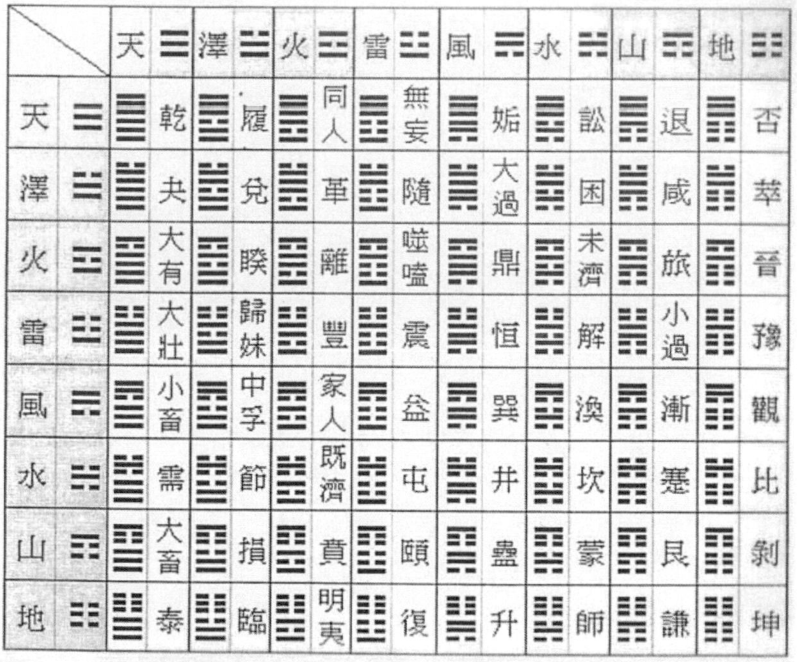

	天 ☰	澤 ☱	火 ☲	雷 ☳	風 ☴	水 ☵	山 ☶	地 ☷
天 ☰	乾	履	同人	無妄	姤	訟	遯	否
澤 ☱	夬	兌	革	隨	大過	困	咸	萃
火 ☲	大有	睽	離	噬嗑	鼎	未濟	旅	晉
雷 ☳	大壯	歸妹	豐	震	恒	解	小過	豫
風 ☴	小畜	中孚	家人	益	巽	渙	漸	觀
水 ☵	需	節	既濟	屯	井	坎	蹇	比
山 ☶	大畜	損	賁	頤	蠱	蒙	艮	剝
地 ☷	泰	臨	明夷	復	升	師	謙	坤

〔註 59〕黃沛榮：〈《易經》形式結構中所蘊涵之義理〉，（《漢學研究》第 19 卷第 1 期，2001 年），頁 8～9。

〔註 60〕邵雍：《邵雍集》，北京：中華書局，2010 年，頁 56。

三、軸心時代的希臘哲人

荷馬史詩中神話與英雄時代的結束，標誌著一個嶄新時代的來臨。以古希臘這個熱愛智慧的民族而言，一群智者的出現，他們對於天人的思考，表現於對自然秩序及其規範的和經驗的意義，產生明確的哲學概念。從此希臘世界不復爲傳統神話中的神與英雄任意宰制，而是處在自然規律的支配與探討下。

（一）先蘇前半時期的唯心派哲人

若以蘇格拉底作爲分界，則先蘇時期 300 餘年間有米勒杜斯三鉅子，關於宇宙問題的探討；畢達哥拉斯的宗教團體對於人生問題的落實，和數學幾何觀念的發展；伊利亞學派對於靜的沉思；赫拉克立特斯關於萬物流轉的動的觀察；原子論三鉅子唯物思想的萌芽；亞拿薩哥拉斯唯心思想的興起；以及辯士派以人爲中心的考量等思維，都爲軸心時代希臘哲學的突破三座最高峰一蘇格拉底、柏拉圖與亞理斯多德師徒，提供思想的養分。自此奠立整個西方文明中理性認知的文化基礎，哲學、科學乃至於神學，皆深受其影響。

有別於軸心時代中國的先哲，他們習於以「天人合一」的思維看待宇宙人生問題。希臘的哲人對於宇宙和人生問題，多採取二元分立來處理。在神話的殘影中，泰勒士說：「宇宙太初是水」、「地球浮在水面上」、「一切都充滿神明」〔註 61〕。亞納西曼德則以「水」作爲宇宙的太初，然後變化成「萬事萬物」，由「一」到「多」以至於「無限」。同時他也提出人類的祖先最早是魚，從水的世界生長出來，經歷很長的進化過程，才慢慢適應陸地的生活，是很早期的演化論學說。亞納西姆內斯甚早便因月球上有陰影，遂很科學地推論月亮的光是由太陽所反射。地球上「氣」的變化，而形成「火、風、雲、水、土、石」等六元素〔註 62〕。羅素很肯定他們的科學精神，認爲他們提出了很好的問題，而他們的努力也鼓舞了許多後來的研究者〔註 63〕。

畢達哥拉斯曾謙稱說自己：「一點技藝都不懂，愛智而已。」這「愛智」（Philo-sophia）遂成爲「哲學」的字義〔註 64〕。他在「數」與「幾何」的研究甚有成果。其主張「靈肉二元」與「輪迴」的學說，後來皆被柏拉圖接受，

〔註 61〕鄔昆如：《希臘哲學》，台北：五南，2001 年，頁 31。

〔註 62〕同注 67，頁 35。

〔註 63〕羅素（Bertrand Russell）：西方哲學史（***A History Of Western Philosophy***），台北：五南，1998 年，頁 52。

〔註 64〕同注 67，頁 36～37。

這個學派過著「重靈輕肉」的宗教修行生活。後學者對於定位宇宙、安排人生的哲學根本問題的探討，以及醫學的研究，都深受其影響。

南義大利伊利亞海島的伊利亞學派，第一位是色諾芬尼，他提出「思想」與「存在」的核心價值，進一層討論物理之後的「神明」，認爲「神」是高的唯一性，「一」是數的開始，也是整體。他以「宇宙的太初是神」取代了畢達哥拉斯「宇宙的太初是數」的說法。他認爲「一」既是形式，也是內容，又是神的特性，亦惟萬物與思想的特性。給予後來的亞理斯多德形上學的鋪陳，相當程度的啓發。

第二位是最先提出宇宙二元化分論的帕米尼德斯，即上有觀念界，下有感官界。觀念爲眞，感官是虛的想法，這種思想是來自參與畢達哥拉斯宗教修行團體所獲得的體悟。帕米尼德斯強調屬精神的「存在」、「思想」和「理念」，擯棄物質性的「表象」、「感官」與「變化」，這類深富於原創性的唯心思想，後來直接影響柏拉圖甚深。

第三位的齊諾，致力於爲「一」與「靜」作最後的辯證。他設法指陳「多」的荒謬悖理，以及「動」的不可能，也直接影響亞理斯多德在其《形上學》中，關於時間與空間的討論。而第四位的梅力索思則更進一步闡述思想與存在的一致性原則，是屬於精神性的。

赫拉克利特斯對於萬物生滅的「動」的觀察，提出「萬物流轉」的變動核心思想。認爲變化無窮的「火」，是宇宙的太初，而道（Logos）是主導萬物變化的法則。赫拉克利特斯所述說的萬物流轉變化，與帕米尼德斯所強調的永恆不變的存在，是立場對立的說法，但其實都是存在於宇宙間的理。在同一時代的古代中國，則被統合於《周易》變易、不易之道中。雅斯培對於赫氏與帕氏不可窮盡的原創性樸素思想，給予高度肯定，認爲他們的語句既是當前的，又是永恆的，只有偉大的哲學才會是這樣〔註65〕。

（二）先蘇後半時期的唯物機械論哲人

後世稱爲機械論（Mechanism）三鉅子的思想家是恩培多克雷斯、雷基博士與德膜克利圖斯，後二者又並稱爲原子論者（Atomists）。

恩培多克雷斯主張宇宙的構成元素爲水、火、氣、土，而人體的構成要素亦是水、火、氣、土，因爲宇宙和人同樣都是物質性的。這種說法是建構

〔註65〕卡爾・雅斯培著，李雪濤等譯：《大哲學家》（***Die groβen philosophen***），（北京：社會科學文獻出版，2010年），頁550。

於唯物論基礎上的知識論。此外他也接受畢達哥拉斯的靈魂不死說觀點，以及和佛家主張頗相契的人死後會輪迴轉生投胎的學說。

雷基博士與德膜克利圖斯師徒二人，認爲物質世界的構成元素，除水、火、氣、土外，應有更小的不可分割的單位，作爲基本元素，這不可分的細微（atoma），姑且稱之爲「原子」〔註 66〕。而人的靈魂與肉體相同，都是由不可分的原子所構成，只是靈魂或精神，是較精密的物質而已。事物的生成變化，是由於在初期的混沌中，個別的原子互相撞擊，而靠機緣有所分合。他們反對有神存在的目的論的宇宙論。於是原子論、機械唯物論和無神論在他們的學說裡，遂成爲三位一體同步發展。

（三）先蘇後半時期的唯心思想與辯士派

亞拿薩哥拉斯所提出的「精神」唯心思想，是對於機械論、原子論者的反動。他認爲「精神」（nous）是一切變化的原因。精神存在於水、火、氣、土等四元素之外，是事物變化與形成的眞正原因。「種子」是宇宙從一到多，自簡單而複雜，由微至顯的最細小單位。由於精神的臨在，使得萬事萬物在量變中，又產生質變。此種精神臨在且凌駕於物質世界的說法，深深影響雅典學派三大哲人的思想。

在前人以客觀的態度，探討宇宙太初的各種問題時，慢慢轉移至主觀意識的探討，試圖找出人在宇宙中的定位問題。普羅達哥拉斯等辯士派（Sophistes）即是從亞拿薩哥拉斯的「精神」，進一步發展人類的思辯能力。他說：「人是萬物的尺度，是存在的事物存在的尺度，也是不存在的事物不存在的尺度。」記錄於柏拉圖的〈泰阿泰德篇〉〔註 67〕。

其他辯士派名家尚有以虛無論證來否定一切的格而齊亞斯；對於宗教起源與人類關係提出頗具省思的深度解釋，以及曾對修辭問題認眞研究的普羅弟可斯。他認爲自然界的日、月、山、河、田、地，因爲提供人們的生活需要，故而人們以之作爲神祇崇拜，如埃及人崇拜尼羅河，因爲此河是埃及人

〔註 66〕這是古典物理學的認知，其精神似可與同爲軸心時代的中國道家經典《莊子》中，惠施所體悟的宇宙「至小無內」之理會通。以現今物理學的發展，「原子」還不是最小不可分割的物質構成單位。隨著精密科學儀器的發展，發現比「分子」、「質子」等構成物質成分更細的元素，並非不可能。

〔註 67〕***Theaetetus*** in ***The Dialogue of Plato***, Translated by Benjamin Jowett, ***Great Books Of The Western World***, CHICAGO: ENCYCLOPAEDIA BRITANNICA, INC. , 1994, p.p.512～550

的生命泉源（上古中國人們祭祀黃河的卜辭記錄不也是如此），提供水以利耕作。接著人們也會把發明種田、狩獵、造屋、作橋等英雄人物，當作神明崇拜，乃因他們對人民生存作出巨大貢獻。在修辭學上，他曾進一步區分「不怕」與「勇敢」的精確用法，他認爲不怕是源自本性，而勇敢則是德行。

希比亞斯與安提芬都思考人爲的「法律」和「自然」的對立問題。認爲法律限制了自然，給予後世法律哲學的法理學一些原初的養分。克利提亞斯辯士派中口才辨給，雄辯滔滔，精通修辭與詭辯之術，而後來也掌握政權，成爲殘暴統治者的佼佼者。不過這位柏拉圖的叔父，因深不得人心，在統治不到一年之內，便被推翻〔註68〕。

辯士派以人爲中心討論課題，對於回歸以人爲主體的貢獻值得肯定。但過度侷限於人自身，則易忽略尚有人與人、人與物、人與天等多重關係，以定位人眞正的存在的意義與價值。此外過度強調「修辭」，將使哲思與論辯內容趨於華而不實，公義、理性和實質生命內容將易爲強權、煽情及語言形式所取代。伶牙俐齒的煽動型政客常藉此術而竄起，但禁不住長久的歷史檢驗。

（四）蘇格拉底

蘇格拉底年輕時曾研究過自然哲學，其父是一位雕刻師，母親則是助產婆。蘇氏長著扁平的牛鼻，其貌雖不揚，卻有著極高貴的靈魂和深廣的睿智。一生安守清貧，身體卻很強健，生活中最重要的事就是沉思宇宙和人生的哲理。他了解自己的無知，敏於觀照自己的靈魂，也喜愛和人共同辯論哲學，並且協助他人觀照自己的心靈，特別是他寄予厚望的雅典青年們，因爲他們是未來雅典城邦新政治的希望。但是蘇格拉底一生並未留下著述，我們對他的了解，是藉由考察其親近門徒柏拉圖《對話錄》〔註69〕與齊諾芬（Xenophon）

〔註68〕405B.C.，雅典海軍於戰爭中被斯巴達所敗，從此斯巴達人在雅典建立一個由30 人組成統治集團的寡頭政府，史稱 30 僭主，柏拉圖的舅父克利提亞斯（Kritias）爲其中之首領。同注71，頁119。

〔註69〕歷來對於柏拉圖著作中，關於蘇格拉底的諸多對話記載，究竟是屬於蘇格拉底的思想，亦或是屬於柏拉圖本人的思想，是有些爭議，因爲其中有些分際不易區別。大體而言，柏拉圖中期以後的對話：〈美諾篇〉（Menon）、〈斐多篇〉（Phaidon）、〈會飲篇〉（Symposion）、〈斐德羅篇〉（Phaidros）和〈理想國篇・二至十卷〉（Republic II-X）等內容，是在表現成熟期以後的柏拉圖自己。而早期那些對話：〈申辯篇〉（Apology）、〈克里托篇〉（Crito）、〈拉凱斯篇〉（Laches）、〈呂西斯篇〉（Lysis）、〈卡爾米德篇〉（Charmides）、〈歐緒弗洛篇〉（Euthphyro）、〈大西比亞篇〉（Greater Hippias）、〈小西比亞篇〉（Lesser

《追思錄》〔註 70〕中，對於蘇格拉底一生行誼之記載。他的主要成就還是在倫理學或稱之爲道德形上學的探討，他的思想強調運用理性，以重建新的倫理政治觀和新的理念，是其對後世的主要貢獻。

他以「觀照心靈」出發，在理性主義的本體論、認識論與方法論的基礎上，確立「德行即知識」倫理政治觀，以拯救雅典民主政治爲己任。他以個人心靈的覺醒，批判傳統觀念，並強調認識自己。以「理智助產術」通過「歸納的論證」，力求於倫理、政治行爲的實踐中，尋求「普遍的定義」，以重新規範人的倫理、政治行爲，建立新的倫理、政治價値觀〔註 71〕。他的德行倫理學主張以賢人治理城邦，提出思想自由和政治批評的自由。他提出一連串諸如勇敢、正義、虔敬等德行倫理價值，並主張人的目的在於善和幸福。並對於美的本質、快感，以及文藝創作與靈感問題，進行深入探討。蘇格拉底最後並爲其理論和理想，被雅典法庭誣陷其敗壞青年，以及不尊敬與承認城邦所尊敬和承認的諸神，而獻出生命，年約 70 歲。他是歐洲世界極早的堅持信仰自由、討論自由，以及批評自由的先驅者。

以下主要就柏拉圖《對話錄》與齊諾芬（Xenophon, 430～354B.C.）《追思錄》中，所記述之蘇格拉底言行，以及亞理斯多德和部分後代學者的評論，要述其從普遍定義到理念的辯證思維方法、倫理學說、德行政治觀與審美文藝觀等思想。

1、從普遍定義到理念的辯證思維方法

（1）定義和理念的本質

蘇格拉底熱衷於憑歸納的推理，進行普遍意義的探討。他對於「純粹概念」的追求，被譽爲西方哲學史上爲「概念哲學」奠基的第一人〔註 72〕。「德行即知識」是蘇格拉底整體學說的中心觀念，由此發展其道德形上學與倫理學、賢人政治主張和美學文藝觀。他探討「定義」，試圖給各種「概念」、「範

Hippias）、〈普羅泰戈拉篇〉（Protagoras）、〈高爾吉亞篇〉（Gorgias）、〈伊安篇〉（Ion）和〈理想國篇．第一卷〉（Republic I）等，多能較眞實體現歷史上蘇格拉底的思想。

〔註 70〕齊諾芬的哲學素養不若柏拉圖，後者較能深入理解蘇格拉底的哲學眞諦。但是從《追思錄》裡，可彌補柏拉圖《對話錄》之不足，因其中有許多記載，可使我們更直接認識作爲一個眞實的人的蘇格拉底的偉大德行。

〔註 71〕范明生：《蘇格拉底及其先期哲學家》，台北：東大，2003 年，頁 394。

〔註 72〕Zeller, E., ***The Pre-Socrates Schools: A History of Greek Phisolophy, from the Earliest Period to the Time of Socrates***, 2 vols, London, 1881, p641.

疇」的本質更明晰的陳述。

自此時期起，希臘的思想家給後世西方世界奠立一個將個人之智力與理解力，應用於闡述對於個人與公共生活的認知和實踐。相對於由傳統信仰所主導的古代社會，蘇格拉底所帶來的「哲學突破」，具有深遠的文化意義。這些思維方式，直接影響亞理斯多德《形而上學》的產生。亞理斯多德在蘇格拉底與柏拉圖的形上學基礎更進一步發揮道：

> 當時蘇格拉底專心致志於從事人的道德品質的完善討論，和這個問題相連繫的是他第一次提出關於普遍的定義問題（至於自然哲學家德謨克利特，只是在很小程度上接觸這個問題，勉強地給熱和冷下過定義，在這以前的畢達哥拉斯學派，已經討論過少許關於事物的定義），他們把這些事物的定義：如機會、正義或婚姻和數連繫起來。但是蘇格拉底應該探討事物的本質，因爲他正在尋找的是用三段論法來進行推理，演繹推理的出發點是「某物是什麼」。因爲在那方面還無法幫助人們進行辯證法，也尚無關於本質的知識去思考相互對立的事物，此外也還沒有研究這同一門科學是否可以研究的知識。有兩件事卻可以恰當地歸諸蘇格拉底—歸納的推理和普遍的定義（這兩點都和科學的出發點有關），但是蘇格拉底並沒有使得普遍或定義成爲分離的獨立存在。而是他們（指柏拉圖和柏拉圖學派）使普遍或定義與個別的事物分離開來，成爲獨立的存在，這就是所謂的理念〔註73〕。

亞理斯多德這段敘述，表現出蘇格拉底倫理哲學家的特質。他認爲蘇氏已在歸納和推理等科學性觀察與思維方法上，作了奠基性的貢獻。然後經由柏拉圖將事物的普遍性定義與認知，進一步推出「理念」（idea）的說法。到亞理斯多德時，則再進一層發揮，發展出邏輯三段式推論，對於事物的認知與思維，使用辯證法來推論和演繹事物的本質。我們在這裡見到從蘇格拉底到柏拉圖與亞理斯多德的一種傳承與演進，人類文明的成就，便是如此一步一步踩著前人所累積的足跡，逐漸發展而來。

蘇格拉底曾於〈拉凱斯篇〉和〈歐緒弗洛篇〉中就倫理學的「勇敢」和「虔敬」兩種德行定義進行討論；也在〈大西比亞篇〉裡就「美」的定義進

〔註73〕Aristotle, ***Metaphysics*** in ***The Completed Works of Aristotle***, the Revised Oxford Translation, ed.by J.Barnes, 2 vols.,Princeton, 1985, 1078b 17～31.

行探討；還在〈克拉底魯篇〉中，就語言的性質與起源探析。

在討論關於「勇敢」的定義後，主要將其與善、惡的智慧（即知識）相連繫。此篇對話最後雖未給勇敢作出定義，但已提出蘇格拉底一貫主張的核心命題：

> 我親愛的朋友們，假使一個人已認識一切的善與惡，認識現在是如何？過去曾是如何？以及未來將會如何？他會是不完善的嗎？會缺乏正義、自制或虔敬的德行嗎？只有他才會持有一切德行。他知道哪裡有危險，哪裡不危險，從而防止超自然或自然的危險。他會提供善，正如他知道如何正確地對待神和人〔註74〕。

具備勇敢的德行，即是有智慧的，也就有能力對於善、惡進行判斷。舉出許多具體的勇敢行為，為勇敢下定義，將其逐步抽象化為許多具有共同性的德行。促使柏拉圖繼續發展此一思想，而在亞理斯多德的界定定義乃是分析屬與種兩種層次的差別中完成。

關於「虔敬」的定義，蘇格拉底提出「範疇理念」的定義：

> 在種種虔敬行為中的虔敬性，難道總不相同嗎？不虔敬不就是虔敬性的相反？作為不虔敬的種種行為，難道不存在相同且單一的不虔敬理念（idea）嗎？你是否記得，我並不要求你向我提供一、二個虔敬事例，而是要說明一切虔敬的事物，即成為虔敬的理念自身。難道你不記得曾經說過有一種理念，使得不虔敬的行為是不虔敬的，且使得虔敬的行為是虔敬的嗎〔註75〕？

此種將「理念」哲學理論化的思考方法，在相當程度上影響柏拉圖唯心理念學說的發展。

至於在〈大西比亞〉篇中關於「美」的定義討論，雖以「一個美的少女就是美」、「黃金就是美」、「子女替父母舉行隆重的喪禮」〔註76〕、「得體就是美」、「有用就是美」、「有益就是美」和「美就是由視覺與聽覺產生的快感」〔註77〕等七項定義進行激烈辯論，但最後承認「什麼是美是困難的」而未獲實質結論。但蘇格拉在討論第一個定義時說：「美自身即美的理念，將其加

〔註74〕Plato, ***Laches*** in ***The Collected Dialogues of Plato, Including the Letters***, ed. by H. Hamilton & H. Cairns, Princeton, 1970, 199 D～E.

〔註75〕Plato, ***Euthyphro***, 5D～6D.

〔註76〕同注83，293C8～303D10。

〔註77〕同注83，293C8～303D10。

到任何事物上，任何事物便成為美的〔註78〕。」此一說法，對於理念學說的形成與發展，也是具有其獨特的作用與價值。

在討論語言的性質和起源問題上，在〈克拉底魯篇〉中記載蘇格拉底和克拉底魯（Cratylus）與赫謨基尼斯（Hermogenes）就名稱命名的討論。赫氏認為名稱乃是約定俗成的；克氏則主張一切事物有其自然正確的名稱。此二者對於名稱的觀點是分屬約定論及自然論。而蘇格拉底則認為：一切事物有其自身固有的特性，被命名事物乃是獨立存在著，按其本性與自然關係維繫。他主張說話與命名皆是人的行為，不能任意進行，必須根據被命名對象的本性，選擇適合其本性的方式及工具來進行正確的命名〔註79〕。

蘇格拉底並認為命名是一種重要的認知活動，在相當程度上是與「理念」密切相關的。他舉木匠製造紡織用的梭子為例，認為只能根據適合用來進行紡織的那種梭子的本性，亦即梭子的理念製造。同理，命名者只能根據被命名事物的理念來進行命名。特別是對於事物對象的初次命名工作，必須讓有辯證能力和智慧的人處理，才足以勝任〔註80〕。蘇格拉底不同意早期悲劇詩人認為事物的最初名稱是神賦予的，他認為是人根據事物或對象的本性而模仿或仿造的〔註81〕。正如繪畫是以色彩對事物進行模仿，而命名則憑藉事物的本性，以字母音節給予名稱。繪畫有高下優劣，對於事物的命名，若賦予得正確，便是眞理；若賦予得不正確，便是錯誤〔註82〕。

蘇格拉底認為有一種絕對的存在，指向絕對的美和善。事物也存在一種普遍存在的眞實本性，而命名的基本哲學原則便是依據絕對靜止的理念來進行。這類看法，這些對話表現出早期蘇格拉底對於「先驗的、存有的、絕對的、純粹的、最高的客觀理念」的一些看法，但也可能已摻入了柏拉圖自身所繼承和發展創造的觀點。在本體論的意義上，他們皆認為有客觀永恆不變的理念，亦即最高存在的美、善等絕對知識。在這種唯心主義的認識論下，再分出物質世界的各種存在。此種由蘇格拉底所開展出的西方唯心主義的理念哲學傳統，與軸心時代同時期的中國《周易》由變易、不易和簡易所同時開展的本體論及認識論，有本質上的巨大差異。

〔註78〕Plato, ***Greater Hippias***, 289D.

〔註79〕Plato, ***Cratylus***, 388E～395A.

〔註80〕同注87，388E～395A。

〔註81〕同注87，422B～427B。

〔註82〕同注87，431A～B。

（2）理智助產術：辯證法

蘇格拉底擅長經由雙方的問答與辯論，以尋求普遍的意義，藉以探求眞理。對於各種德行和美的本質理念，以理智助產術的辯證法來思維，他並且以靈魂分娩的助產者自居：

> 我照料他們分娩時的靈魂，而不是他們的身體。我這種藝術最偉大的地方，在於它能夠以各種方式考察年輕人的心靈，得知是產生幻想錯覺還是眞知灼見〔註 83〕。

在一往一返的不斷辯證中，得以使對方的矛盾不斷揭露，從而促使對方修正其錯誤，逐步提高其對於普遍性定義理念的認識。因此柏拉圖說：「凡事知道如何提出和回答問題的人，便可以稱爲辯證法家（dialektikon）〔註 84〕。」亞理斯多德認爲蘇格拉底不僅止於提出的問題而已，他還在問答中揭露和認知矛盾〔註 85〕。

此種辯證法的三個步驟首先是承認自我的無知，不事先提出任何獨斷原則；其次是經由談話與辯論，尋求眞知識；最後再行成概念，通過歸納法，從個別事例中，抽象化爲尋求普遍概念或永恆本質。

比如在柏拉圖的〈申辯篇〉、〈卡爾米德篇〉、〈歐緒弗洛篇〉、〈普羅泰戈拉篇〉和〈理想國‧第一卷〉中，所記載蘇格拉底以這種答問的辯證法，對於「正義」的定義所進行的討論，即相當程度上代表蘇格拉底式的理智助產模式：凱發盧思（Cephalus）認爲正義是「言行的誠實，是講眞話與償還宿債〔註 86〕」；而凱發盧斯的兒子波勒馬庫斯（Polemarchus）則主張正義是「以善助友，以惡對敵〔註 87〕」；賽拉西馬庫斯（Thrasymachus）將正義視爲「強者的利益〔註 88〕」，而且「追求私利，或追求不正義，都優於追求正義〔註 89〕」。在討論、對話、辯證的過程中，遭蘇格拉底一一批駁，而使對方不斷陷於自相矛盾的困境。最後得出與蘇格拉底倫理學主張較一致的結論：「正義的人是善的和有智慧的人，而不正義的人是惡的和無知的人。〔註 90〕」蘇格拉底在

〔註 83〕 Plato, ***Theaetetus***, 149B～C
〔註 84〕 Plato, ***Cratylus***, 390C.
〔註 85〕 Aristotle, ***Metaphysics***, XIII.4995b 20～23, 1078b 23～27.
〔註 86〕 〈理想國‧第一卷〉，327～331D。
〔註 87〕 〈理想國‧第一卷〉，331E～336A。
〔註 88〕 〈理想國‧第一卷〉，336B～347E。
〔註 89〕 〈理想國‧第一卷〉，347E～354C。
〔註 90〕 〈理想國‧第一卷〉，350C。

討論中，將正義導向和智慧、美德、善與幸福繫連在一起。為了使對方認清自己的矛盾，承認自己的錯誤，進而經由辯證的思考，與對方一起尋求普遍性的概念。雖然此種問答法，並未給人積極直接的知識，卻提供人追求眞知識的觀念。透過此種方式，助人進一步尋求積極的知識〔註 91〕。這種幫助對方產生眞正思想的孩子的辯證法，在方法論上具有積極的意義。

經由認識矛盾的討論中，逐漸上升抽象化為對於普遍性概念的認識，這是一個不斷深化的認識過程。蘇格拉底的思想核心皆著重於討論人的各種德行，在論證的矛盾中，將一個個特殊的德行，提升為具有普遍性的「善的理念」。

其實普遍的本質和具體的事物並非全然對立，而是能夠有機地連繫的；「德行」也並非只是「知識」而已。蘇格拉底之後的柏拉圖關於宇宙最高的「善」分有為人間的具體事物之說，已將普遍的本質和具體的事物的對立有機地連繫；而亞理斯多德的《形而上學》即是對於蘇格拉底思想更細緻嚴謹化處理的結晶。

2、倫理學說

德行的倫理學是蘇格拉底的思想理論體系中，最核心的精華。有別於先蘇時期思想家們，對於數和運動、大體星辰的大小、間距和軌程的研究，蘇格拉底是第一位將哲學自天上召喚下來，使他立足於城邦，並將之引入家庭，促使他研究生活、倫理和善惡〔註 92〕。

蘇格拉底強調以理性精神，將各種優良的德行品質，如正義、自制、智慧、勇敢、友愛、虔敬等行為，函攝且內化於人的生活行為中，因而被譽為西方「道德哲學的奠基者〔註 93〕」和「倫理哲學家〔註 94〕」。他直至被判死刑前，仍對雅典人呼籲並聲稱只要自己一息尚存，將永不止息地進行哲學實踐與教誨，勸勉人們不應只注意金錢名位，而應多觀照心靈和智慧的最大程度改善〔註 95〕。

〔註 91〕 R .Robinson, ***Plato's Earlier Dialectic***, 2nd ed. , Oxford, 1958, p.17.

〔註 92〕 Cicero, Tusculanae Disputationes, V.4.10, in W.K.C. Guthrie, ***A History of Greek Philosophy***, Vol.III, p410.

〔註 93〕 Tayler, A.E. , ***Socrates, the Man and his Thought***, New York, 1952, p.49.

〔註 94〕 Gompetz, T. , ***The Greek Thinkers: A History of Ancient Philosophy***, translated by G.G.Berry, Vol.2－Socrates, and the Socratic, Plato, 7th Impression, London, p.154.

〔註 95〕 Plato, ***Apology***, 29D～30A.

蘇格拉底認爲，一個自由的人要修德才能致福。其弟子齊諾芬（Xenophon, 430～354B.C.）如此詮釋乃師：

> 正義的事和一切德行的行爲都是美好的。凡認識這些事的人，絕不會願意選擇別的事情。凡不認識這些事的人，也絕不會將其付諸實踐，即使他們試著去做，也將失敗。所以智慧的人總是做美好的事情，愚昧的人則不可能做美好的事，即使他們試著做，也將會失敗。既然正義的事和其他美好的事都是德行行爲，就也都是智慧〔註96〕。

蘇格拉底一再強調的「德行即知識」，是指人應認識自己的本性，並且往善和智慧的修德之路前進。所以他又說：

> 我親愛的朋友，假使一個人認識所有的善與惡，認識它們的現在、過去和未來，他會不完善嗎？會缺乏正義、節制或虔敬的德行嗎？只有他才會持有一切德行，他會知道哪裡危險，哪裡不危險，他更知道如何正確地對待神和人。

他的生活十分寡欲而儉樸，且不向聽其講學者收取酬金。他聲稱神性就是完善，愈接近神性也就愈接近於完善。能一無所求，則愈接近完善的神〔註97〕。

對於蘇格拉底而言，「善」是其哲學的最高範疇，具備由善所分有的勇敢、友愛、自制、智慧和正義等具有共同性的德行，人生才有自由與幸福。但是蘇格拉底以理性指導之善的終極目的、理念和本體論，取代以神爲中心的宗教，衝擊了把持傳統觀念與既得利益的人們，導致他在那種城邦的氛圍中被誣陷而判處死刑。但是他的倫理主張，經由柏拉圖所建構哲學體系的精心打造，到了亞理斯多德時集其大成，建立起西方第一個完整的幸福倫理學體系。

3、德行政治觀

個人的問題擴而大之便成了城邦國家的政治問題，蘇格拉底的德行倫理思想，用於討論公共行爲的政治，也就是公共的善時亦適用。人從屬於城邦，許多個人的安康，即是城邦的安康，因此在德行政治的主張上，有學者將蘇格拉底與雅典民主政治的奠基人相提並論，說他「放棄了泰利斯的遺產，成了梭倫的繼承人〔註98〕」。

〔註96〕 Xenophon: ***Memorabilia in The Complete Works of Xenophon***, translated into English by Ashley and others, New York, 1989, III.9.5.

〔註97〕 同注104，I.6.10。

〔註98〕 W.Jaeger, Translated by G.Highet, Oxford, ***Paideia: The Ideas of Greek Culture***, Vol.2, 1976, p.71.

因爲個人與城邦的生活，具有某種如共同體般的連繫，所以個人的善，將經由城邦的善來實現。於是蘇格拉底在討論何謂城邦？何謂政治家？何謂對人的統治？誰是眞正的統治者？何謂公民？什麼是好公民職責時，都將其與「虔敬」、「正義」、「智慧」、「勇敢」、「善」與「美」連繫〔註 99〕，德行倫理的知識遂同時也成爲德行政治的知識。

蘇格拉底了解到德行政治的知識必須由學習而得，於是自身亦肩負改善人們靈魂，教育雅典公民，特別是即將成爲未來希望的青年人。他曾說：「我認爲我差不多是活著唯一從事政治技藝的雅典人，我是當代唯一政治家〔註 100〕。」語氣雖有些自誇，顯然他相當了解對城邦民眾教育政治的善的倫理，是一件多麼重要的任務，而蘇格拉底自信滿滿地認爲自己對於這項職責，有義務也有能力完成。所以他又說：「專心致志培養出盡可能多的人來參政，使我能夠對政治起更大的作用〔註 101〕」。

根據齊諾芬《追思錄》（***Memorabilia***）裡的記載，蘇格拉底將希臘城邦的政治區分爲（1）君主政治：「徵得人民同意，並按照城邦法律而治理城邦」；（2）僭主政治：「違反人民意志，只根據統治者的意願治理城邦」；（3）賢人政治（aristocracy）：「凡是任官吏者，都是從合乎法律規定的人之間選出」；（4）富豪政治：「根據擁有的財產價值而指派官吏」；（5）民主政治：「凡是所有人都有資格被選爲官吏〔註 102〕」。蘇格拉底所嚮往的正是上述第 3 種的「賢人政治」，他認爲人的智慧德行有等差，唯有選出有智慧與德行的人治理政務，才能達到政治上的善。

蘇格拉底似乎對於經由眾人智慧而評選出政治領導人的民主方式，不是很認同，所以聲稱：用豆子抽籤的方法（只憑藉偶然性）來選舉國家領導人，是非常愚蠢的。因爲也沒有人願意以豆子抽籤的方式，雇用一個舵手、建築工或吹笛者，乃至於其他各種行業的人。而這些事若作錯，也將比危害國家事物的管理輕得多。當時雅典的政治，民主到連將軍的產生都用選舉或抽籤而來。

當時有些人擔心蘇格拉底此一說法的宣揚，將刺激青年對政府的不滿，或將導致暴力的抗爭，但蘇格拉底又說：「凡是能運用理智修養的人，是不

〔註 99〕同注 104，I.1.16，IV.2.27。
〔註 100〕Plato, ***Gorgias***, 521C.
〔註 101〕同注 104，I.1.15。
〔註 102〕同注 104，IV.6.12。

會使用暴力的，只有那些具有蠻力，缺乏理智修養的人，才會採取暴力行徑〔註 103〕。」充分表現偉大哲人崇尚理性文明，反對野蠻暴力的人格高度。

有德行的政治家，能充分觀照自己的心靈，也能助公民的心靈達到最大的改善，如此才能達到整個城邦的善的目的。蘇格拉底所側重的是有賢德的政治人物所能產生的以身作則的教化面向。此種思想也深深影響柏拉圖與亞理斯多德的政治觀，在某種程度上也與受《周易》直接影響的原始儒家政治思想相謀合。但是東、西二處古文明，在政治的制度與運作上，仍有很大的差異，我們將於文後以專章另述。

4、審美文藝觀

蘇格拉底曾和西比亞就美的客觀實在性、本質、審美快感等問題進行討論，但並無具體結論，最終以承認「什麼是美是困難的」作爲對話的結束。就美的本質討論時，肯定了美同正義、學問和善一般，是客觀眞實的存在：正義之人所以成爲正義之人，乃是由於正義；有學問之人所有學問，是因爲學問；一切善的事物之所善，是由於善；美的東西之所以美，是由於美〔註 104〕。就理念論而言是「美將其自身的理念加諸於事物，使該事物成爲美〔註 105〕」。

這段討論給美下了 7 個定義：（1）一個美的少女就是美、（2）黃金是美、（3）子女替父母舉行隆重的喪禮、（4）得體就是美、（5）有用就是美、（6）有益就是美、（7）美是由視覺和聽覺產生的快感等。但經過一番激烈討論後，似乎都未能合乎難以確認的美的本質與定義，而結束此一討論。

在致力於尋求普遍性共同意義時，已提出了存有的客觀性的概念。而「美將其自身的理念加諸於事物，使該事物成爲美」的觀念，其實便是柏拉圖最高存在的理念分有的雛形，他說：「和絕對美分開來的無論什麼美的東西之所以美，是因爲分有那種絕對美〔註 106〕。」蘇格拉底的美的理念，成爲柏拉圖的分離與分有的美的理念。在最高抽象思維的美的理念下，美的少女、黃金、得體、引起聽覺或視覺美感的事物，都是分有此種美的概念。

蘇格拉底顯然較崇尚理性的形式美，他說：「我所說的形式美，不是大家所想的那樣，如生物美、圖畫美等。……我是指直線和圓周，以及用規矩尺度所造成的平面和立體。我所說的這些形式美並不相對於物，而是具恆久性

〔註 103〕同注 104，I.2.10。
〔註 104〕Plato, ***Greater Hippias***, 287C.
〔註 105〕同注 112，289D。
〔註 106〕Plato, ***Phaedo***, 100C.

的美，有其自有的快感，和騷擾人的快感不成比擬〔註 107〕。」從上述的對話的內容觀察，蘇格拉底對於美的認知，似乎只認同理性客觀存在的絕對美，而忽略了感性美的存在價值。

蘇格拉底對於文藝創作的靈感，也有一些特殊看法。他認爲繪畫及雕塑，都有模仿與再現自然的功能。在與畫家帕拉西阿斯（Parrasios）對話時蘇格拉底提到：「你們畫師總是透過色彩忠實描繪高、低、明、暗和軟的、粗糙的、光滑的種種事物〔註 108〕」；和雕塑家克雷東（Cleiton）談話時又指稱說：「你使作品中的生命唯妙唯肖，……你將身體的不同姿態，比如各部位的下垂或上舉、拉攏或分開、緊張與鬆弛表現得如此逼眞，令人深信不疑〔註 109〕」。蘇格拉底也認爲藝術可表現人的內在心理活動，他對畫家說：「可以從一個人的眼神裡，看出他是喜愛還是仇恨，高尚或寬宏，卑鄙或偏狹，節制或者清醒，傲慢或無知，不論在靜止或運動中，都可通過其容貌與舉止表現出來〔註 110〕」。

在詩歌的創作與鑑賞上，蘇格拉底也提出「靈感說」，此項說法可能是西方思想史中最早的文獻，他說：「我知道詩人寫詩並不是憑智慧，而是憑一種天才和智慧。他們就如占卜者，說了許多好東西，但並不懂得究竟是什麼意見。這些詩人，在我看來，情形也很類似〔註 111〕。」

關於蘇格拉底所敘述的感性詩歌創作，我們看見希臘神話影響下的殘影，因爲詩歌具有強大的感性藝術感染力成分，而這些靈感與感染力是來自於詩神的附靈，所以他說：「詩神有如一塊磁石，她首先給人靈感，得到這種靈感的人，又將它傳遞給別人，如此串成一條磁性的鎖鏈〔註 112〕」，神靈賦予詩人靈感，創作出感人的詩篇。蘇格拉底顯然認知到詩歌的感性本質，但我們觀察他的詮釋與說明是很理性化的。

儘管有人質疑柏拉圖美化並且虛構了蘇格拉底的歷史形象〔註 113〕，但是從上述的行誼觀之，他的確是一位偉大的教育家〔註 114〕和啓蒙鬥士〔註 115〕。

〔註 107〕Plato, ***Philebus***, 51.
〔註 108〕同注 104，I.10.1。
〔註 109〕同注 104，I.10.7。
〔註 110〕同注 104，III.10.4～5。
〔註 111〕Plato, ***Apology***, 22B～C.
〔註 112〕Plato, ***Ion***, 533E.
〔註 113〕卡爾・雅斯培：《大哲學家》，頁 75。羅素：《西方哲學史》，頁 123。
〔註 114〕J.B.伯里（J.B.Burry）：《思想自由史》，（北京：商務印書館，1926 年），頁 30。
〔註 115〕龔柏次（Th.Gomperz）著，趙繼銓、李眞譯：《希臘思想家》，（北京：商務，他對於開放社會的新信仰，對人的信任，對平等主義的正義，和人類理性的信仰，作出巨大的貢獻〔註 116〕。他是純粹理性與科學的象徵，和理論樂觀主義者的原形〔註 117〕。在人類的思想史上，他無疑是位一流的原創型思想家。

（五）柏拉圖

蘇格拉底是軸心時代希臘雅典學派的第一座高峰，然而他述而不作，歷史面貌較模糊；而柏拉圖則堪稱是第二座高峰，並且著作等身，歷史面貌清晰。柏拉圖自二十歲左右即緊隨蘇格拉底，至乃師被處死時，仍隨侍於側，時年 28 歲。父系、母系均出自雅典貴族的柏拉圖，對於當時希臘各城邦的政治環境了然於心，他厭惡雅典不得人心的 30 僭主政府，又對判其老師蘇格拉底死刑的民主政府甚失望。因而認眞思索如何以理論和實踐，改善城邦政府。

柏拉圖龐大哲學體系的論述，是對於其先師蘇格拉底的繼承和發展。他是西洋最早有體系，涵蓋宇宙人生諸課題的集大成思想家。其思想可分爲理論部分的觀念論、宇宙論、人性論、知識論；和實踐部分的倫理學、理想國、宗教觀。本節擬先簡述其主要的著作，再概述其理論與實踐的思想體系，並論及其對後世之影響。

依柏拉圖 30 篇對話錄的著作年代，可分爲 4 期：

第 1 期蘇格拉底影響期包括：

1、《自訴篇》（***Apology***）
2、《克利多篇》（***Crito***）
3、《攸息弗洛篇》（***Euthyphro***）
4、《拉克斯篇》（***Laches***）
5、《依昂篇》（***Ion***）
6、《普羅塔哥拉篇》（***Protagoras***）
7、《查米德斯篇》（***Charmides***）

1999 年），頁 141。

〔註 116〕卡爾・巴柏（K.Popper）：《開放社會及其敵人》，（台北：桂冠，1986 年），頁 435。

〔註 117〕尼采（F.Nietzsche）著，周國平譯：《悲劇的誕生》，（北京：三聯書店，1986 年），頁 64。

第 2 期轉變的過渡期包括：

8、《利西斯篇》（***Lysis***）

9、《高爾吉亞篇》（***Gorgias***）

10、《美諾篇》（***Menon***）

11、《格而齊亞斯》（***Gorgias***）

12、《攸息德木斯篇》（***Euthydemus***）

13、《西比亞斯短篇》（***Lesser Hippias***）

14、《克拉提路斯篇》（***Cratylus***）

15、《美內克齊努斯篇》（***Menexen***us）

16、《西比亞斯上篇》（***Hippias I***）

17、《西比亞斯下篇》（***Hippias II***）

第 3 期是 40～60 歲間的思想成熟期包括：

18、《饗宴篇》（***Symposium***）

19、《費多篇》（***Phaedo***）

20、《理想國篇》（***Republic***），本篇共 10 卷，除第 1 卷爲早期所寫，餘皆爲此期所作。

21、《特雅特陀斯篇》（***Theatetos***）

22、《帕米尼德斯篇》（***Parmenides***）

23　《費德羅斯篇》（***Phaedros***）

第 4 期的完成體系時期包括：

24、《辯士篇》（***Sophistes***）

25、《政治家》（***Politicos***）

26、《費例波斯》（***Philepos***）

27、《弟邁阿斯》（***Timaios***）

28、《克利弟阿思》（***Kritias***）

29、《法律》（***Nomoi***）

30、《法律續篇》（***Epinomis***）

另《書信集》，計十三封，其中以第 7、8 封最重要，亦爲此時期所作。

1、《自訴篇》（***Apolog***y）是記述蘇格拉底在法院的辯護。當時蘇格拉底約 70 歲，被誣陷的罪名是：「腐化年輕人的心靈；不信城邦所遵奉的神祇，卻以自己發明的新神取代。」

2、《克利多篇》（***Crito***）記述蘇格拉底在獄中服刑的種種，特別是訓勉弟子的臨終遺言。蘇氏的多年摯友克利多（***Crito***），本想勸助蘇氏逃走，但蘇氏堅持惡法亦法，認為若公民可罔顧法律，城邦又如何能安然存在？

3、《攸息弗洛篇》（***Euthyphro***）專論眞誠與熱誠之美德，尤其是對神虔敬（piety）的德目。本篇要旨在蘇格拉底明知即將面臨危險之時，仍無視自己的處境，卻還能幽默地、反諷地、敏銳地與人交談。

4、《拉克斯篇》（***Laches***）論勇敢之德，論定城邦國民皆應勇敢，保衛家園；在道德層次上，也應勇於認錯。蘇氏說：「未經省察的生活，是不值得活的。」再次體現哲人對於時常對心靈省思和觀照的重視。

5、《依昂篇》（***Ion***）藉由與當時著名詩人的辯論，迫使對方承認自己的無知，又迫使對方承認所有詩的靈感，皆源自神明所賜。

6、《普羅塔哥拉篇》（***Protagoras***）表明反對「人為萬物尺度」的主觀學說，認定有客觀眞理，認為「知識」與「德行」是合一的，邪惡的根源來自於「無知」。

7、《查米德斯篇》（***Charmides***）討論聰明與智慧，知識與德行，尤其是節制之德（***temperance***）。其意涵正如古老的德爾菲神諭所示：「認識你自己」與「凡事皆勿過度」。高貴的品德在於能約束盲目追求自由與放縱的衝動，服從依和諧與比例而定的內在法則〔註 118〕，節制一直是古典希臘倫理學的一項重要德目。

8、《利西斯篇》（***Lysis***）討論友誼、友情、愛情。並設法使友情和愛情，產生連結的通路。此篇對話，使我們看到蘇格拉底如何協助年輕人運用自己的心智，認識自己，省察自己，進行更深層的思考。

9、《高爾吉亞篇》（***Gorgias***）以辯士派學者為名，批判辯士派的主觀意識強加諸客觀事物之上，並進一步強調美、善、正義與幸福等永恆的客觀存在價值。主張修德以致福的眞正快樂人生。

柏拉圖上承蘇格拉底，往下培植出亞理斯多德。此三人一脈相傳，互相繼承與超越，建立軸心時代希臘哲學的雄偉面貌。柏拉圖繼承蘇格拉底的「詰

〔註 118〕傅佩榮：《柏拉圖》，（台北：東大，1998 年），頁 17。

問法」，不盲目採信感覺經驗，而重視理性功能，堅持世界靈魂與個人靈魂的不朽，並相信宇宙具存目的，而最高的目的莫過於「至善〔註 119〕」。在觀念論、知識論、倫理學、宇宙論、人性論、理想國與宗教觀等範疇，提出他對於藝術、教育、政治、靈魂、愛情與快樂等論述，眞、善、美、正義、勇敢、節制等價值與德行等人生的高尚的價值〔註 120〕。羅素認爲柏拉圖思想中最重要的五個特點是提出理想國烏托邦、理念型的觀念論述、主張靈魂不朽論、宇宙論，以及將知識看成回憶，而非知覺的知識觀〔註 121〕。由對話進展到辯證，再不斷地提升超越，建構了龐大的思想體系，遨遊於價值充盈的境界。柏拉圖這些思想引導西方人走上「明辨之路」，透過閱讀其著作，經由詳細的思考與辯證，理解並把握其中精要的道理。自其中習得思想的方法與步驟，進一步開展爲明瞭如何說理，認識說理的各種層次。柏氏引導我們思考「人生從何而來？」「死歸何處？」「應作何事？」應是受畢達哥拉斯學派的影響，並且承襲了蘇格拉底相信人有前世與來生的觀念，或亦可視爲其宗教信仰。他主張人生應追求「正義」與「眞、善、美」，把人生一直伸展到來世的生命希望。希望人性能衝破時間，走向永恆；能突破空間，走向無限。他認爲人唯有站在永恆與無限的立場，才能眞正了解今生的意義。

在柏拉圖的觀念論中，他將「觀念界」和「感官界」對立，此種宇宙二元論，將人安排於二元論的宇宙之中，亦劃分爲靈魂與肉體二元。靈魂屬觀念界，肉體則屬感官界。柏拉圖觀念界所謂的觀念是「分受」了「善」觀念的餘蔭而成爲存在。感官世界是「分受」了整個觀念世界的餘蔭而成爲存在。柏氏觀念論中最高的存在是「善」，「善」涵蓋了一切存在。

在知識論裡，柏拉圖則提出人天生有「歸類」、「超越」與「追求」等能力。人不僅天生就能夠認識，且天生就有知識。人眞正的知識都是先天的，先天的知識比後天的知識清楚得多，後天所有的知識，只是靠我們的「記憶」。柏拉圖受畢達哥拉斯學派影響，也甚重視數學，認爲算術、幾何、立體學、天文學與和聲學間有根本的關聯，他們可以合作帶領人進一步去了解眞理。經由知識的奠基工作，更上一層進入辯證法則，依此思維法則，便能夠提出

〔註 119〕程石泉：《柏拉圖三論》，台北：東大，1992 年，頁 7。
〔註 120〕傅佩榮編著：《柏拉圖》，台北：東大，1998 年，序頁 2～3。
〔註 121〕羅素：《西方哲學史》，頁 150。

及接受對事物的一套解說，以邏輯方式思考及表達自己的能力。以辯證法則作爲發現理念型的存在，亦即藉由辯證法則培養領悟理念型，及從事邏輯思考的能力。而柏拉圖的倫理學，則以「善」作爲最高事物的本身，「美」與「眞」則是其兩個特性。人對「眞」的追求，是可以把握它，利用它，將其轉化爲自己知識的一部分。人追求「美」，則是在「美」中承先啓後，也就是一種「愛」。「愛」是施與而非佔有。因爲在「愛」中，人是將自己融合在自己嚮往的境界，如同一滴水滴入海洋一般。「愛」的等級從肉體之愛，逐漸提升至「愛」普遍、超越、抽象的美，而追求靈魂的「美」，到心靈嚮往一種知識，嚮往一種境界的最高等級，進而將生命完成於永恆的「美」之中。

柏拉圖總認爲感官界是觀念界的化身，是觀念界的影子，於是人類的世界也應該有一個「理想國」，並且以哲學君王作爲其領導人。柏拉圖在其宇宙論中認爲是「造化神」將混沌雜亂的宇宙變得有秩序。「造化神」並且將人的靈魂借來世上，人的靈魂本來在觀念界中是自由自在的，現在受了肉體的控制，對於「眞」的知識追求能力，與對於「美」的倫理實踐能力都受到限制，這也是人在世界上受苦難的本性。人具有追求「眞」、「善」、「美」的天性，人的靈魂應安置於觀念界，使其存在於永恆之中。柏拉圖的宗教人生觀是人從影像界往時空界、觀念界逐漸超升，最後則與神明爲伍。此處的神明的觀念有些籠統不清，似乎較傾向於和最高存在的「善」一致。他認爲人神的交往，是人性智慧的最高峰，因此應該多靜思冥想與祈禱。

綜觀柏拉圖的思想，其中始終如一的是他相信宇宙中有一個秩序，以及一個目的。他所謂諸神的意義，隨著不同年代的作品得以拓深及發展。道德價值具有清楚而絕對不變的實在性，不受任何意志所左右。這些價值與他所述說的實在界，後來都冠以理念型之名，做爲終極目的。他堅信宇宙有秩序與目的，神的力量運作於整個世界及其各部份，以及宇宙的目的高高在上，不由人意所左右〔註 122〕。柏拉圖的思想體系深深影響亞理斯多德，並爲亞理斯多德以後的西洋哲學鋪路，包涵知天、知人與知物，前世、今生與來世等三個面向，以及二元的宇宙、人生觀。他的思想體系爲人心帶來了超越的能力，超越物質、肉體，超越自己的存在，走向觀念界，走向眞、善、美完滿的境界〔註 123〕。

〔註 122〕同注 133，頁 160～162。

〔註 123〕鄔昆如：《希臘哲學趣談》，台北：東大圖書，1976 年，頁 135～190。

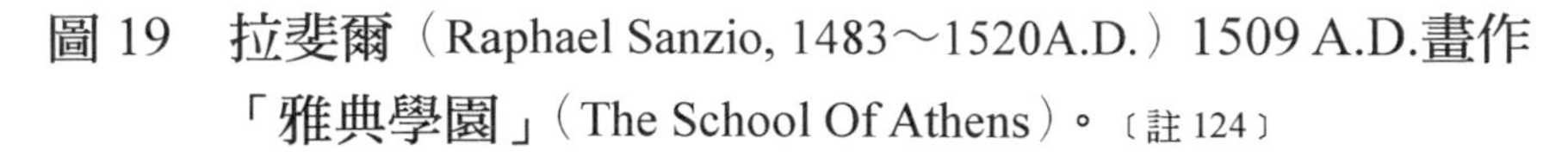

圖 19　拉斐爾（Raphael Sanzio, 1483～1520A.D.）1509 A.D.畫作「雅典學園」（The School Of Athens）。〔註 124〕

軸心時代出現之前，中華與希臘各有其文明發展的脈絡，也各有其對於宇宙定位和人生安排的思索。本章試圖勾勒出《周易》和亞理斯多德出現以前的思想文明源頭，並進行一些文化背景的考察，探討文明遞嬗過程中的一些重要價值與觀念的內在聯繫。這些前軸心時代的早期思想，在相當程度上代表中國與古希臘兩個古文明的先哲們，對宇宙和人生深度探索歷程的紀錄。由於文明是逐漸累積發展而來，前代的思想體系與思維內容和方法，必然多少影響下一階段思想文化的發展。經由這些基源問題的探討和疏理後，下文的章節即將繼續探討《周易》和亞理斯多德天人哲學思想中，關於本體論、宇宙論、認識論、倫理學、政治思想等範疇傳承與發展的回顧，並對其現代性價值進行相關的討論和比較。

〔註 124〕拉斐爾此幅畫作完成於 1509A.D.，描繪古希臘的哲學家們，在一棟古典的建築裡，進行哲學的討論和思辨。這幅畫作目前陳列於梵蒂岡博物館的簽署廳。柏拉圖與亞理斯多德就在畫作中間，柏氏左手向上持著他的宇宙論著作《弟邁歐思》（***Timaios***），右手指往上天；亞理斯多德則左手平持其《倫理學》著作，右手指著人間。雖然自蘇格拉底，而柏拉圖，至亞理斯多德，三者兼具有密切的師承關係，但此圖相當程度地指出了柏氏與亞氏師徒之間的巨大差異，亦即前者更重視宇宙論。而後者在倫理學的討論中，更務實地將柏拉圖的思想修正回了世間。引自 Stefano Maggi 著，張寶梅譯：《眾神殿堂的希臘》（***Greece: History and Treasures of Ancient Civilization***），頁 203。

第三章　亞理斯多德與《周易》本體論的比較

本體論（Ontology）是形而上學的一個重要部分，形而上學的（Metaphysics）本體論是西方哲學的專有名詞，自古典希臘以來，研討者甚眾，歷史攸遠，體系完備。亞理斯多德在形而上學的領域有豐碩的論述著作，對後世的影響既深且遠。二千餘年來，學者們關於亞理斯多德著作的詮解，已經累積了相當龐大的材料。《周易》經、傳〔註 1〕裡的思想，則是影響中國許多世代思想家的源頭活水。在易學的範疇裡，《易傳》的出現，讓《周易》所蘊含的形而上思想逐次擴展。除詮解《周易》經文的精神外，還進一步地發展和創造，大大地擴展了《周易》文本的內容，尤其是《繫辭傳》更是將易學推上哲學化的重要文本。《易經》經文雖爲占卜的筮文，但是其卦、爻象和繫辭之間，實已深蘊許多天人間的哲理。這些深蘊的哲理經由孔門及相關後學所整理的《文言》、《彖傳》上下、《象傳》上下、《繫辭傳》上下、《說卦傳》、《序卦傳》、《雜卦傳》等稱之爲「十翼」的《易傳》，是詮解與發展《易經》成爲充滿哲理性經典的重要文本。《易傳》編纂成書迄今已兩千餘年，其間迭有傑出的後代學者創發精采的易學論述。其中以可資與亞理斯多德本體觀點相對照者爲

〔註 1〕由於《易傳》是對《周易》精神的詮釋與演繹，特別是《繫辭傳》在詮解《周易》的本質時，有較豐富的形而上學精神，故本文的比較研究，擬將《周易》和《易傳》同時作爲核心文本。前輩學者對於《周易》經、傳的來源，及其區分已有諸多探討，如屈萬里、余敦康、李鏡池等之有關著作。見黃沛榮編：《易學論著選集》，台北：長安出版社，1985 年。孔子以及他的後學們，一代一代地對於《周易》所進行的哲理性詮解，使這本原作卜筮用的書，成爲極重要的思想經典，影響中華文明暨深且遠。

主，並兼採相關亞理斯多德後學的研究成果，進行相互參照與比較的討論。由於亞理斯多德對於西方哲學裡的形而上學本體論的體系化論著，成爲此一領域厥功至偉的先驅者。故本節的比較安排，特將亞氏置於易學哲學之前，以表示對其貢獻的推崇與尊重。

第一節　亞理斯多德與易學哲學對於存在的探討

形而上學本體論主要在探討存在（Being，Existence）的原理、原因和基礎。西方形而上學這門理論性學術是亞理斯多德所創，在他之前雖有巴曼尼底斯（Parmenides）提出關於「存有者」的問題，但亞氏將形而上學予以理論體系化，成爲一門純粹以理論探討萬事萬物的原理、原因和基礎的學科，對後世影響甚鉅。形而上學的討論是西方哲學的長處，但是易學哲學亦有其專屬於古代中國辯證思維下所建構的氣學理論體系。氣學形而上學體系，主要由《易傳》的「一陰一陽之謂道〔註2〕」或「太極〔註3〕」的概念逐漸發展累積，自成一個理論體系，對後世中國思想及文化產生深遠的影響。前述二者探討「存在」的本體論，各自在其文明發展史上，對人們的形而上思想發生重大的影響力，由於他們的主要論述皆成形於「軸心時代」，所以彼此間的異同之處，便產生值得比較的價值。

亞理斯多德對於存在的討論，即是討論第一原理、最高或基本的原則、原因（first principles or highest causes）〔註4〕，亞理斯多德稱之爲「神學」（theology）或「第一哲學」（first philosophy）。形而上學（metaphysica，metaphysics）名稱的出現，一般均認爲是西元一世紀左右，亞氏所創「梨塞翁」（Lyceum）學院第十位主持人安德魯尼古斯（Andronicus of Rhodes），於編輯亞氏著作全集時，將之排列於《物理學》之後所得的名稱。

亞理斯多德所以稱形而上學爲神學，原因在他曾於《形而上學》與《物理學》著作中多處提及「不動的首動者」（the first unmovable mover）之概念，此一「不動的首動者」應是亞理斯多德所認知的最高存在，是代表最高意志與純粹理性的最幸福之「神」。而《易傳》中所論述的最高存在，則是陰陽合

〔註2〕《易・繫辭上傳》，第五章。文中言：「一陰一陽之謂道，繼之者善，成之者性。」

〔註3〕《易・繫辭上傳》，第十一章。文中言：「是故《易》有太極，是生兩儀，兩儀生四象，四象生八卦，八卦定吉凶，吉凶生大業。」

〔註4〕亞理斯多德：《形而上學》，第四卷，1003a20～33。

和變化所生成的「道」。形而上學研究的對象是「存有者自身」或「存有者之爲存有者」(being qua being)。宇宙間的萬物都是存有者（being），他們同時具有相同點與不同點，形而上學便是對這些共同點與不同點的原理、原因與法則普遍性的探討。

亞理斯多德認爲存在具有多重涵義，一方面是就偶性而言，另一方面則是作爲眞的存在，不存在則是虛假。關於表述是什麼、性質、數量、何地與何時等範疇，以及敘述從潛能到實現的變化過程，都可以表現存在。亞理斯多德提及「偶性」時，常喜愛舉「文雅的人」和「白淨的人」爲例，其中所謂述的「文雅」和「白淨」，即是指偶性而言〔註 5〕。

有關存在的基本元素，亞氏接受了土、水、氣、火作爲構成可感與變化世界的最基本成分。他認爲元素是一種內在於事物之中的，是事物最初所由之構成者，不能分解爲其他類更細微的東西。而就易學而言，陰、陽二元素，被視爲是構成所有存在的本體之最基本成分。

在有朽世界存在的變化中，不外乎指涉實體、性質、數量與地點等範疇〔註 6〕。亞理斯多德將這些變化分爲三類：一是從非主體到非主體，並沒有變化，因爲他們不是對立的，也不是矛盾的，這裡沒有相對的東西。對他而言，沒有變化也是變化的一種。二是從一個非主體變到相矛盾的主體，就是生成，在總體上的單純生成，或者是某物的生成。三是從一個主體變爲非主體，就是消滅〔註 7〕。易言之，即是無變化，生成與消滅等三種事物存在的狀態。

而以陰和陽作爲宇宙萬物最基本構成元素的易學本體，對於存在的世界，則是以剛柔相摩，八卦相盪，自陰陽乾坤之道的變化與發展〔註 8〕，來體現易理中所蘊含的變易、不易與簡易之道。

亞理斯多德對於存在的探討，似乎可分爲三層結構，最高層是神、太一或善，這是指向最高的存在，超越所有的因果關係。第二層是由其自身所造成，是自我構成與自我同一的。第三層則是最低的存在，是依賴於他物和由他物所造成的〔註 9〕。而易學哲學這邊對於存在的認知結構，主要爲形而上的

〔註 5〕 亞理斯多德：《形而上學》，第六卷，1026a 34～1028a7。

〔註 6〕 亞理斯多德：《形而上學》，第十二卷，1069b 10～11。

〔註 7〕 亞理斯多德：《形而上學》，第十一卷，1067b 21～26。

〔註 8〕 《易・繫辭上傳》，第一章。

〔註 9〕 見聶敏里選譯，《20 世紀亞理斯多德研究文選》之〈非洛龐努斯的亞理斯多德：

道，和形而下的器等兩層。上層是形而上辯證思維的道、太極和善。下層則是陰陽合和所生生的天地乾坤可感之萬事萬物。包含春、夏、秋、冬四時；八卦所指涉的天、地、雷、風、水、火、山、澤；人文化成吉凶大業的主體世界等。

第二節　亞理斯多德與易學哲學對於實體的認知

亞理斯多德對於存在的系列探討中，認爲「實體」(substance) 是居於首位的〔註 10〕，關於實體的範疇與概念，也是由他在形而上學裡首先提出並深入探討的。他所指的實體，相對應於他所主張的存在具有多種意義。亦即凡所有表示「是什麼」、「這個」、「質」和「量」者，均可稱爲實體。因此表達性質是什麼，或說是善或惡，指稱是這種存在的質，是人，是神，都可被視爲實體。

實體和個體也被視爲主體，是事物最單純而最初的存在。因此，動物、植物及其部分是實體。土、水、氣、火等自然物體，星辰、月亮、太陽等天體也是實體。物體的界面，如面、線、點及單元比例的物體或立體更是實體。

亞理斯多德將實體歸納爲四類：一爲是其所是，二是普遍，三是種被認爲是個別事物的實體，四即是載體（基質或底質）。他認爲實體互不相同，在一般意義上是組合物，或是原理。作爲元素的存在，與作爲本原的存在都不能一樣。實體是與他物全無共同之點的東西，且實體不依存於任何他物〔註 11〕，是獨立的存在。

由於可感覺的實體全部具有質料，一方面是原理與形狀，二方面又是載體，均是可生成和消滅的實體〔註 12〕。亞理斯多德主張質料、形式和二者的合成物，也都是作爲主體的實體。

由於亞理斯多德將探討首要意義的存在是什麼的學問，稱之爲「神學」，因此這門研究萬事萬物存有的原理、原因和基礎的形而上學，歸諸於最高處，應有個神聖實體的存在〔註 13〕，超越可感與可毀滅的實體，幾乎是永恆寧靜

處所的廣延〉(Helen S. Lang)，上海：華東師範大學出版社，2009 年，頁 374～375。

〔註 10〕亞理斯多德：《形而上學》，第十二卷，1072a 34～35。

〔註 11〕上述的討論見亞理斯多德：《形而上學》，第七卷。

〔註 12〕亞理斯多德：《形而上學》，第八卷，1042a 28～34。

〔註 13〕參見見聶敏里選譯，《20 世紀亞理斯多德研究文選》之〈亞理斯多德《形而上

的存在，以對應於亞理斯多德所認知的最幸福的神，那也是善與最高意志的地方，是最高與最純粹的實現，也是純粹理性的最高處。

與亞理斯多德對於實體的概念相對應，卻在思維上存在著不同的概念，在《易傳》裡，認爲宇宙由無而有的形成過程中，「太極」可被視爲最高或最初的實體。易言之，太極被認爲是究竟眞實，是最終極的存在；表示陰陽二氣的「兩儀」，指涉了天地間萬物存在的二種性質；「四象」即是一年之中春夏秋冬或四時的輪替與變化；「八卦」表天、地、雷、風、水、火、山、澤等自然萬象。《易傳》對於存在的描述，由最原初存在的「太極」本體，發展爲「兩儀」、「四象」與「八卦」等自然現象。而能夠成就吉凶大業的「人」，也是由陰陽二氣所化生的實體（《易・繫辭上傳》，第十一章）。表示陰陽或天地的「兩儀」；春夏秋冬或四時的「四象」；天、地、雷、風、水、火、山、澤的「八卦」，能夠成就吉凶大業的「人」，都是由陰陽二氣所化生的實體〔註 14〕。

賁卦䷕《彖傳》說：「觀乎天文，以察時變；觀乎人文，以化成天下。」就是說對於上述自然實體變易的觀察，然後採取相對的因應之道，或者以此變化之道，感悟爲人生的哲理智慧。《易傳》言：「以制器者尚其象〔註 15〕」，是說經由易卦卦象的啓發，而製作之器物，如結繩、網罟、耜、耒、耨、市集、衣裳、舟楫、牛馬車、門柝、杵臼、弧矢、宮室、棺椁、書契〔註 16〕等器物，有其質料與形式，均可將之視爲可感的獨立或混合實體。形而上的道，與形而下的器，即存在於這些對於本體的觀察，與可感有形的世界之中。《易傳》裡提出「形而上者謂之道，形而下者爲之器〔註 17〕」的說法，是認爲在太極陰陽合和變化所衍生的存有之中，有所謂形而上的無形之「道」，在其下者便是有形可感的實體之「器」。道與器的本體間，存在著對立與統合的辯證關係，易學本體的道、器之說，被宋儒朱熹，和清儒王夫之進一步地發展成爲理、氣之辨。他們對於作爲究竟眞實的終極本體——太極，以及由陰陽二氣所構成的萬物實體，和易學的數、象、辭、理間相互存在關係的論述，將《易傳》裡原已提出的易學本體論推向更精密而豐富的境地，在易學史上是

學》再思〉（Mary Louise GIll），上海：華東師範大學出版社，2009 年，頁 472～500。

〔註 14〕《易・繫辭上傳》，第十一章。

〔註 15〕《易・繫辭上傳》，第十章。

〔註 16〕《易・繫辭下傳》，第二章。

〔註 17〕《易・繫辭上傳》，第十二章。

極有份量的本體論學說，下文將繼續討論和比較。

第三節　亞理斯多德論述本體的創見：潛能、實現和四因說

亞理斯多德以潛能到實現，以及質料因、形式因、動力因與目的因等四因說，來論述存有的變化與運動過程。潛能、實現和四因說的辯證推論方式，是亞氏形而上學本體論的重要創見。而《易傳》則是以「一陰一陽之謂道」，與「形而上者謂之道，形而下者爲之器」的觀念，開展出道、器之辨。。形而上與形而下的道、器之辨是易學本體論的精華，下文將探討其主要內涵，並比較其間的同異之處。

一、從質料變形式，自潛能到實現

亞理斯多德的思想具有強烈的目的與功能性，他在論述著作裡，時常強調任何存在皆有其目的和功能。他認爲存在變爲形式之前，是原始的質料。實現先於潛能，而且潛能是所有變化與運動的本原。一切生成的東西都要走向本原和目的，本原是所爲的東西，生成就是爲了目的，而實現就是目的，正是爲著所謂目的的實現，所以潛能才被提出。他舉例說比如：動物是爲了有視覺而觀看，造屋能力是爲了造屋，思辨能力是爲了思辨。這些舉例的說法，表現了強烈的目的性。

質料潛在地存在著，因爲它要進入形式，只有存在在形式的時候，它才實現地存在。實現就是活動，也是變化和運動。在那些與使用不同的生成物中，實現存在於被制作的東西中，如造屋活動在被造的房屋中，紡織活動在被紡織的東西中，運動在被運動的東西中。倘若除了實現之外沒有其他活動，實現就存在於主體自身之中。如觀看就在觀看者中，思辨就在思辨者中，生命就在靈魂中。實體和形式是實現，實現在實體上先於潛能。在時間上，總是一個實現以另一個實現爲前提，直到最初的運動者〔註18〕。若依此往前推，最初的與首要的實現，便是「第一不動的推動者」（first unmovable mover），也是被稱爲「神」的最高和最純粹的實現。

由於對本體存在目的性的強烈理念，所以在亞理斯多德眼裡，實現便先

〔註18〕亞理斯多德：《形而上學》，第九卷。

於潛能，先於一切變化的本原〔註 19〕。亞氏也對於潛能和實現的區別，做了一番說明，他說科學的知識有雙重意涵，一者是在潛能上，另一者是在實現上。潛能作爲質料，是普遍的和無規定的，屬於普遍和無規定的事物。實現則是確定的，並屬於確定的事物。作爲這個，它屬於某一這個〔註 20〕。

對亞理斯多德而言，「質料」指一個東西由以從中生成的那個先在的實體，也可視爲一個東西由以被做成的那塊材料。如果火將變成氣，則氣的質料便是火，質料多數時候指涉爲最初的原始質料。依據亞氏的理論，形式是質料所構成，所以有時質料還可與實體相對應，如同說「他構成了一個人」或者說「蘇格拉底是一個人」一般。

物的生成和變化，即是指質料與形式的運動和轉變，正如亞理斯多德所說：「每一個生成物都是被什麼生成，從什麼生成，和生成什麼〔註 21〕？」以及「每一個變化物都是什麼，被什麼變化，和成爲什麼。變化之被什麼是直接推動者，被變化之什麼是質料，變化之成爲什麼是形式〔註 22〕。」如此，就造屋而言，磚石便可視爲潛能與質料，房子即是形式和實現；就動物實體而言，肉體便被視作潛能和質料，靈魂即爲形式與實現〔註 23〕。

就形而上學的本體論而言，亞理斯多德提出從質料變形式，自潛能到實現，來表達對於存有的變化，是一個重要的創見。

二、形式的特徵

由於亞理斯多德所討論的實體，存在著是個別還是普遍的問題，所以作爲首要實體的形式也存在著個別與形式的問題：

（一）個別形式

關於普遍與個別的區分之中，亞理斯多德在《解釋篇》中提到：「普遍者我是指本性上謂述許多事物的東西，個別者我是指不是這樣的東西，例如人是一個普遍者，卡利亞斯是一個個別者〔註 24〕。」在這段話中，亞氏區別了

〔註 19〕亞理斯多德：《形而上學》，第九卷，1051a 2～3。
〔註 20〕亞理斯多德：《形而上學》，第十三卷，1087a 16～20。
〔註 21〕亞理斯多德：《形而上學》，第七卷，1032a 13～14。
〔註 22〕亞理斯多德：《形而上學》，第十二卷，1069a 36～1070a2。
〔註 23〕亞理斯多德：《形而上學》，第八卷，1043a 29～36。
〔註 24〕亞理斯多德：《解釋篇》，第七卷，17a39～b1。

普遍與個別的差異。然後又說既然沒有一個普遍陳述的東西是實體〔註 25〕，所以形式不是一個普遍者。他道

> 那些屬於一個種（eidos）的事物，他們的原因和元素是不同的，不是在種上，而是因爲不同的個別事物的原因是不同的，你的質料、形式（eidos）、動力因與我的，但他們在其普遍的描述（logos）上是相同的〔註 26〕。

作爲第一實體，形式可用於指涉個別的事物，如一個個別的人或一匹個別的馬。形式作爲這個時，在質上不可區分，在量上又有區別。此時所謂的形式（tode ti）是不可分和在數量上單一的，是高度確定的但依然可重複，是個體事物（individuals），但不是個別事物（particulars）。

（二）普遍形式

亞理斯多德所論述的形式其實也具有普遍性的特質，這些證據如他所說的：

> 並且那是整個的東西，在這些血肉和骨頭之中的如此如此的形式（eidos），是卡利亞斯和蘇格拉底。他們由於他們的質料是不同的，但在形式上是相同的〔註 27〕。

此外他在討論定義時也聲稱：「定義是由普遍者和形式所構成的〔註 28〕。」作爲科學知識對象的形式，照此邏輯而論，應是具有普遍性。

亞理斯多德所提及的人和馬的種概念，其實皆謂述普遍的合成物，包括形式和被普遍理解的質料〔註 29〕。說蘇格拉底是人，他的形式是他的靈魂〔註 30〕時，意謂靈魂不只爲一個事物所分有，這是就形式的普遍性而言。。但是作爲一個人的形式，又必須具有一定限度的重量的身體，這個具有實質重量的實體，其存在則是依賴於某個形式作爲其主體。種和屬並非實體，形式卻具有實體性。形式普遍地謂述質料體，但又非那些質料體的實體，而是合成物的實體。〔註 31〕其實在現實之中，我們對於形式的合理認知，本就應具有

〔註 25〕亞理斯多德：《形而上學》，第七卷，1041a 3～4。
〔註 26〕亞理斯多德：《形而上學》，第十二卷，1071a 27～29。
〔註 27〕亞理斯多德：《形而上學》，第七卷，1034a 5～8。
〔註 28〕同注 168，1036a 28～29。
〔註 29〕同注 168，1035b 27～30。
〔註 30〕同注 168，1037a5～7。
〔註 31〕參見見聶敏里選譯，《20 世紀亞理斯多德研究文選》之〈亞理斯多德《形而上

個別的與普遍的區別。

（三）潛能、實現和形式的統一性

亞理斯多德主張實體即形式，那麼二者之間的存在，是否存在著一種統一性？在其《形而上學》中有一段結論，或許可作爲解答的依據，他說：

> 如果我們已經說過的，最終極的質料和形式是同一的，一個在潛能中，另一個在實現中，結果尋求「一」的原因是什麼，和「是一」的原因是什麼是類似的；因爲每個東西都是某個一，這個東西在潛能中，和這個東西在實現中，在某種層面上都是一，如此一來，原因就不是別的什麼，除非有什麼東西造成從潛能到實現的運動。而所有那些沒有任何質料的東西，都單純地只是某個一〔註32〕。

眞正的物質實體或稱之爲有機實體，亞氏都視其爲基本的統一體，質料——形式及潛能——實現被看成是獨立於或先於合成統一的實體觀念。一個統一的合成實體，便是由彼此互不等同的質料與形式所構成。

亞理斯多德另於《形而上學》中舉銅質與銅環的例子，也是在強化論述質料——形式及潛能——實現爲統一性的說法，亦即銅作爲質料，而成爲銅環的形式。形狀與銅，在某種層面上被視爲是一，一者在潛能中，另一者在實現中，當形式被實現時，被視爲潛能的質料，便被亞氏視爲與實現的形式統合爲一了。

對亞氏而言，形式是第一實體，形式先於複合物，且是複合物的前提。一個事物的本質或形式，正是我們正在尋求的實體。關於何謂實體，它指向物理對象物和對象物的本質，普遍者和終極主體，以上所涵蓋的範圍都可指稱爲實體〔註33〕。就亞理斯多德在其論著中所提的關於實體的論述觀之，首要意義上的實體應該就是實體性的形式，而非指個別的對象物。

（四）四因說的涵義

亞理斯多德在其本體論體系中關於事物起源因素的探討裡，提到原因有

學》再思〉(Mary Louise GIll)，上海：華東師範大學出版社，2009年，頁483～484。

〔註32〕亞理斯多德：《形而上學》，第九卷，1045b 17～23。

〔註33〕弗雷德：〈亞理斯多德《形而上學》中的實體〉Michael Frede: ***Substance in Aristotle's Metaphysics***，聶敏里選譯：《20世紀亞理斯多德研究文選》，上海：華東師範大學出版社，2010年，頁204～205。

四種——質料、形式、動力、何所爲〔註 34〕，亦即質料因、形式因、動力因與目的因的四因說。

先蘇時期的自然哲學家，曾認眞地探索事物的本原問題，初期似乎是將萬物從何處所產出，最終將復歸於何處稱爲本原。如此的本原，往往指向物質性元素，如土、水、氣、火或原子等。後來對於本原的討論，又增加了關於動力、數或理念等形式與目的問題。對於要素或原則的抽象性探討，也就是逐漸地形上學化，亞氏關於四因說概念的提出，其中所謂述的原因，便包含了要素和原則的意義〔註 35〕。

先蘇時期的哲人們多只探討本體的物質性元素，即就質料因的層面加強討論，雖然質料確是本體的一種。但單一個質料並無法解釋一切生成與變化，比如說木頭如何成爲床？銅如何成爲銅雕？產生這種變化的原因就是四因說的第三因—動力因〔註 36〕。

在動力因出現之後，人們卻繼續發現爲何事物在其存在的變化中，會表現爲善與美呢？顯然美與善並非由土、水、氣、火所構成。於是亞拿薩哥拉（Anaxagoras）所提出的「理性」（努斯，nous），便被認爲是安排一切秩序的原因。亞理斯多德繼承先賢的學說菁華，認爲理性不僅存在於動物中，也存在於整個自然中，理性既是動力因，也是使事物成爲善、美原因的目的因〔註 37〕。

原因是對一事一物的發生或變化，具有實際影響力的根由。亞理斯多德的思想具有強烈的目的傾向，有學者視其爲「目的定命論」（teleological determinism）〔註 38〕者，亦即萬物爲了達到自性的完善，皆有其自身的目的。因此「目的因」應是名符其實的「眾因之因」，或「首因」。若由「實現」的觀點視之，「目的因」位居最後，因爲其最後才獲得，所以又是「最後因」。

亞理斯多德提出「四因說」，乃是爲了圓滿解釋宇宙間萬物的內在結構、生成與演變。而萬物間的生成都是爲了達到其自身最完美的形式，因此「內

〔註 34〕亞理斯多德：《物理學》，第二卷，198a 23～24。

〔註 35〕汪子嵩：《亞理士多德關於本體的學說》，北京：人民出版社，1997 年，頁 38。

〔註 36〕亞理斯多德：《形而上學》，第一卷，984a 16～b1。

〔註 37〕亞理斯多德：《形而上學》，第一卷，984b 8～22.此處的說法，若與「第一不動的推動者」，以及最高存在之「神」的觀念結合，或可將此三者整合出一些關於最高存在與純粹理性的關聯。

〔註 38〕曾仰如：《亞理斯多德》，台北：東大，1989 年，頁 342。

在的目的」又爲亞氏所特別強調。屬於一類的個體，總是自然地盡其所能，去具體表現該種形式的完美。此種形式的自然傾向，說明目的因、形式因與推動因三者又往往相同〔註 39〕。而所有目的的最終極之處，便是純實現的至善者(pure act)，同時也是形上學的最終目的，就是亞理斯多德所稱的「神學」。

亞理斯多德對於本體與存在之本原的探討，超越了前人偏向於物質性的質料說法，更進一步地提出形式、動力和目的等三因素，深化了既有的對於存在之本原的討論，將本質與目的詮釋得更精楚。同時在這些物質性的基礎之上，也提出了最終極存在的「不動的首動者」之說，作爲純實現的最後目的因，成爲其超越性神學論述的基礎。此種對於本體存在的論述模式，和對於本體變化過程的認知，與易學本體論在思維與推論方式上，均存在著重大的差異，下文將繼續討論和比較。

亞理斯多德對於本體的討論，自土、水、氣、火等物質性基本元素所建構而成的物理可感世界中，將可感覺世界的運動、變化、生成、毀滅、增加、減少和位移等範疇，逐漸抽象化、概念化與形上學化爲潛能、實現，和質料、形式、動力及目的等四個因素。而易學的形而上學本體論，則是以《易傳》所闡述的陰與陽作爲宇宙萬物最基本的構成質料。陰陽的摩盪與合和，產生宇宙間的一切變化和形式，這些變化衍生宇宙中乾坤、晝夜、寒暑、剛柔、虛實、黑白、損益、進退等變化，充滿二元對立正反的辯證觀。而太極與陰陽的動靜與合和，似乎可看成易學本體論中變化與生成的動力因素。亞氏和易學對於本體的考察，都從形而下可感的基本物質元素開始，逐漸形構其各自的形而上理論體系。

亞理斯多德的本體論爲西方哲學對於「存有」的思考奠定形而上學的基礎，只論「有」而不論「無」，成爲西方哲學本體論的重要特徵。而易學哲學自陰陽盈虛消長概念出發的本體論思維中，「有與無」是一個不可分離且並存概念，雖相分對立，卻又相成相濟。

亞理斯多德認爲「神」是本體中最高的存有和純實現，或可將其理解爲宇宙最高的純粹理性精神。所有的存在都有一個至高的、強烈的目的性。存在的目的，即是趨向於美善與幸福，一、眞、善皆被統合在最高的目的之中。而具備此最崇高的能力者，就是最幸福的神。相對於亞理斯多德的神，《易傳》

〔註 39〕同注 206。

裡所謂的「神」，則是指宇宙間變化莫測的精神〔註 40〕，二者對於神概念的差異極大。易學本體論的最高存在是「道」、「理」，或稱爲「太極」，在陰陽二氣變易莫測的神妙世界裡，並無亞理斯多德那種明確的目的性，也無固定的形式，一切皆惟變所適，變動不拘，不可爲典要。易學哲學的本體之理，則成爲面對這些變動不拘的宇宙精神之重要依據。

亞理斯多德在物理的可感世界進行仰觀俯察，將宇宙間存有的運動和變化，進行歸納和演繹的推論，以潛能實現與四因說的創造性概念予以詮釋。人之所以有此種形而上學思考的能力，亞理斯多德歸之於人所獨具的珍貴「努斯」（理性、Nous）所賜。此外亞氏在其形上學本體論中，所使用的諸如質料（matter）、形式（form）、潛能（potenciality）、實現（actuality）、實體（substance）、附體（accident）、本質（essence）、原因（cause）等用語，在二千餘年後，仍被後人不斷地使用著，其影響後人的思想模式，不能謂不深遠！

《繫辭傳》言：「一陰一陽之謂道，繼之者善也，成之者性也。」繼承陰陽變化的自然之道，而開創萬物的便是善，甚成此變易之道而化育萬物，使其各自成其性。太極陰陽所化生萬物的道理，顯然也有一個目的性，亦即向善的方向發展化育。亞理斯多德論述本體的方式，然迥異於易學哲學從太極陰陽出發的思維理路，但是亞理斯多德將其《形上學》稱爲神學，且將神視爲是最終的純實現，且是最完滿幸福的至善觀之。易學與亞氏的本體論述中，在本體存在的終極處，都同往一個至善的方向發展。

由「一陰一陽之謂道」與「形而上者謂之道，形而下者謂之器」所構成易學陰陽本體論中，王夫之的說法似乎較爲貼切，他將易學的數象辭理統合，主張陰陽之外並無道，器之外亦無道，《易》的數和象，本是要表現陰陽變化之道，其後的辭和理進一步闡述了陰陽變易、不易與簡易的道理。易學哲學以太極和宇宙陰陽的變化之道，形構成其主要的本體論述系統，二千餘年來深深影響華人文化的思維。在陰陽的對立與辯證中，本體的物質性與精神性統合爲「道」、「理」或「太極」，而象、數、辭、理乃合而爲一，有器的實體存在，方有道理可言說；由形而下發展成爲形而上，闡釋宇宙間無限變易的

〔註 40〕《易傳》裡的「神」多數時候指宇宙間無窮變化的奧妙之理。但有時也表示存在於天地間的「神靈」。如《繫辭上傳》第四章：「精氣爲物，遊魂爲變，是故知鬼神之情狀。」《繫辭上傳》第九章：「……是故可與酬酢，可與祐神矣。」及子曰「知變化之道者，其知神之所爲乎？」上述的「神」，都有「神明」或「神靈」之意。

本體之道。

　　此二種偉大文明關於本體思想的論述，儘管有其各自的思維脈絡，形構出各自的文化思想形貌，並對後世關於本體的思考產生甚鉅的影響力。但我們發現二者關於本體形而上的最終極之處，在目的上都朝著一個相同的方向—「善」前進。而此一方向，也是萬物，當然包含人類的一個正確不移的目的。

第四章　《周易》與亞理斯多德宇宙論的比較

宇宙論（Cosmology）亦被視為自然哲學，主要在探討宇宙如何發生、構成和有關運動與變化的問題。主要探討有關物質世界和生命現象的種種問題，追問「大自然為何是如此」的遠因，迥異於當代自然科學對於「大自然是怎麼樣」的近因探求〔註1〕。相較於本體論（ontology）探討「存有自身」，宇宙論則是探討存有的變動特性，時空條件，以及與變動有關係的種種問題。它探討自然界事物的形上原理〔註2〕，亦即自然界事物在什麼情形或理解下才不矛盾。它尋求有關宇宙的必要而普遍的知識〔註3〕。此知識就理論上而言，應是確定、必要而確定不疑的，而且具有普遍的意義與價值。但是主客觀環境在時空的遞嬗後，對於宇宙的新發現，以及新理論架構的提出，都使得原有的宇宙論論述可能面臨某些質疑與要求修正之必要性。亞理斯多德的宇宙論述，主要集中於《論天》（***On the Heavens***）和《物理學》（***Physics***）、《論生成和消滅》（***On generation and corruption***）、《天象學》（***Meteorology***）中，還有一部分在《形上學》中提及，探討宇宙和物體的生成與變化；而易學哲學的宇宙論主要集中於《易傳》，特別是《繫辭傳》裡關於太極和陰陽二氣，衍生出萬物的生成與變易過程。本章旨在探討二者間，關於宇宙自然生成與變化論述的同異之處，進行一個對照和比較。

〔註1〕 李震：《哲學的宇宙觀》，台北：台灣學生書局，1990年，頁1。

〔註2〕 亞理斯多德：《形上學》第11卷，1061b 36。

〔註3〕 同注126，第13卷，1086b 5。

第一節　宇宙生成和演化觀的比較

人類作爲宇宙自然環境的一份子，對於自身從何處而來，以及宇宙如何生成，自古以來便在好奇心的驅使下，不斷地進行探索。亞理斯多德和易學哲學都各有其一套宇宙發生論，這些論述作爲人類文明裡早期科學史與文獻史的材料，都具有一定的參考價值。

在探討關於宇宙的起源時，亞理斯多德堅決否定有一個開端的可能性。在他的觀點中，宇宙是永恆的，他將其視爲一個巨大的球，被月球所在的球殼一分爲二，成爲一上一下的兩個區域。月球以上是天界，月球以下是地界。月球既是空間上的中間者，也是本質上的分界線。地界或月下區的特徵是生、死和各種短暫的變化；天界或月上區則是永不變化的循環區域。他在《論天》中提到：「在整個過去的時間，遠至前人所記載的最古老時期，在整個最外層天和其中任何一個適當部分，都沒有任何變化發生〔註4〕。」他還提到天是由「第五元素」〔註5〕或「以太」（aithea，ether）所構成。天的區域完全被以太所充滿，亞理斯多德認爲宇宙間沒有虛空。天被分成許多承載著行星的同心球殼，具有至高無上，類似於神的地位。

月下區則是生成、有朽與變化的圖景。亞理斯多德接受最初由恩培多克勒（Empedocles, 490～430B.C.）所提出，隨後被柏拉圖採納的土、水、氣、火四元素。這四個元素，和乾、濕、冷、熱等四種性質，構成連續整體的充實物質世界之各種變化。土和水較重，所以向宇宙中心落下就是他們的本性；氣和火較輕，所以向地界外圍上升，就是他們的本性。土聚集在宇宙的中心，水則位於它外面的同心球殼，最外層則是氣和火。

亞氏在談論月上區的寧靜、不朽與永恆的世界時，其實蘊藏著亞理斯多德關於「神」的思想，這應是古希臘神話傳統的影響，他們都認爲應該把世界最高的地點歸諸神靈〔註6〕，因爲祂具有不朽性，亦即永恆的生命〔註7〕。那個永恆不變的最高意志，亞理斯多德在其形而上學的論述中，逐漸將以往對於神的概念蛻變轉化，指向宇宙間最高的純粹理性精神，也視其爲宇宙轉動的最終極之首動力量。

〔註4〕《論天》，270b.11～13

〔註5〕相對於地上的水、火、氣、土等四元素而言。

〔註6〕《論天》，270b.6

〔註7〕《論天》，286a.8

和亞理斯多德宇宙觀的認知不同，《易傳》所論述的宇宙生成和演化，是由陰陽二氣的合和與變化發展出來，而生出陰陽乾坤兩儀的「太極」，則是最初始的存在，也是最究竟的眞實，關於這些本體論範疇，我們將於下一章詳論。正如同《莊子・天下篇》所言：「易以道陰陽」，此二元素成爲宇宙演化生成的兩種最基本成分。《易傳》云：「闔戶謂之坤，闢戶謂之乾，一闔一闢謂之變，往來不窮謂之通〔註 8〕」，說明宇宙乾坤萬物，均在陰陽的往來中，不斷地窮通變化。就物性的構成與變化層面而言，易學陰陽二氣的宇宙觀，勉可與亞氏的四元素或第五元素說成爲對照，但其內涵並不盡相同。亞理斯多德繼承自恩培多克勒的土、水、氣、火等月下區四元素，構成有朽的、運動與變化的世界。而月上區的永恆、寧靜與不朽的天體世界則是第五元素所構成。易學陰陽二氣的說法，又衍生出後來的木、火、土、金、水相生相剋的五行說，成爲古代中國氣學理論的重要源頭，到今日爲止，此種陰陽五行生成變易的觀念，仍對中華文化的許多層面產生深遠的影響。

《易・繫辭傳》云：「《易》有太極，是生兩儀，兩儀生四象，四象生八卦，八卦定吉凶，吉凶生大業〔註 9〕。」在易卦中，則以陰、陽二爻展開，不斷自重而生成代表天、地、人變化不息的六十四卦和三百八十四爻系統。這個系統表現古代中國所特有的天人合一之宇宙人生觀，體現了由無而有，由少向多變化生成的思維理路。另《繫辭傳》關於揲蓍演繹成卦的過程，也是模仿宇宙天地、四時，和五年一閏的數目演變程序。其過程是取五十根蓍草中的四十九根，之後將其一分爲二，以象徵天地乾坤，掛一以象天地人，揲四以象四時，歸奇象徵五年一閏〔註 10〕。經過此一成卦的推演模式，可以引而申之，觸類長之。將宇宙變化由少至多，由細而繁的無窮變化之道，應用於對天下萬事萬物的理解和預測，也是易學宇宙論的重要特色。

《易傳》關於宇宙生成演化的思考，最終都會與人文化成結合，這是易學特有的天人合一觀念。而亞氏的宇宙論專探討自然的生成與變化，關於人文的活動，則不在其宇宙論的關照範圍。人文活動主要在其《政治學》與《倫理學》等著作中探討。

《易傳》對於由太極生出的陰陽二氣之詮釋，開展出一條氣宇宙論的巨

〔註 8〕《易・繫辭上傳》，第十一章。
〔註 9〕同注 132。
〔註 10〕詳見《易・繫辭上傳》，第九章。

流，使得氣在中華文化中被看作萬物演化的動力，和世界多樣性的依據。氣作為哲學範疇的基本內涵與特點，自此被提出而漸趨成熟。自戰國晚期到漢代以後，氣的系統性學說逐漸成形，在深度與廣度上，均有重大的發展。由天地間陰陽二氣的論述，到元氣的提出，到四時、五行之氣、五臟六腑之氣、神氣、正氣、生氣、煩氣、偏氣、賊氣、人氣、民氣、食氣……等。氣在中華文化中，作為世界的本源或次本元的地位更加鞏固。氣不再是單獨的存在，而是一個以一統多的家族。自此以後陰陽二氣的消長關係，與萬物生長變化的狀況，結合於十二音律的變化，與天文、曆數、物理、生理、倫理統合，顯示出內在的一致性，進而繼續深入於醫學、天文、歷學、地理、物理、生物、農學、政治學、心理學等領域。氣的概念在中華文化圈，比希臘的地水火土四元素說在西方文化思想史中，發生更重大的影響力，以更廣闊的內容和範圍，更多樣的表現形式，成為民族思維的重要產物，影響中華民族的思維方式與民族性格。氣也是生命的第一要素，成為尊崇生命的中華文化的生命〔註 11〕。

第二節　關於天地空間內運動與變化的比較

一、對空間內運動和變化的認知

在亞理斯多德的宇宙論述中，他認為月上區是永恆寧靜與不朽的，月下區則是生滅、運動變化和有朽的世界。空間乃實在擴延性的第一個效果，由於空間的存在，使處所得以展延。在空間裡，存在的物體方有位置及運動。而易學哲學則是由天地空間裡陰陽二氣的合和變化，來開展其宇宙論述，將宇宙視為本質上不斷地運動變化的整體。天地萬物包含人類在內，皆處於不斷流轉與更新的狀態。

亞氏認為每一物體均有其固定位置，此位置主要因通過與他物的對照關係而顯現。而處所既不離開物體間的關係，物體不能是自己的處所，處所是外在於物體的。處所包括佔有處所的物體，一個處所如果包括許多物體，稱為公共處所；如果只包括一個物體，則稱為個別處所。

〔註 11〕劉長林：〈說「氣」〉，收錄於《中國古代思想中的氣論及身體觀》，台北：巨流圖書，1993 年，頁 101～140。

亞理斯多德將月下區可觀察的運動分爲二大原理，一是運動從來不是自發的，沒有推動者就沒有運動；二是朝向運動物體自然位置的運動是「自然運動」，朝向任何其他地方的運動是「外力運動」。在自然運動的情況下，推動者就是物體本性，它使物體朝向理想狀況下，元素的球形分佈所確定的自然位置運動的趨勢。當一個作自然運動的物體，到達其自然位置時，運動便停止。在受迫運動的情況下，推動者是外來的力，它迫使物體違反自然傾向，不朝其自然位置的方向運動，當外力撤除後，這種運動才停止〔註12〕。亞氏認爲物體的運動就是物體通過處所，經由一處變換至另一處。。換言之，處所運動即是有關處所的變動。物體在宇宙中所佔有的位置不是主觀的，而是實在的，在此處與在彼處有實在的不同。通過一物與他物的關係，才能說一物有固定位置，也就是物體藉由與其他物體的關係，才能顯示出物體的位置〔註13〕。物體的運動與處所的位置變動之間，存在著相對的外在辯證關係。而位置與位置的變動和靜止都是相對的，不可能有絕對的位置，也不可能有位置絕對的靜止，或絕對的不動性。

雖然有推動力的存在，但亞氏認爲此一力量並非運動的唯一決定性因素。在可觀察的地面運動中，仍存有阻力與反作用力，運動的快慢顯然受此二種力量的影響。亞理斯多德對此提出以下的詮釋：當兩個不同重量的物體下落時，他們穿過給定距離所需的時間，與它們的重量成反比（一個重量兩倍於它的物體，只需一半的時間）。在阻力概念與自然運動的分析中，他還認爲如果相同重量的物體，通過不同密度的媒質，它們穿過給定距離所需的時間，與各自通過媒質的密度成正比。媒質的阻力越大，物體的運動就越慢。而受迫的運動是因爲外力的驅使，如果用一個給定的力，推動一個給定的重物，在給定的時間內，穿過給定距離。那麼用同樣的力量，在同樣的時間內，可以推動兩倍重的物體，穿過一半的距離（或用一半的時間，穿過同樣的距離）；或者用一半的力，推動一半重的物體，在同樣時間內，將穿過同樣的距離〔註14〕。在這種理論下，若阻力與動力相等時，運動將會停止。而每一物體在大小、形式與地點等三方面的運動，也被視爲是一種形式與狀態的變

〔註12〕Jemes A.Weisheipl: ***Nature and Motion in the Middle Ages***, Washinton: Catholic University of America Press, 1985, p.p.75～97.

〔註13〕亞理斯多德：《物理學》，第四卷，第一章。

〔註14〕關於自然運動參見亞理斯多德《論天》，I.6，《物理學》（***Physics***），IV.8；關於受迫運動見《物理學》，VIII. 5。

化〔註 15〕。至於月上區的天體世界，亞理斯多德則認爲那個世界的運動具有神的不朽性，圓形的天體永遠以圓形方式運動〔註 16〕，圓周運動的終點與起點重合，所以亞理斯多德認爲它是唯一完滿的運動〔註 17〕。

《周易》關於運動的論述在《繫辭傳》的論述裡，其文本似乎將天地萬物處於流轉和更新的過程，以及陰陽寒暑不斷更新的變化狀態，也視同爲一種運動的過程。「易」字原本即是指日出時陰陽光影的變化之意，在《易傳》看來，天地萬物同卦爻象一樣，處在不斷變化之中，剛柔相摩，八卦相蕩，鼓之以雷霆，潤之以風雨，日月運行，一寒一暑（《繫辭上傳》，第一章）。因爲變化如同爻象一般，無窮無盡，所以「不可爲典要，唯變所適」（《繫辭下傳》，第八章）。由於更新與轉化不停地進行，所以「日往則月來，月往則日來，日月相推而明生焉；寒往則暑來，暑往則寒來，寒暑相推而歲成焉」（《繫辭下傳》，第八章），宇宙一切事物都處在陰陽升降，盈虛消長的變化過程。易學哲學將宇宙的運動和變化視爲一個整體的變動，與亞理斯多德以月球之上和下做爲兩個世界，以區隔運動和變化迥然不同。

亞理斯多德所論述的月上區天體，進行著寧靜而永恆的圓周運動。但是易理的宇宙論首要強調天地永遠在「變易」著。此外天地萬物的變化，還遵循著一個固定的規律，亦即「不易」之理。「變易」和「不易」之理同時存在於易學哲學的宇宙觀中。宇宙的變化皆依著一定的秩序，如「天地以順動，故日月不過，而四時不忒〔註 18〕。」「天地節，而四時成〔註 19〕。」「天地之道，恆久而不已也。利有攸往，終則有始也。日月得天而能久照，四時變化而能久成。……觀其所恆，而天地萬物之情可見矣〔註 20〕。」「吉凶者，貞勝者也。天地之道，貞觀者也。日月之道，貞明者也。天下之動，貞夫一者也〔註 21〕。」等說法，皆在表明宇宙萬物演化無止期卻充滿秩序之感。

至於體現宇宙循環不易之道，則以復卦䷗爲代表。其《彖傳》說的「剛復」，說明由一陽爻居下，六陰爻居上的復返卦象。又言：「反復其道，七日

〔註 15〕《論天》，310a～313b。
〔註 16〕《論天》，286a 8～11。
〔註 17〕《物理學》，264b 28～29。
〔註 18〕《豫卦・彖傳》。
〔註 19〕《節卦・彖傳》。
〔註 20〕《恆卦・彖傳》。
〔註 21〕《繫辭傳下》，第一章。

來復。……復，其見天地之心乎！」表現出在陰陽變化中「不易」的復返之道，說明宇宙間陰陽循環復返的精神。但復返後的事物，卻又不是舊事物的重複，而是帶有「變易」性質的更新。《易傳》另外有段話說：「言天下之至動而不可亂也〔註22〕」，就是指出日月運行，四時變化，陰陽二氣的消長，有一定的運動與變化的規律性，不會自亂其應有的秩序。易理的變易和不易的性質，同時並存於宇宙間所有事物的本質裡，不斷有更新變化，卻又不斷的循環復返。此外，其他如「无往不復，天地際也〔註23〕。」「終則有始，天行也〔註24〕。」「日中則仄，月盈則食；天地盈虛，與時消息〔註25〕。」「日往則月來，月往則日來，日月相推，而明生焉。寒往則暑來，暑往則寒來，寒暑相推，而歲成焉。往者，屈也；來者，信也；屈信相感而利生焉〔註26〕」也都在進一步闡明宇宙間不易的循環往來之道。

二、運動與變化原因的異同

亞理斯多德對於天體運動的描述中，構造了一部複雜的天體機器，其中包括55個行星的天球，再加上恆星的天球。天體永恆運動的原因是假設有一個「不動的推動者」，此「第一推動者」（first unmovable mover），代表最高的有生命的神。他是一個完全實現的、徹底沉浸於自我沉思的、非空間的、與其所推動的天球相分離的神〔註27〕。

亞理斯多德在其形而上學理論中，構築了「四因說」：質料因、形式因、動力因〔註28〕，與目的因，以及「潛能」和「實現」的說法，以此來解釋宇宙間的一切變化及發展〔註29〕。質料被視爲潛能，形式則被確認爲潛能的實現。所有的變化都有一個推動的力量促成其產生轉變，而前述代表最高存在

〔註22〕《繫辭上傳》，第八章。

〔註23〕《泰卦・彖傳》。

〔註24〕《蠱卦・彖傳》。

〔註25〕《豐卦・彖傳》。

〔註26〕《繫辭下傳》，第五章。

〔註27〕這些關於「第一不動的推動者」的討論，散見於亞理斯多德的《論哲學》（On Philosophy）、《論天》、《物理學》和《形而上學》之中。

〔註28〕用此一形而上學理論化的動力因，便能解釋永恆天體世界，和月下有朽變化世界的各種生滅運動現象。

〔註29〕「潛能」與「實現」的說法可以在兩個層面來看待，一是本節關於「變化」討論的層面，另一則是在「本體論」的層面中討論。

的「神」，神是一切變化與這些變化所產生的存在之本原，是世界善秩序的來源，是一個最高的推動者，也是第一不動的推動者，也是純粹的實現。

在月下區有朽的世界裡，亞理斯多德將土、水、氣、火等四基本元素，與冷、熱；乾、濕；輕、重；軟、硬；韌、脆；粗糙、光滑；粗大、細薄等二元相反對立而充滿辯證的性質混合，構成自然地相互變化〔註30〕。

在《周易》中關於天地變化的原因，還是以「陰陽」的概念爲基礎，認爲那是剛柔相推的結果，沒有亞理斯多德所謂最高的神作爲第一推動者。因此卦象的變化，也是基於陰陽兩爻相互推移。所以《易傳》說：「剛柔相推而生變化〔註31〕。」宇宙間的陰陽二氣，原本就是不斷地推移變化，在復返的循環規律中不停地變化更新。和亞理斯多德四因說之中的「動力因」，以及主張最高存在的「神」，是所有變化的最高與最首要原因，存在著重大的差異。《易傳》視陰陽的推移與變化，爲一種自然而然的存在。在《繫辭傳》中雖也多次出現「神」的概念，但其概念有別於亞理斯多德的「神」。亞氏的神已由一個有人格的最高上帝，逐漸轉型成爲「最高的意志」和「純粹理性精神」。《繫辭傳》裡的「神」則多指陰陽變化萬端，神妙莫測的宇宙精神〔註32〕。

第三節　亞理斯多德的天人分論與《周易》的天人合一思維

柏拉圖在其哲學體系中提出觀念界與感官界分立的二元論述，在下層的感官界都是上層觀念理型的複製，從而發展出極具唯心和理想化色彩的宇宙人生觀。亞理斯多德追隨柏拉圖二十年，對於柏拉圖，乃至於其師祖蘇格拉底的思想知之甚詳，但是亞理斯多德對於乃師的思想批判性地繼承，而非全然接受。亞氏的天人觀基本上也是二元分立或對立的，他對宇宙天體及其運動的狀態與原因的探討，並未如古代中國的易學思路一般，總是將對於宇宙自然循環變化原理的體悟，和人生處世的道德哲理相結合。

〔註30〕亞理斯多德：《論生成和消滅》，第二卷。

〔註31〕《繫辭上傳》，第二章。

〔註32〕張岱年：《中國哲學史方法論發凡》，北京：中華書局，2005年，頁121。但是當《繫辭傳》裡提及鬼神並用時，似乎又承認天地間有鬼神存在。此處別是針對《繫辭上傳》第十章的「以卜筮者尚其占」而言，表示《易經》作爲占卦卜筮使用時，認爲應是有宇宙間的神靈在進行指導的。

亞理斯多德的宇宙論主要集中於《物理學》、《論天》、《論生成和消滅》、《天象學》（***Meteorology***）等著作。在這些著作裡，進行他以月球區隔而成的月上區永恆不朽的天體世界，以及月下區運動與變化有朽的世界之探討〔註 33〕。

亞氏對於人生如何過得幸福的哲學論，主要集中於其倫理學三書：《大倫理學》（***Magna moralia***）、《幸福倫理學》（***Eudemian ethics***）、《尼可馬科倫理學》（***Nicomachean ethics***）。而其政治學所討論的則是城邦整體的幸福，城邦的幸福是個人幸福的擴大。這些關於人生如何過得幸福的實踐性哲學討論，和易學的天人合一思維模式迥異，完全不是來自於對宇宙運行與變化之理的體悟和啓發而產生，多半來自於對前代賢哲智慧的繼承，以及在現世生活中，對於人群該如何善加生活與管理，對於人生如何獲得幸福的觀察和思考體會而來。

此外亞氏尚有對於思維邏輯的認識論著作，如《範疇論》（***On categories***）、《論解釋》（***De interpretatione***）、《分析學前編》（***Prior Analytics***）、《分析學後編》（***Posterior Analytics***）、《題論》（***On Topics***）、《詭辯性謬論》（***De Sophistics Elenchis***）等。這些邏輯學的著作，則是探討認識萬事萬物的思維與辯證法則。

亞氏的宇宙論是純就宇宙自然的生成、毀滅、運動和變化進行探究，屬理論性學問。關於人生哲學的幸福論，則於其德行倫理學進行個人與城邦實踐哲學思想的討論。天是天，人是人。相較於亞理斯多德將天人分立，作《易》的先賢，則由體察宇宙的變易之道，進一步參悟人生的應變之理，將自然界與人類社會融爲一體。所以易學的宇宙論，並非純粹的宇宙論，它最終總是要和人生掛鈎。《易》卦六十四個卦象與三百八十四爻的變化，被視爲一個宇

〔註 33〕亞理斯多德其它關於自然哲學的探討，特別是出身於馬其頓宮廷御醫的醫學家庭背景的薰陶，使其對生物學的觀察研究成果豐碩，諸如《動物史》（***History of Animals***）、《論動物的部分》（***De incessu Animalium***）、《論動物起源》（***De generation Animalium***）、《論動物運動》（***De motu Animalium***）、《論動物繁殖》（***De generatione Animalium***）、《論感官與感覺物》（***De sensu et sensibili***）等。此外其它被歸入於自然哲學的關於靈魂、心理與生理生命的考察之論著，如《論靈魂》（***De anima***）、《論精神》（***De spiritu***）、《論記憶與回憶》（***De memoria et reminiscentia***）、《論夢與醒》（***De somno et vigilia***）、《論夢》（***De somniis***）、《藉夢論占卦》（***De divination per somnum***）、《論生命之長短》（***De longitudine et brevitate vitae***）、《論年輕與年老》（***De juventute et senectute***）、《論生死》（***De vita et morte***）、《論呼吸》（***De raspiratione***）等論著，這些均可作爲西方早期生物學與心理學之先驅。

宙與人生的統合體，在其中觀察自然現象，並與人事變化合一，相互參照，亦即觀象玩辭，觀變玩占〔註 34〕所言之意。考察易卦中所顯示的象、辭、理以指導人生，判斷吉凶。《易傳》詮釋此種天人合一的中華文化思想底蘊時，提出天、地、人之道暨分爲三，又合爲一的本質〔註 35〕。人居於宇宙變化法則之間，應在其中自覺省察，效法天地的變易之理，擇善而行。

易理即是宇宙變易之理，所以《易傳》云：「易與天地準，故能彌綸天地之道。仰以觀於天文，俯以察於地理。是故知幽明之故，原始返終，故知死生之說〔註 36〕。」先人參考天地變化之道，轉化爲人生道德行爲準則，所以《易傳》說：「天地變化，聖人效之」〔註 37〕，又說：「乾以易知，坤以簡能。易則易知，簡則易從。易知則有親，易從則有功。有親則可久，有功則可大。可久則賢人之德，可大則賢人之業〔註 38〕。」善體宇宙的變易之道，應用於個人修身的倫理學，到治理眾人之事的道德政治，可以成就盛大的德行和事業。此種自宇宙映照人生的天人合一的說法，在易理中隨處可得，如乾卦 ䷀《象傳》云：「天行，健，君子以自強不息」；坤卦 ䷁《象傳》的：「地勢，坤，君子以厚德載物」；小畜卦 ䷈《象傳》：「風行天上，小畜，君子以懿文德」等都表現此一精神。

天地陰陽二氣合和而生的變化與規律運行，本有其自然之道。人仰觀俯察這些宇宙的變易與不易之道，進而發爲個人的奮進和努力，與天地相調和，期能與天地合其德，與日月合其明，參贊天地的化育，吸取其精華養分，提高個人的人品智慧，《易傳》所言的：「天地設位，聖人成能〔註 39〕」，即在說明此道理。大有卦 ䷍《象傳》的：「火在天上，大有。君子以遏惡揚善，順天休命」；革卦 ䷰《彖傳》所謂：「天地革而四時成，湯武革命，順乎天而應乎人。」都是以自然宇宙的規律爲參照基礎，進而促使人向內省思，自我節

〔註 34〕《易・繫辭上傳》，第二章。

〔註 35〕《繫辭下傳》第十章云：「《易》之爲書也，廣大悉備，有天道焉，有人道焉，有地道焉。兼三才而兩之，故六。六者非它也，三才之道也。」而天、地、人並列合而爲三的說法，繼續在《中庸》裡獲得進一步的演繹。熊十力於其《乾坤衍》裡亦承襲清儒焦循、胡煦等人的說法，主張《中庸》乃推演《易》義之說，繼續進一步深化《易》的天人合一的思想。

〔註 36〕《繫辭上傳》，第四章。

〔註 37〕《繫辭上傳》，第十一章。

〔註 38〕《繫辭上傳》，第一章。

〔註 39〕《繫辭下傳》，第十二章。

制與調整。又如泰卦䷊象傳說：「天地交，泰。后以裁成天地之道，輔相天地之宜，以左右民。」此種由天道推演人道的思維方式，以人作為天地宇宙的一分子，向其變易與不易之理學習，發展成世間的倫理道德基礎。「觀乎天文以察時變，觀乎人文以化成天下〔註 40〕」的天人合一路徑，成為易學哲學與亞理斯多德宇宙論之間最大的差異。

第四節 《周易》經、傳與亞理斯多德宇宙觀的迷思

《易》以陰陽的概念所開展出來的形而上學論述體系，在中華文化思想史發展的每一段時期的重要大家，幾乎都深受其影響。由陰陽二氣觀的影響所衍生出的木火土金水五行觀念，早自軸心時代的戰國時期，也已發展成一套具深厚影響力的理論體系，陰陽與五行理論的結合，滲透於中國歷代的學術思想。對於中醫的核心概念、地理勘輿、命理、占卜術和相命等醫學與民間數術領域，直到現今都還產生著重大影響力。

《易》以陰陽二個性質和元素，作為構成宇宙和合變化的最基本成分，來表達對於「至大無外，至小無內」宇宙的認知，基本上與現代的科學精神並無違背，在本質上也符合科學精神。現今能經由儀器分析而發現的最微小粒子如分子（molecule）、原子（atom）、質子（proton），乃至於「夸克」（quark）等，也是僅止於人類當前的科技設備所能發現的最精微極至成分。正如人類至今仍繼續努力地往宇宙的更外層探索一般，依照「至小無內」的原則，人們現今所能發現的最微小粒子，應仍不是宇宙真正最微細的成分。因此在「至大無外」與「至小無內」的兩個相對立層面而言，都存在著陰陽二氣和正負二極的組合，這也是易學哲學宇宙觀符合科學精神之處。

但是僅憑陰陽概念合和、推移與變化的概念，其論證內容將顯得較粗疏，無法更進一步精確而細緻地論述宇宙間運動和變化的成因與過程。在這一方面，亞理斯多德所繼承並建構的西方哲學傳統，特別是其形而上學的思維與論述方式，對於本質的了解，對定義與範疇的界說，對事物結構的分析，關於質料、形式、動力和目的等四因說理論的建構，潛能與實現說的構築，以及在對宇宙的仰觀俯察中，歸納與演繹兩種推論方法的運用，都有助於對宇宙萬物的運動和變化，進行更清晰而細緻的分析討論，雖然以現今的研究成

〔註 40〕《易・賁卦》，彖傳。

果察看，亞理斯多德的宇宙論述也並不一定完全說得正確。

亞理斯多德的宇宙論著，是具有重要價值的哲學與科學史文獻，但是亞理斯多德對宇宙仰觀俯察的結果仍有若干盲點與迷思。相較於《易》以陰、陽做爲最基本的元素所開展出的宇宙論，亞理斯多德則以土、水、氣、火等四種最基本成分，和冷、熱、乾、濕間的組合，構成有朽世界的各種合成與變化。亞氏對於這些變化的過程，和造成變化的動力與目的等因素，以及對於物理世界的各種運動變化的原理，論述得較《易傳》裡的陰陽二氣宇宙論更細緻而具體，大體上均符合科學的合理性。

但是後來者所建構的宇宙理論，由於先進的探測儀器不斷地推陳出新，亞氏關於永恆寧靜的與不朽的「月上區」，和「第五元素」構成月球之上的宇宙天體之說法，已顯得不合時宜。月上區何以只有五十五個天體，也不能令人信服。月球、地球、太陽，乃至於宇宙間的其它星辰，雖都擁有幾十億年悠久的生命，但並非都永存不朽的。他們從星雲裡誕生而來，但最後不是爆炸就是冷卻死亡。宇宙間的天體世界，幾乎都不能自外於變化和毀滅的過程。亞氏的宇宙論在此處需被大大地修正。

原本由伽利略（Galileo Galilei, 1564～1642）所提出，後來被牛頓（Sir Isaac Newton, 1643～1727）理論化的牛頓「第一運動定律」，認爲每個物體如果已經在運動之中，則當其自身不受外力作用時，將沿著直線作等速運動。由於地心有引力作用，因此地上物體的運動是呈拋物線而非直線運動。哥白尼（Nicolaus Copernicus, 1473～1543）、開普勒（Johannes Kepler, 1571～1630）和伽利略首先提出的地球不是宇宙中心，而是每天自轉，每年繞太陽公轉一周，這些宇宙論的說法，也都修正了亞理斯多德的宇宙觀點。

亞理斯多德關於宇宙論的論述，將推動宇宙運轉和變化的終極存在，歸諸最高意志的「神」，月球以下的水、火、氣、土等四元素，構成生滅變化的世界；而月球以上則是由第五元素所構成的永恆不滅世界。亞氏著作裡所提到的「神」的概念，雖來自希臘文化裡固有神話的殘影，但已遠非神話世界裡所言說的「神」。「神」在其哲學的思辨活動中，已逐漸被轉變爲純實現的宇宙純粹理性精神，是至善和圓滿幸福的表徵。相對於造化神或者神性宇宙的說法，提出於二十世記中葉到二十一世紀初期，被許多宇宙學家所接受的「大爆炸」（Big Bang）霹靂說的宇宙論，雖然也是一個假說理論，其學說主張宇宙的生成始於大約一百五十億年前的一場石破天驚的大爆炸，由一個極微小、灼熱而稠密的「點」，引爆出現今的宇宙〔註41〕。此一理論的提出，也對於亞理斯多德宇宙論，以及有神論者構成相當的挑戰。

亞理斯多德關於宇宙發生的討論，以月球的上下作爲區分，建構出一個由第五元素所構成，原本已存在的永恆、寧靜與無變化的月上天體世界。而月下世界則是由土、水、氣、火等四種物質性基本元素，與乾、濕、冷、熱的性質交織，創生月下區的萬物，彼此的運動與變化，構成一個有朽的物理世界。天體的運轉，是來自於第一不動的推動者所推動，或可將此首要的推動者理解爲代表最高意志的「神」。而物理可感世界，主要在探討運動、變化、生成、毀滅、增加、減少和位移等現象。這些討論深入而精細，是甚具參考價值的科學史文獻。但是關於宇宙的發生和運轉方式，以及天體不朽的說法，顯然已不合時宜。有關造成運動和變化的力學問題，亞氏關於空間理論所提出的處所之展延，以及運動的相對性與相互性，在現今看來都仍具時代意義。亞氏之後雖有萬有引力、現代力學和相對論等理論的陸續提出，更加豐富且在若干幅度上修正前代所提出的觀點。此外物體間除了處所的關係，還有能力的關係。物體間彼此以活動相互影響，如重力、磁力和電力活動等。這些物理活動與物體的運動有關，物體運動時，活動也隨之有所變動。物體的運動既相對又相互，物體的能力活動也是相對的，其存在與物體的運動有關，但不是相互的〔註42〕。而易學的宇宙論，以陰與陽作爲構成宇宙萬物最基本的質料，陰陽的摩盪與合和，形成天地間的萬物，造成宇宙間的一切變化。包含宇宙空間裡的一切運轉，尤其是四時的轉變，也是陰陽二氣相互推移變化所致。此種和古代希臘差別甚大的陰陽氣論的宇宙觀，滲透於中華文化的許多領域，影響十分深遠。本章經由這一個參照性的對比，探討軸心時代東西方兩大文明裡，兩種迥異的宇宙觀點，這些觀點在現今或許被許多新的發現與假說理論所取代，但其中仍富有許多值得現今吾人參考的思維，是必須珍重的寶貴文化資產。

〔註41〕Trin Xuan Thuan 原著：***Le destin de l'univers***（《創世記：宇宙的生成》），劉自強譯，台北：時報文化，1995年，頁61～77。

〔註42〕李震：《哲學的宇宙觀》，台北：台灣學生書局，1990年，頁154。

第五章　《周易》與亞理斯多德認識論的比較

認識論是關於認知我們所賴以生存的世界，所運用的思維方法和理則。人們認識世界，大多從對於近身之處環境的仰觀俯察開始，由近而遠，自淺而深，從具象而抽象，漸次地展開。易學與亞理斯多德對於認知世界的思維方法，有其各自的由表象提升至辯證層次的思維理則，在某種角度上也代表著兩個文明思維方法的差異，本章將探究其二者間所存在的異同之處。

第一節　數象聯想思維與直觀考察和分類

一、《周易》的數象聯想思維

《周易》的成卦有一套獨特的成數過程。數是數字，象是圖象或形象。由一陰或陽爻自重，而形成三畫的八卦，再由八卦相重，而構成 64 個六畫之卦。傳統的方法是自 50 根蓍草的揲筮過程裡，最終所獲得的數，不是畫成陽爻的 7、9，便是畫成陰爻的 6、8，自最初爻至最上爻的六畫卦，其數字皆不離 6、7、8、9〔註 1〕。就一卦中的六畫所得的蓍數加總之和而言，其最小爲 36（6*6），最大則是 54（6*9）。

八卦分別象徵肉眼可觀察的八種自然現象：乾☰，象徵天；坤☷，

〔註 1〕《繫辭傳》，〈大衍之數章〉對於揲筮成卦的過程有詳細敘述。

象徵地；震☳，象徵雷；巽☴，象徵風和木；坎☵，象徵水；離☲，象徵火；艮☶，象徵山；兌☱，象徵澤。由八卦所指涉的大自然象徵意義，再從功能、屬性、形象、地位的關係，逐漸增添、引申、擴大。這些象徵和聯想，多被記錄於《說卦傳》裡：比如乾除象徵天之外；天又是萬物之首，所以又象徵首；天運行不息，象徵剛健有力；天遵循圓週運行，故又象徵圓；天爲萬物之始，地位尊崇，所以又象徵父；乾亦象徵馬；此外尚象徵玉、金〔註2〕、寒、冰〔註3〕、大赤〔註4〕、木果〔註5〕等；以後天八卦方位與萬物生長關係而言，乾位於西北，時爲立冬。坤除象徵地外，地隨天行，柔順隨和，所以象徵中；地能容藏萬物，故又象徵柔順與腹；地平坦有紋理，又象徵布；地畜養萬物，所以又象徵母；坤亦象徵牛；此外尚象徵釜〔註6〕、吝嗇〔註7〕、均〔註8〕、大輿〔註9〕、文〔註10〕、眾〔註11〕、柄〔註12〕和黑〔註13〕。

震象徵雷，雷能震動萬物，所以象徵奮動；雷電運行不止息，如足之疾行，所以又象徵足；震的初爻是陽爻，所以又象徵長男；震也代表龍〔註14〕、玄黃〔註15〕、花朵〔註16〕、大道〔註17〕、決躁〔註18〕、蒼筤竹、蘆葦〔註19〕、善鳴〔註20〕、白額馬〔註21〕、倒生長作物、繁盛與鮮明〔註22〕；震位於東方，

〔註2〕乾純陽，性剛堅，故有金、玉之象。
〔註3〕乾位於西北，時爲立冬，故有寒冰之象。
〔註4〕乾乃純盛之陽，故象大赤。
〔註5〕乾圓在上，故象木果。
〔註6〕釜能化生爲熟。
〔註7〕坤爲純陰，故爲吝嗇。
〔註8〕地兼養萬物，不偏心，故爲均。
〔註9〕地承載萬物，故爲大輿。
〔註10〕地上山川草木相雜，故爲文。
〔註11〕地載物眾多，故爲眾。
〔註12〕器物的把柄，如坤爲萬物滋生的源頭。
〔註13〕坤純陰爲暗，故爲黑土。
〔註14〕如龍之動盪不已。
〔註15〕天玄而地黃，震爲天地有交，故稱玄黃。
〔註16〕震爲春天卦，春時花開。
〔註17〕以閃電之形象徵大道。
〔註18〕震剛而好動，故爲決躁。
〔註19〕震位於東方，屬木，故言蒼筤竹與蘆葦。
〔註20〕雷震，故言善鳴。

日月由此升起，萬物萌生。

巽象徵風，四處吹拂，無孔不入，所以象徵散和入與隨順，如股之隨足而動，所以又象徵股；巽又爲木；巽的初爻是陰爻，所以又象徵長女；巽也代表雞〔註23〕、繩直〔註24〕、工〔註25〕、白、長、高、進退〔註26〕、不果〔註27〕、臭〔註28〕、寡髮〔註29〕、廣顙〔註30〕、多白眼〔註31〕與近利市三倍〔註32〕。

坎象徵水，代表險陷、勞倦；坎的陽爻在中，又象徵中男；坎也代表耳〔註33〕、豕〔註34〕、溝瀆、隱伏〔註35〕、矯輮〔註36〕、弓輪〔註37〕、加憂〔註38〕、心病〔註39〕、耳痛〔註40〕、赤〔註41〕、美脊〔註42〕、急心〔註43〕、垂首〔註44〕、以蹄踢地〔註45〕、拖曳〔註46〕、多眚〔註47〕、通〔註48〕、月

〔註21〕白額馬乃動而健。
〔註22〕震爲春卦，作物於此時破土而生，逐漸繁盛、鮮明。
〔註23〕巽爲風，主號令，雞能報時，故與號令相應。
〔註24〕巽性柔，故若繩直。
〔註25〕木能循繩使直，亦能柔之使曲，故爲工。
〔註26〕風吹去塵，故爲白；風行甚遠，故爲長；風上雲霄，且木往上長，故爲高；風忽進忽退，方向無定，故爲進退。
〔註27〕風變化不定，故爲不果。
〔註28〕風吹來各種氣味，故爲臭。
〔註29〕風吹落葉，使樹葉稀少，故爲寡髮。
〔註30〕髮少則額寬，故爲廣顙。
〔註31〕巽卦二陽一陰，白爲陽，黑爲陰，故爲多白眼。
〔註32〕巽爲風爲入，有多入之義，故爲近利市三倍。
〔註33〕坎乃北方之卦，主聽，故言耳。
〔註34〕豕性喜處濕，故言豕。
〔註35〕水藏地中，故爲隱伏。
〔註36〕水流可任意曲直，故爲矯輮。
〔註37〕矯輮樹木使曲，故爲弓輪。
〔註38〕憂其險難，故爲加憂。
〔註39〕慮其險難，故爲心病。
〔註40〕聽其險難，故爲耳痛。
〔註41〕遇險難，爲血卦，故言赤。
〔註42〕坎卦陽爻在中，陽爲美，中爲脊，故言美脊。
〔註43〕陽爲急，遇險心亦急，故言急心。
〔註44〕陰在上，而下乘剛（陽），故言垂首。
〔註45〕陷於險難而躁，故以蹄踢地。
〔註46〕入險欲出，奮力拖拉，故言拖曳。
〔註47〕遇險難行，故爲多眚。

〔註49〕、盜〔註50〕、與木堅多心〔註51〕；坎位於北方。

離象徵火，又為日與電，火需著於物而燃，故為附麗之象；因離卦第二爻為陰爻，又象徵中女；離為光明之象，所以代表身體器官的目；離尚且代表雉〔註52〕、甲冑、戈兵〔註53〕、大腹〔註54〕、乾〔註55〕、鱉、蟹、螺、蚌、龜〔註56〕、與木上槁〔註57〕；離位於南方。

艮象徵山，山體靜止，故又為止；艮的陽爻在第三爻，又象徵少男；因手能持物止物，所以艮也象徵手；艮也代表狗〔註58〕、徑路、小石〔註59〕、門闕〔註60〕、果蓏〔註61〕、守門人〔註62〕、指〔註63〕、鼠〔註64〕、黑嘴鳥〔註65〕與堅多節之樹木〔註66〕；艮位於東北，時為立春。

兌象徵澤，兌潤澤萬物，秋時作物收成，皆象徵喜悅；對的第三爻為陰爻，又象徵少女；兌的卦形上爻有口之象徵，所以亦代表口；兌也表徵巫〔註67〕、毀折〔註68〕、附從決斷〔註69〕、剛鹵〔註70〕、妾〔註71〕與羊〔註72〕；兌位於

〔註48〕水流通暢，故為通。
〔註49〕月為陰，且月映萬水，故為月。
〔註50〕水潛行而人不覺，故為盜。
〔註51〕坎卦中為陽爻，陽為堅，故言堅多心。
〔註52〕離為文明，雉之羽有文，故為雉。
〔註53〕離卦上下皆陽，性剛，有甲冑戈兵之象。
〔註54〕因離卦中爻為陰，中間虛空而有大腹之象。
〔註55〕火躁物，故為乾卦。
〔註56〕乾卦外陽中陰，猶似外有堅甲，內柔弱，故為鱉、蟹、螺、蚌、龜等甲殼類生物。
〔註57〕火性炎上，故於木為科上槁枯。
〔註58〕以狗能看門以止竊盜之義。
〔註59〕山路狹窄，多徑路碎石。
〔註60〕以艮卦卦形相似的象徵。
〔註61〕以果蓏長於山中樹木之故。
〔註62〕守門人職司止人，與艮之止意相應。
〔註63〕以指能止人之故。
〔註64〕鼠居止於穴。
〔註65〕鳥棲止於山中。
〔註66〕山地堅而多石，猶樹木之堅而多節。
〔註67〕巫以口舌取悅人，故言巫。
〔註68〕兑為正西方之卦，時為秋分，物至熟而後枯折，故為毀折。
〔註69〕以其卦象一陰附於二陽之故，故言附於決斷。
〔註70〕因西方多堅硬的鹹滷之地而言。
〔註71〕兑為少女，從姐而嫁，故為妾。

西方。

八卦兩兩相重而形成的六十四卦，其卦名亦多由形象而得，再由其功能、屬性等思維素材，引而申之，發揮聯想，表現萬物在陰陽合和中的各種發展與變化之特質。乾䷀，天之象，其屬性是剛健，日夜運行，永不休止。君子應效法天之榜樣，勤勉振作，自強不息。坤䷁，地之象，其屬性廣闊柔順，包容萬物，君子以地爲楷模，修養厚德，容納萬物。屯䷂，雲雷交作之象，早春之初，萬物屯生，象徵事物初始之艱難，勉人應該慎始。蒙䷃，水自內山流出之象，由暗晦初見天光，象徵啓蒙之意，強調教育和學習的重要性。需䷄，水上於天之象，止立於下者，等待雨水之濡潤，象徵有所等待和需求。訟䷅，天下有水，水上之波濤相推擠，有衝突爭訟之象。師䷆，地下有水，水形與聲滔滔，故有師眾之象。比䷇，水地比，河流與坤地比鄰而存，有輔弼和友朋之象。小畜䷈，天上之木，稍畜止之象。履䷉，天下有澤，爲足履之象。泰䷊，天地陰陽之氣有相交，故爲平和安泰之象。否䷋，天地陰陽之氣未能交和，故有閉塞不調順之象。同人䷌，天下有火，照明天下，與人和光同塵，故有同於人之象。大有䷍，火上於天，一片光明，乃大有之象。謙䷎，地下有山，象徵涵藏美德的謙謙德性。豫䷏，雷鳴於地上，有令人猶豫暫時止避之象。隨䷐，雷電入於澤，有隨從之象。蠱䷑，山下有木，木傾頹於山下，有腐朽之象。臨䷒，地下有澤，有居高臨下之象。觀䷓，風行地上，觀民設教，故爲觀之象。筮嗑䷔，火雷交加，象喻刑罰。賁䷕，山下有火，有增添色澤的優雅之象。剝䷖，山石剝落於地上之象。復䷗，一陽爻自五陰爻中而復，有復返之象。无妄䷘，有雷行於天下之象，勉人勿妄爲。大畜䷙，天上有山，山上有大牲畜之象，也象喻財富。頤䷚，自其六爻之卦象觀之，有頤齒之象。大過䷛，澤滅木，有太過之象。坎䷜，二坎卦自重，故爲坎，有深淵窞陷之象。離䷝，二火自重，故爲離，光明富麗之象。咸䷞，山上有澤，且一四、二五、三六爻皆陰陽交感，故有感之象。恆䷟，雷風乃恆有之象，故爲恆。遯䷠，天下有山，有遯隱之象。大壯䷡，雷上於天，有盛大與健壯之象。晉䷢，地上有日火，乃晉升之象。明夷䷣，日火入於地下，故有光明夷滅之象。家人䷤，火上添木，家人團聚之象。睽䷥，火向上，澤水向下，屬性相背，有違離之象。蹇䷦，水流於山間，曲曲折折，歷盡險阻，故有蹇難之象。解䷧，雷雲交作，解除了旱象，故爲解。

〔註72〕兌一陰隨二陽，與乖隨柔順之羊相應。

損䷨，山石入於澤，高度減損之象。益䷩，動震於地，將樹木撐高之象。

夬䷪，澤上於天，就其六爻之卦象言，五陽爻壓倒性地壓制一陰爻，故象喻果敢地決斷。姤䷫，天下有木，隨處可遇，有邂姤之象。萃䷬，地上有澤，萃聚之象。升䷭，地下有木，上升之象。困䷮，水在澤下，澤上無水，爲困之象。井䷯，水下有木，爲於井以轆櫨取水之象。革䷰，澤性向下，火性炎上，二者相交，屬性嚴重悍隔，故爲改革之象。鼎䷱，木上有火，火上有鼎之象。震䷲，二震自重，震之象又喻刑罰與警戒，懲暴罰惡，勉人多反躬自省，謹愼修身。艮䷳，二山自重，爲靜止反身顧視之象。漸䷴，山上有木，漸生長之象。歸妹䷵，澤上有雷，澤兌乃愉悅之心情，震雷喻鼓樂之音，故有嫁女歸妹之象。豐䷶，震雷有鼓之象，離火麗也，以美麗玉石裝飾之大鼓，乃豐麗之象。旅䷷，火疾行於山上，有旅次之象。巽䷸，二巽自重，風行草偃，象喻教化與順伏之意。兌䷹，二兌自重，其象爲澤，望之心情愉悅也。渙䷺，風拂過水面，渙起漣漪；亦有舟楫行水之象。節䷻，水如於澤，節制之象。中孚䷼，刳木行於澤，中空之象喻爲心中存有誠信。小過䷽，雷象喻刑罰警戒，山象喻君子，刑罰施於君子，小過須及時遏止，以防擴大。既濟䷾，水性向下，火性炎上，水火能交融，象喻事已完成。未濟䷿，火性炎上，水性趨下，火水未交合，象諭事未完成〔註73〕。

由大衍之數蓍草演算，最終得出六、七、八、九之數的單一陰爻或陽爻，而且一卦六爻之數皆不出六、七、八、九。再由一卦之上下卦所代表於八卦中組合象喻之大自然現象，賦予該卦之卦名，並由其現象、功能、屬性等思維素材，逐漸引申擴展，構成《周易》初步的形象思維。這樣的思維方法，起於對人生活環境周邊自然環境的仰觀俯察而來，並進一步發揮聯想和類比能力而得，這種數象聯想的思維方式，也構成易學哲學第一個獨有的特色，

〔註73〕此處之卦序採用今本《易經》之卦序。《易經》六十四卦之排列次序，依其各自不同之原理，尚有《雜卦傳》、帛書《易經》、西漢京房的《京氏易傳》、北周衛元嵩的《元包》、唐賈公彥《周禮疏》、北宋邵雍的先天方圖與圓圖、南宋朱熹《周易本義》（指排列方式）等，至少七種卦序排列方式。其排序之義蘊雖未盡符合原《易經》之要旨，亦各有其不同之原理。但若依據畫卦與卦名配合之「非覆即變」、「物極必反」、「兩兩相藕」、「反覆相對」與「卦名取義相反」等原理；以及卦、爻辭之內容；《彖傳》、《大象傳》、《文言傳》與《繫辭傳》對《易經》經文的闡釋；汲冢出土竹書之《易經》卦序亦與今本吻合；西漢《韓詩外傳》與《淮南子》等典籍，與帛書《周易》佚傳證之，今本卦序確爲較原始之卦序。見黃沛榮〈周易卦序探微〉，收錄於《易學乾坤》，頁 1～57。

與亞理斯多德直觀考察分類的思維方式大異其趣。

二、亞理斯多德對世界的直觀考察和分類

亞理斯多德對於世界初級認知的仰觀俯察，並未像《周易》一般，往圖像與類比聯想的方向發展，而是很務實而精密地進行考察記錄和分類。這些考察記錄和分類的成果，最主要表現於他的動物學和物理學著作裡。關於物理的運動和變化，我們在其本體論的宇宙論裡，已作了相關探討。本處擬就其在《動物志》（Peri ta zoa Historiai）、《論動物部分》（De partibus Animalium）、《論動物運動》（De motu Animalium）、《論動物生態》（De incessu animalium）、《論動物生成》（De generatione animalium）等有關生物的直觀考察，進行亞理斯多德對於初級認識論的討論。

在尚無精密顯微儀器的軸心時代，亞理斯多德已經對各種動物進行解剖，並對其身體結構、生成、繁殖、運動、行進等面向，進行深入而細緻的考察研究。這一方面歸根於亞理斯多德父親乃馬其頓宮廷御醫的家學淵源，另一方面也得利於其弟子亞歷山大大帝（Alexander the Great, 356～323B.C.）於東征北討時，派遣麾下軍士兵同時爲乃師搜羅各地珍禽異獸，供亞理斯多德研究之用。

亞氏經由對動物的蒐集、觀察、研究、分類，展開對於物質世界的初步認識，最後並提出哲學的結論。他除了對作爲動物的人類自身進行考察外，其他如水獺、海狸、鱷魚、鳧、水蛇、蛙、水蜥、蜜蜂、海綿、海葵、蟹、蝙蝠、燕子、老鼠、螞蟻、馬、螺、駱駝、狗、貓頭鷹、螺、豹、狼、狐狸、羊、牛、豬、斑鳩、鴿子、雀、鷓鴣、烏鴉、野豬、鹿、野兔、獅子、象、鵝、烏賊、鯨魚、鯊魚、海豚、金鯛、狼魚、海鱔、海鰻、鰩、刺魟、鷲、鷹、金龜子、蠅、海豹、象、猿、猴、狒狒、龜、蟾蜍、鳶、鴞、熊、白鼬、天鵝、夜鳥、刺猬、海膽、海螺、海扇貝、草蜢、蝗蟲、蟬、蛇、蜘蛛、壁虎、蝨子、翠鳥、海鷗、孔雀、鶴……等，大凡天上、陸地、水生的多種動物，也進行諸多深入的生物學觀察。

這些對於生物的分類、解剖，以及對其構造、生成、生態運動與行進的探討研究，是人類生物學的先期典範。在以玻璃製成的顯微儀器尚未發明之前，亞理斯多德以肉眼對生物世界的仰觀俯察成果，足以代表軸心時代西方直觀思維的最高成就。此外在動物的直觀考察和分類中，亞理斯多德提出重

要的屬（genus）和種（species）的概念，他以屬與種作爲生物分類基礎與判別標準的差別概念，亦廣泛地應用於他在其他哲學範疇中，對於各類命題所進行考察和討論。正如同他後來也時常以《形而上學》中潛能與實現；質料、形式、動力和目的等四因的概念，應用於對萬事萬物的原理、原因和基礎的探討一般。

三、《周易》的數象與亞理斯多德直觀考察分類思維的比較

《周易》的形象思維，是以肉眼的直觀印象去把握事物，認識世界，較著重於表象以及外在關聯的認知。由此繼續發展成更進一層的邏輯思維，和抽象程度更高的辯證思維，以深入事物的本質，了解其共通性。這些都需要進行更抽象的分析，凝鍊成更具普遍適用性的理論，使其應用於對事物的理性認識。

《周易》形象思維發展的關鍵因素是聯想和類比能力的運用，也是想像力的自由發揮。將自然界的圖像，與人類社會的諸多具體事物相互參照類比，成爲一組相互映照的思維模式。也因爲聯想與類比能力的運用，使有限的卦爻象和易圖的蘊涵，因著理性思維形象的無窮動態變化，逐漸向更高層次的邏輯與辯證思維發展。

亞理斯多德對於直觀思維的發展，不似《周易》這般從對大自然的圖像考察，發展成爲對於人類實體社會生活的動態類比聯想。他對宇宙最細微成分土、水、氣、火的構成，以及和冷、熱、乾、濕性質的交互變化，天體的運轉，物性運動和變化的直觀考察，發展成他的物理學宇宙論。他也將對於動物屬和種差的分類，以及其解剖構造、生態、運動，與如何生成，進行直觀的蒐集、分類、研究和考察。這些紀錄於《動物志》、《論動物部分》、《論動物運動》、《論動物生態》）、《論動物生成》等著作的記載，成爲亞氏直觀思維運用的豐碩成果，可作爲西方生物學的先驅。

在基礎的直觀考察之後，亞理斯多德的思想體系持續向更高層次的抽象思維邁進，他建構了一個影響西方思想史甚深遠的形式邏輯思維論證系統。對於歸納、演繹的辯證思維，深入討論關於定義、範疇、命題、本質、原因（爲什麼）的考察，在二元對立的辯證觀中，建構形而上學的抽象辯證理論。而《周易》在直觀的數和圖象思維之外，在更抽象的理論層次上，也有其屬於東方的中華文明所特有的邏輯與辯證思維體系，本文將於次一節繼續這些討論。

第二節　邏輯思維的考察和比較

一、亞理斯多德的邏輯思維

對於西方思想史而言，亞理斯多德的邏輯學（logic），或稱爲分析學（Analytics），或叫形式邏輯（Formal logic），其影響力非常大，受到許多後學者的讚嘆，稱其爲西方邏輯學之父亦不爲過。他在邏輯學上最重要的創見，就是見諸於《前分析篇》（***Prior Analytics***）和《後分析篇》（***Posterior Analytics***）的三段論（syllogism）學說。此外《工具論》（***Organon***）、《範疇論》（***On Categories***）、《論解釋》（***On Interpretation***）、《論題》（***Topics***）、《詭辯性謬論》（***Sophistical Fallacies***）等著作，共同建構了內容豐富完整的亞理斯多德邏輯學系統。

（一）初步認識的概念

邏輯學能協助人在理智的思維活動當中，能經由正確的思考，及適當的推論，使人的理智不至於犯錯，也能使人的理智獲得眞理。正如亞氏所言是：「指導理智活動的技藝，藉之，人在推理活動上，便能按部就班，輕而易舉，無妄無誤地進行〔註 74〕。」

在初步認識的活動中所包括的動作有 1.「注意」：在眾多事物中，留意其中之一者；2.「反省」：對自己的行動加以思考，知道自己有所認識；3.「抽象」：進行彼此間的取捨與挑選行爲，從具體中概念化；4.「比較」：把諸多事物加以對照，以了解其間的異同；5.「分析」：將一個完整的概念，分解成不同的簡單概念，如把「人」的概念分解成「動物」與「理性」，人遂由「理性的」「動物」此二種概念所組成；6.「綜合」：將各個不同的概念組合成完整的概念，使其一目了然，如將「動物」、「理性」綜合於「人」的概念，以便對「人」有較圓滿的認知〔註 75〕。

概念具有普遍性，「人是理性的動物」，此一概念是一個「理性印象」，具有普遍性、抽象性、永久性，超越時間和空間，可視之爲一個普遍概念（the universal idea）或共相（the universal）。人對事物有了初步認識後，在思想內便形成「概念」，若以聲音向外傳達，就成爲言語或名稱；若以符號加以記載，便成爲文字。這些符號和言語，都是由於人們賦予意義而約定俗成的〔註 76〕。

〔註 74〕亞理斯多德：《後分析篇》，I，71a10。
〔註 75〕曾仰如：《亞理斯多德》，頁 56～57。
〔註 76〕亞理斯多德：《論解釋》，I，16a5；IV，17a1。

（二）判斷、命題和原理

判斷關於命題眞與假的思想概念，有時必須辨別眞假、是或不是，有時卻不用。判斷是理智的行爲，藉此行爲，理智以肯定的方式將兩個概念結合，以否定的方式將兩個概念分離。判斷的眞假或者正確與否，端視其與事實是否相符，肯定其所是的，否定其所不是的，結合其應當結合的，分離其當所分離的，就是眞實〔註 77〕。

命題是一個陳述肯定或否定的文句，由主詞、述詞和聯繫詞所組成〔註 78〕。自形式（ratione formae）而言，有「定言命題」（categorical proposition）和「假言命題」（hypothetical）〔註 79〕等二種。前者乃直接陳述詞和主詞的關係，以聯繫詞「是」或「不是」來聯繫或分開，而成爲「肯定」及「否定」兩種；後者則使用「如果」、「或者」、「不然」等假定詞。

從資料（ratipne materiae）而言，命題可分爲「必然的」（necessary）：所陳述的東西非如此不可，如「人是理性的動物」；「非必然的」（contingens）：所陳述的東西不必非如此不可，如「人是健康的」；「不可能的」（impossible）：所陳述之物，爲不可能發生，如「人是草木」。「非必然命題」同時也是「可能命題」（possible），而「必然命題」的反面則是「不可能命題」〔註 80〕。

以分量（ratione quantitatis）而言，又分「全稱的」（universal）及「非全稱的」（non-universal）或「特稱的」（particular）。前者泛指全部，如「所有的人都是動物」，後者指部分或單個（singular），如「有些人是善良的」〔註 81〕。從結構而言，又可分爲「純粹的」（absolute）和「形態的」（model）。視其命題裡的聯繫詞有否附加形態副詞。如「蘇格拉底是君子」是純粹命題；「蘇格拉底一定是君子」則是形態命題。形態的副詞通常是「一定」、「或者」、「應該」、「可能」、「偶而」等〔註 82〕。再自根源（ratione originis）而言，有「直接」或「自明命題」，又稱「分析命題」和「間接」或「不自明命題」兩種。前者是指從述詞與主詞的分析，對兩者的關係就可一目了然，無需其他媒介詞，即不需要證明，因爲它是最先的，而且述詞的概念已明顯的包含在主詞

〔註 77〕亞理斯多德：《形而上學》，IX，10，1051b2。
〔註 78〕亞理斯多德：《論解釋》，V，17a5。
〔註 79〕Ross, W.D. , ***Aristotle***, London, 1949, 5th ed, pp.31～32.
〔註 80〕同注 217，XII，21a35。
〔註 81〕亞理斯多德：《前分析篇》，I，24a17～22；《論解釋》，VII，17a38。
〔註 82〕亞理斯多德：《前分析篇》，I，25a1～5。

內，故一旦承認主詞所含的意義，就不能否認述詞所說的，否則就是矛盾，如「三角形有三個角」、「全體大於部分」及「非必然之物是由他物所促成的」。凡需要證明的命題，即是「間接命題」，如「靈魂是不滅的」〔註 83〕。

在判斷之中有些較顯著的被稱之為「原理」(principle)，作為推理或論證基礎和依據的重要原理原則，因為價值較高，因而被稱之為「第一原理」。在本體論的章節所討論的存在的原因之原理是存有學（Ontology）的範疇；在本章所探討的關於認識的原因之原理，則屬於邏輯學（logic）範疇。

在邏輯學上被稱之為「最卓越的公理」(axioms par excellence）者稱之為「蘊含律」(principle of implication)，其一是指凡被涵蘊著，必在涵蘊者之內，如甲在乙內，丙在甲內，所以丙也必然在乙內。當涵蘊者在某物之外時，則被蘊涵者也必在某物之外。如甲在乙內，但乙不在丙內，則甲也不在丙內。此一原理又可分為四項細則：第一是「肯定一切」(dictum de omni)，指當一個普遍概念所包括的全體事物，對其加以肯定時，此概念便涉及其在外的所有事物。如「凡人都會死，蘇格拉底是人，故蘇格拉底會死」，「凡人都會死」的命題對所有人都適用，自然對「蘇格拉底」也適合用。

第二稱為「否定一切」(dictum de nullo)，指當一個概念否定全體事物時，屬他以下的所有事物也遭到否決。如「凡人皆無法長生不死，蘇格拉底是人，故蘇格拉底無法長生不死」。因為「蘇格拉底」包含於「人」的外延之下，所以對人不適合的，對蘇格拉底一樣不適用。第三乃「肯定全體，肯定部份」(dictum de omnim, dictum de singulis)，凡對全體適合或不適合時，對部分或個體也是適合或不適合。如「凡人皆有理性，蘇格拉底是人，故蘇格拉底亦有理性。」第四則為「肯定部份，肯定全體」(dictum de singulis, dictum de toto)，指凡對部分或個體適合或不適合，對全體也將是適合或不適合，如「蘇格拉底、柏拉圖、齊諾芬皆有理性，蘇格拉底、柏拉圖、齊諾芬皆是人，故凡人皆有理性〔註 84〕」。

（三）三段論學說

三段論是包括大前提、小前提和結論三個部分的推論與證明。大、小前提和結論的說法，包含以下幾種組合：「凡人都有死，蘇格拉底是人，所以蘇格拉底有死。」「凡人都有死，所有的希臘人都是人，所以所有的希臘人都有

〔註 83〕亞理斯多德：《後分析篇》，I，72a7。
〔註 84〕亞理斯多德：《前分析篇》，I，24b28～30。

死。」「沒有一條魚是有理性的，所有的鯊魚都是魚，所以沒有一條鯊魚是有理性的。」「凡人都有理性，有些動物是人，所以有些動物是有理性的。」「沒有一個希臘人是黑色的，有些人是希臘人，所以有些人不是黑色的。」

在直觀考察的思維之後，亞理斯多德發展出影響深遠的形式邏輯，認爲一切演繹的推論如果加以嚴格地敘述，便都是三段論式。將各種三段論儘量地設想並且提出，化爲三段論式的形式邏輯論述，這樣便應該可以避開一切謬誤。

關於亞理斯多德的三段論邏輯學，羅素提出三點商榷：一是這一體系本身的形式缺點；二是比起演繹論證的其他形式，對於三段論式估價過高；三是對於演繹之作爲一種論證形式估價過高〔註 85〕。對於「人」的謂述，是一種普遍性的說法，而對於單一的「蘇格拉底」的謂數，則是指個別的個體。羅素認爲「個體」與「共相」之間是有區別的，但三段論式的論證，卻將共相的「一」無限地擴大，無法精細地表現出個體與共相間的差別。

三段論式的推理，無法完全適用於數學演算的推理，有效的三段論式只是有效的演繹法的一部分。三段論式的論證，屬性上是演繹法的性質，「凡人皆有死」的論證，其實也含有歸納法的認知成分。歸納法在其他一切重要的推論裡，地位並不低於演繹法，關於此二種觀察與認知事物的方法，本文將於考察比較「辨證思維」時繼續討論。

二、《周易》的邏輯思維

《周易》形式邏輯的思維，表現於對事物的認知上，主要表現於思維的形式化、分類與類推等三層面，以下分述之：

（一）形式化

從最早期的擲牛毛觀其陰陽爻以斷吉凶，經過很長一段時間的發展，這期間在不同的先民部族之中，可能存在著許多占筮成卦的方法，隨著時間之演進，自許多衍繹的模式中，《易．繫辭傳》〈大衍之數〉所記載的成卦演算方法，應該是逐漸定型化之後，發展出的一種較相對穩定的衍繹法則公式。此種有固定模式與演算過程的成卦方法，讓一卦的六個爻，不是成數七與九的陽爻⚊，便是六與八的陰爻⚋。八卦兩兩相重，再成爲六十四卦，在成

〔註 85〕羅素：《西方哲學史》，頁 267～268。

卦的陰陽爻排列組合中，有強烈的機率成份，由此成為一個有法則與公式可遵循的數和符號的邏輯系統。

在先賢依陰陽符號的排列組合與變化所顯示的象，為六十四個卦與三百八十四爻繫上文辭之前，是來自於一連串的數的演算，和陰陽符號相互自重，而形成的一套屬於《周易》特有的形式化邏輯。

（二）分類化

《周易》的分類化可用下列幾個層面來討論，首先若以爻位作為判定爻辭的吉（包含利、无悔、无眚、无咎）、凶（不利、災眚、悔、吝、厲）的分類準據而言，初與四爻多无咎，二同五爻多吉利，三和上爻多凶厲〔註 86〕。關於吉、利、无悔、无眚、无咎、凶、不利、災眚、悔、吝、厲等包含於吉凶二大類別的判定，爻位所處之時位雖為判別之一端，其卦象、卦義、卦辭、爻象間的相互關係，也都是相關的變異參數〔註 87〕。

八卦除代表天、地、雷、風、水、火、澤、山等大自然現象之外，還象徵其它事物的類屬性。如乾的性質是剛健，還象徵君、父、馬、首、圓；坤的性質為柔順，尚包括母、牛、布、釜、車等；震的性質是震動，雷、龍、足、鹿、馬、竹也包含於其象類之中；巽的性質為滲入，還包含雞、腿、木、工匠、長女等象；坎的性質是下陷，溝、豕、月、盜、陷車皆屬其象；離卦的性質是光明，還涵括日、月、雉、電、蟹等象；艮的性質是靜止，手、狗、鼠、狼、石為其象；兌的性質是愉悅，包含的物象有舌、口、羊、妾、少女等。這些卦象所象徵的類屬性，或稱為事物的共性，在解讀卦爻象的象徵時，也是依據這些類別、屬性與內涵來認知和詮釋。

王弼《周易略例‧明象》中曾說：「是故觸類可為其象，合義可為其徵。義苟在健，何必馬乎？類苟在順，何必牛乎？〔註 88〕」就是在說明揭示卦象的內涵屬性時，雖然在一類象徵事物中同時有諸多指涉，但只要能適切闡明卦象內涵者，即能充分體現卦爻所內藏的蘊義。朱熹解說《易‧同人卦》象時針對「類族辨物」說：「『類族』，如分姓氏，張姓同作一類，李姓同作一

〔註 86〕詳細的吉凶分類所得之分析數據，參閱黃沛榮：〈《周易》卦爻辭釋例〉，收於《易學乾坤》頁 135～149。

〔註 87〕吉與凶並非明確的二分法，有時一個事件的變易過程中，會由吉轉凶，或由凶轉及。或者在吉利之中夾雜著災眚、悔、吝、厲咎等不同成分。

〔註 88〕樓宇烈：《王弼集校釋》，頁 609。

類。『辨物』，如牛類是一類，馬類是一類，就其異處，已致其同〔註 89〕。」首先已說明人事物須要分類的基礎必要性，要類其族，辨其物，但又強調必須在異中求同，天人間所有事物的本質和道裡，便是從這些精微的同異之處類推、導引、衍繹而生。

再就六十四卦卦名而言，所指涉者多是攸關人生的重大要事，就其類項大致可分爲七大類：

1、生活環境

乾卦象天，坤卦象地，人則存活於天地之間。震卦象雷電，巽卦象風、木，坎卦象水，離卦象日、火，艮象山，兌象澤湖，皆是生活環境中的自然景象。井卦則象喻水源，爲生命存活所不可或缺者。

2、經濟生產

大有卦、大畜卦、井卦分別指涉農業、畜牧、漁獵等三種不同經濟生產方式，大有卦乃大豐年之意，屬農業生活。大畜卦指畜養牛、羊、馬等大牲畜，屬畜牧生活。井亦有阱之意，設井獵捕，屬漁獵生活。

3、社會制度

臨卦爲君臨天下，象喻政治理國；習坎、噬嗑二卦，象喻牢獄的司法制度；隨卦象喻祭祀儀禮；蒙卦象喻教育制度；歸妹卦象喻婚姻關係之建立；家人卦象喻家庭組織；震卦象喻天帝之威的宗教信仰，皆與國家組織和管理有重大關聯。

4、日常生活

噬嗑卦與頤卦皆象喻飲食；鼎卦象喻烹飪煮食；賁卦象喻彩繪文飾；旅卦象喻旅行；蠱卦象喻工作；喻卦象喻娛樂；小畜卦象喻積蓄、貯藏，皆日常生活中之事務。

5、個人修養

謙卦象喻謙遜，節卦象喻節制和禮儀，中孚卦象喻誠信，恆卦象喻恆心，蹇卦象喻忠直（謇），皆屬人生修養。豫卦象喻詳慮，觀卦象喻思辨與省察，艮卦象喻回顧反思，夬卦象喻果決地決斷，巽卦象喻虔敬順伏，則屬生活中之智慧。

〔註 89〕朱熹：《朱子語類・卷七十》，頁 1764～1765。

6、人際關係

訟卦象喻訴訟，乃人與人之間有衝突和爭執；師卦象喻戰爭，是部族或國際間有重大爭端；家人卦象喻親族間之關係；同仁卦象喻朋友；睽卦象喻敵人；咸卦象喻互相有感應；比卦象喻輔助、親附；兌卦象喻人際溝通和悅等。

7、人生際遇

屯卦象喻創業初始的艱維；漸卦象喻漸有精進；晉卦象喻前進；升卦象喻高升；益卦象喻增益；泰卦象喻通順；大壯卦象喻壯盛；豐卦象喻豐富厚實；需卦象喻等待；履卦象喻實踐、接觸；姤卦象喻遭遇、邂姤；未濟卦象喻未完成；既濟卦象喻已完成；習坎卦象喻入於坎陷；蹇卦象喻迍邅難行；困卦象喻困窘；剝卦象喻毀損、破敗；損卦象喻減損；明夷卦象喻沒落、傷害；渙卦象喻渙散；遯卦象喻隱退；否卦象喻閉塞；復卦象喻回復；解卦象喻緩解、釋懷；革卦象喻改革、革命；小過卦象喻稍稍超過；大過卦象喻非常過度；無妄卦象喻遭始料未及之事〔註90〕。

大凡人生發展的順逆、起伏與悲歡，以及人們心理層面各種想望和期待的景象，都包含在上述這些卦名的內涵裡。

（三）類推化

類推化的思維是將一類事物的屬性推及同一類事物上，以求對另一種事物有所認識。《易傳》對這種思維的概括詮釋說：「夫易，彰往而察來〔註91〕」，「蓍之德圓而神，卦之德方以智」，「神以知來，知以藏往〔註92〕」。「往」，是指卦爻辭裡所記載的歷史往事；「來」，則是將要發生之事，亦即當下問卜算卦所要解答之事。徵諸以往所驗證的事，來推斷未來發生的事。

朱熹對於這種方法稱之爲「類推旁通」，他說：「一卦之中，凡爻卦所載，聖人所已言者，皆具已見底道理，便是『藏往』。占得此卦，因此道理以推未來之事，便是『知來』〔註93〕。」卦爻辭所記錄的事，從表象上看似乎僅是單一事件，其實含藏諸多事物的道理。朱熹所言的「道理」，便是對這些往事

〔註90〕參見黃沛榮：〈《易經》形式結構中所蘊含之義理〉，收錄於《漢學研究》第19卷，第1期，2001年，頁8～9。

〔註91〕《易・繫辭下傳》，第六章。

〔註92〕《易・繫辭上傳》，第十章。

〔註93〕黎靖德編：《朱子語類・卷七十五》，頁1926。

與來事的共有類屬性，進行類推化的思維過程。比如一個人卜問出國遊學是否平安順利，筮卦時算得益卦，其卦辭言：「利有攸往，利涉大川。」利涉大川原指渡河，然一切關於外出事件者，皆可類推爲同一屬性的事物。所以涉川與出國遊學便是同一類事物，「利涉大川」便是指出國遊學將順利而有收益。同一類事物，因其屬性相近似，便能相互類推與印證。

類推化的思維對於事物變化的認知，已經比直觀的形象思維更深入一層。類推化的過程是從具體形象中抽取共象，通過共相認識新的事物，經由具象、抽象而具象的過程，將比直觀形象的思維更深刻。

朱熹另外還提出《易》理中「稽實待虛」的原則，他說：「理定既實，事來尚虛。用應始有，體該本無。稽實待虛，存體應用。執古御今，以靜制動。」「稽考實理，以待事物之來，存此理之體，以應無窮之用〔註 94〕。」將具體的事象分類並且將其中之理抽象化便是「稽實」，卜卦時所占問的事物，依據這些已存在的理，對與同類屬性相應的未知事物，進行類推化的詮釋。

但是這種類推化思維也有其偏差和迷思，原因在於詮釋者可能過於牽強附會，或者錯把非同類事物以同類事物看待和類推。此種算卦的類推化思維原則，並無法確保百分之百的精準度，但「稽實待虛」以「藏往知來」的「類推旁通」原則，卻能夠經由汲取前人的經驗智慧，提供問卜者在心理層面確有難解問題時的諮詢，以及作爲下決斷前的參考依據。

三、亞理斯多德與《周易》邏輯思維的比較

亞理斯多德的邏輯學爲西方傳統形式邏輯奠立一個系統性的基礎，他重於思想形式的分析，正如他爲自己這門學科取名爲「分析學」一般。特別是三段論的推論方式，被視爲是亞理斯多形式邏輯的重要創見。

形式邏輯的要旨在提供推理方法，助人進行正確的推理、思考或判斷，讓人的言語表達更清晰明確。從對事物的初步認識，而命題、原理和本質的理解，到形成不同的概念，最後進行抽象的推論與判斷，形成此一形式邏輯論證系統。有別於亞理斯多德的傳統形式邏輯，「符號邏輯」（Symbolic logic）與「數學邏輯」（Mathematical logic）是西方晚近興起的邏輯學。但是「數學邏輯」與「符號邏輯」卻是《周易》邏輯思維的基礎。

〔註 94〕黎靖德編：《朱子語類・卷六十七》，頁 1656。

依據大衍之數的運算方式，一卦六爻中的每一爻，在形成之前的運算之數非六、七，即是八、九。然後六、八所代表的陰爻，與七、九所代表的陽爻，相重後形成六十四卦，三百八十四爻的符號系統。《周易》經文以及對其詮釋和發展的十翼，並未如亞理斯多德一般，形成一種專門探討思維邏輯的學問。但若以亞理斯多德的邏輯學論述相參照，《周易》有其獨特的邏輯思維傾向，此一傾向既涵蓋直觀的具體形象思維，也充分具備理性的抽象思考特質。最特殊的是西方晚近才發展出的數學與符號思維，卻是《周易》邏輯思維的重要基礎，這也是亞理斯多德與《周易》邏輯的最大差異。

類推化「藏往知來」的思維是向過往學習經驗與智慧，以協助對當前狀況的認知和理解。亞理斯多德邏輯學所建構的形式化推論系統，其屬性並非歷史認知式的。但是他在其他領域諸如理論性學科的形而上學，或實踐性學科的倫理學與政治學等，在相當程度上是承襲了前人諸多的歷史文化之累積成果，並予以抽象化、理論化，形成屬於自己的創見思想體系。

至於思維邏輯最上層的辯證邏輯，最能體現出人類理性思考的珍貴能力。關於亞理斯多德與《周易》精密而豐富的辯證思維，將於次一節繼續進行討論和比較。

第三節　辯證思維的考察和比較

一、亞理斯多德的辯證思維

相對於先蘇格拉底時期的自然哲學家，蘇格拉底、柏拉圖同亞理斯多德都被歸類於辯證哲學家。在柏拉圖所記錄的蘇格拉底對話的著作裡，時常出現思索存在的各種問題不斷地被提出，比如：「什麼是勇敢？」「什麼是美？」「什麼是善？」「什麼是天？」或者「我們能夠被教育成善良的嗎？」各種答案不斷地被嘗試著回答並解決。亞理斯多德在辯證思維這個層次而言，也是承襲這種思維方法，對於各種命題進行討論、推理，或思考其解決問題的辦法，肯定或反駁該命題，判定其正確或不正確〔註 95〕。辯證思維本身即是對於問題進行推理的能力，亞理斯多德對於問題的提出、推論、回答和解決的方式，大底經由對原因、定義和範疇的考察，以歸納法或演繹法進行推論，

〔註 95〕亞理斯多德：《論題篇・卷八》，頁 547。

用二元對立正、反辯證的觀點來認知事物，以下分述之：

（一）對原因、定義與範疇的考察

在亞理斯多德的辯證思維中，時常問「為什麼」即是對於事物原因的考察。對於「原因」的考察，有形而上學本體論與認識論的兩重涵意，在形而上學的部分，我們已經討論過「四因說」。在此處關於原因的探討，是認知論這個層面的涵義。此外對於事物的認知，也必須時常觸及「定義」的問題。亞理斯多德的十個關於範疇的謂述種類裡，「是什麼」居於第一順位，這「是什麼」便是討論關於存有實體定義的問題。其餘九項則分別為數量、性質、關係、何處、姿態、具有、主動、與被動等〔註 96〕。亞理斯多德的「範疇」，也有本體論與認識論的雙重涵義，此處是就認識論的邏輯學而言。

關於定義的界說，亞氏以什麼是「述說所有的」以及「什麼事就其自身和普遍的涵義」來論述定義，定義具有「普遍的」和「肯定的」兩種特質。對於事物本身是什麼的定義與理解性認知，以及所以成其自身的原因，並界定事物所屬的範疇，構成了辯證思維的初步要件。通過下「定義」，於是一切的科學得以建立，建構一種對於屬性的普遍性認知〔註 97〕。亞理斯多德也主張下定義必須清楚明白，當定義含糊不清時，就應修正和重新構造他們，正如同新提出的律法比原先的舊律法更好，那麼舊的律法就應該廢除。當更好的定義被提出來，能更清楚地表明被定義的東西時，那個原先已被確立的定義就應被推翻，因為對同一件事物而言，只應有一個最恰當的定義〔註 98〕。

（二）歸納法和演繹法的推論

歸納法（induction）和演繹法（deduction）同是重要的推論思維方法，在亞理斯多德的辯證思維中，同具十分重要的地位，此二種方法依據其屬性，分別被運用於不同的學術領域。比如較需要直觀分類的自然科學，使用較多的歸納法；理論性的形而上學（神學）、法學則使用較多的演繹法；實踐性的倫理學、政治學，與創制性的經濟學等，則二種方法均被普遍地使用。

歸納式的推論是指其結論與前提的關係猶如全體與部分的關係；演繹式的推論則指其結論已暗含在前提中，猶如部分存在於全體裏〔註 99〕。歸納是

〔註 96〕亞理斯多德：《範疇篇》，1b，25～26.。
〔註 97〕亞理斯多德：《後分析篇・卷二》，99a24～26。
〔註 98〕亞理斯多德：《論題篇・卷六》，151b，5～17。
〔註 99〕亞理斯多德：《後分析篇・卷一》，81a40。

推論的例子如：蘇格拉底、柏拉圖和其他許多人發高燒時，醫師長久以來都用這草藥治病，所以這草藥能治療發高燒的病。從個別推至普遍，由局部事理，推至共通事理，是歸納法的屬性。演繹式推論則如：美德是高尚的，勇敢是美德，所以勇敢也是高尚的。演繹式推理乃是從普遍至個別，由共通原理推到個別事理。

亞理斯多德說：「歸納是從特殊的東西確立普遍命題，而在相同性的類比方面，確立的確是一切相同性所歸屬的普遍性〔註 100〕。」在為各種不同的論點下定義與證明時，歸納法的應用，也可以為前述所說的方法提供堅實而充分的根據。同時也協助我們對於實體自身的屬性及偶性有更進一層的認識。亞氏認為歸納式的推論更具說服力也更清楚，更容易感覺與知曉，因此也更能夠被多數人所運用。但是他也未忽視演繹式推論的重要性，他說在反駁自相矛盾的論證時，演繹式的推論更有力道，也更為有效〔註 101〕。事實上被亞理斯多德稱為神學的《形而上學》重要著作，是亞氏哲學抽象思想的極至精華，通篇的論證結構，多為演繹的推論形式。

（三）二元正反對立的辯證思維

在亞理斯多德的辯證思維裡，還有一種以二元正反對立的方式來看待事物。這種思維方式主要乃源自於在宇宙論的物理世界裡，對於具象事物運動和變化的觀察結果，然後逐漸將其抽象化與形上學化而成。

土、水、氣、火等四樣宇宙基本元素所對應的冷熱與乾濕，便是一種初始的二元正反對立思維。此外在物性的生成與變化中，亞理斯多德又提到重與輕、硬與軟、韌與脆、粗糙與光滑、粗大與細薄等二元的對立層面〔註 102〕。

從這些肉眼可觀察的物理學變化的二元對立論述中，亞氏繼續將此種思維延展於語義上的反義詞，如《論題篇》裏的：善與惡、快樂與痛苦、清（明晰）與濁（晦暗）、肉體與靈魂、公正與不公正、倍與半、盲與明、存在與不存在、行好於友與使壞於敵、勇敢與怯懦、健康與疾病、生成與毀滅、善舉與醜行、德行與罪惡、黑與白等。這些二元對立的辨證說法，已逐漸提升至形而上學思辯的層次。

亞理斯多德在其《形而上學》中，對於這種二元正反對立又辯證的思維

〔註 100〕亞理斯多德：《論題篇・卷八》，156b，15～17。
〔註 101〕亞理斯多德：《論題篇・卷一》，105a，15～17。
〔註 102〕亞理斯多德：《論生成和消滅・卷二》，329b，19～20。

繼續發展。他在討論變化時，提及運動與靜止、生成與消滅間的對立關係；在討論存在的實體時，他提到自立體與依附體之間的對立；在探討數目時，他有將一（少數）和多（多數）對立。依此概念而繼續衍生的關於數量、性質和屬性的討論如：不等與相等、相異與相同、他物與自身、大與小、奇和偶、光滑與粗糙、直與曲、長和短、寬與窄、高和矮等的辯證關係，都成爲亞氏整個《形而上學》裡，頻繁引用於對各種存在之討論的重要思維方式。

二、《周易》的辯證思維

從陰陽兩個最基本的宇宙成分出發，以運動、變化和相互聯繫的觀點認識事物的思維邏輯，是《周易》辯證思維的主要模式。這也是《周易》的思維邏輯裡推論層次最高，較具系統化，而且充滿對立與統合的辯證思維形式。以下就變易思維、二元對立正反相成思維與機體統整思維等三個層面討論：

（一）變易思維

來自於對宇宙陰陽二氣無止息地變化之啓發，《周易》總是以變化的觀點考察一切事物的變化，然後提出因應之道。「易」的本義，即是象日光出現的過程，在這個過程當中，陰和陽二氣的消長遞嬗，在轉瞬的刹那間，已歷經無數的變化。這也是易理首重變化之故〔註 103〕。《易傳》所言的：「神無方，而《易》無體〔註 104〕」，便是在強調神妙變化，而不拘於一方和一體的變易之理。

這些變易主要表現於卦爻象的變化、自然現象的變化與人事吉凶的變化，以下分述之；

1、卦、爻象的變化

若以構成一卦最基本元素的陰、陽爻而言，從陰爻符號的爻象是⚋與陽爻符號⚊爻象的重疊組合成八卦。如三陽爻所構成的乾卦卦象爲☰，其最下爻若變爲陰爻，則成爲巽卦的卦象☴；若第二爻變爲陰爻，則成爲離卦的卦象☲；若第三爻變爲陰爻，則成兌卦卦象☱；若下兩爻變爲陰爻，則成艮卦卦象☶；若上兩爻變爲陰爻，則成震卦卦象☳；若一、三兩爻變爲陰

〔註 103〕東漢鄭玄解易，還提出「不易」與「簡易」之理，至爲允當。但易之理仍應以「變易」爲首，次方爲前述二理。

〔註 104〕《易・繫辭上傳》，第四章。

爻，則爲坎卦卦象 ☵；若三爻皆變爲陰爻，則成坤卦卦象 ☷。八卦卦象，各有其象徵之事物，但是在陰陽變化的基礎上，卻又存在著相互的繫連關係。經由對爻象與卦象的觀察，反映出自然與人事的天人變易關係。由八卦兩兩自重而成的六十四卦，其變化現象的原理，也是依此情況層層地延展開來。

《易傳》中所言的：「爻者，言乎變者也〔註 105〕」；「君子動則觀其變而玩其占〔註 106〕」；「變動不居，周流六虛，上下无常，剛柔相易，不可爲典要，唯變所適〔註 107〕」；「剛柔相推，變在其中矣〔註 108〕」；「變化者，進退之象也〔註 109〕」等，也都指藉由觀察卦、爻象中陰陽剛柔的變化，以之做爲人事動靜的參考依據。

2、自然現象的變化

八個易卦本就指涉天、地、雷、風、水、火、澤、山等大自然的意象。六十四卦的卦爻辭之中，也有諸多卦、爻辭的記載，反映出對於大自然現象變化的觀念。如坤卦 ䷁ 初六爻的：「履霜堅冰至」，意思是踩在結著薄霜的土地上時，已能預測到結著堅硬冰雪的寒冬即將到來。如小畜卦 ䷈ 的卦辭：「密雲不雨，自我西郊」，意謂有事情正在醞釀之象。如否卦 ䷋ 九五爻辭：「其亡其亡，繫於苞桑」，苞桑乃指草木根深柢固而言，若常懷憂患意識，則能如根深柢固的桑樹般豐美壯盛。如離卦 ䷝ 的九三爻辭：「日昃之離，不鼓缶而歌，大耋之嗟」，是說在夕陽西下的美麗時刻，勉人應珍惜寶貴的時刻，及時行樂。這些大自然的現象，多處於變化之中，反映了易理中關於變易的觀念。

《易傳》對於《周易》中關於大自然變化的觀念，繼續引申詮釋，遂提出以下三層面變化觀點：

（1）是不斷更新

對於大自然現象變化的認知，既認爲舊事物不斷地消失，但新事物卻不間斷地出現。《易傳》所言的：「日新之謂盛德，生生之謂易〔註 110〕」，不斷地更新，是大自然的本質，也是其最崇高的美德，變易的道理，就是不斷地更

〔註 105〕《易・繫辭上傳》，第三章。
〔註 106〕《易・繫辭上傳》，第二章。
〔註 107〕《易・繫辭下傳》，第八章。
〔註 108〕《易・繫辭下傳》，第一章。
〔註 109〕《易・繫辭上傳》，第一章。
〔註 110〕《易・繫辭上傳》，第五章。

新。此外又說：;「剛柔者，晝夜之象也〔註 111〕」;「變通配四時〔註 112〕」;「在天成象，在地成形，變化見矣〔註 113〕」;「化而裁之存乎變〔註 114〕」與「天地變化，聖人效之；天垂象，見吉凶，聖人象之〔註 115〕」等，說明天地間有春夏秋冬四時和晝夜，在大自然神妙的化育裡，表現出陰陽剛柔變易的各種變化。人們在這些變化的現象之中，領悟出許多變易的規律和道理，做爲人生趨吉避凶的遵循之道。革卦 ䷰《彖傳》說：「天地革，而四時成；湯武革命，順乎天而應乎人。」說明自然變易更新之道，亦適用於人事變化，因爲人也是大自然的一部分。而《序卦傳》對於六十四卦之最後一卦的未濟如此詮釋道：「物不可窮也，故受之以未濟終焉。」也是充分理解天地運動和變化無窮無盡的道理，人應當自強不息，日日有所推陳出新，參贊天地之化育，使世界更豐富精采。

（2）是陰陽更迭

宇宙間陰陽兩個最基本的元素，不斷地更迭交替，造成事物不斷地發展與變化。比如由六個陽爻所構成象徵天的純陽乾卦 ䷀，與由六個陰爻所構成象徵地的純陰坤卦 ䷁，天地乾坤定位，在乾坤之間的陰陽流轉更迭，產生各種推移變化，並且帶出其餘六十二卦，涵攝了天人間的萬象事物。

《易傳》提到的:「剛柔相摩，八卦相盪。……日月運行，一寒一暑〔註 116〕」;「闔戶謂之坤，闢戶謂之乾；一闔一闢謂之變，往來不窮謂之通〔註 117〕」;「日往則月來，月往則日來，日月相推而明生焉；寒往則暑來，暑往則寒來，寒暑相推而歲生焉」等，也都在進一步說明陰陽更迭、消長、流轉與推移之道。

此外，「物極必反」，也是陰陽更迭消長的重要原理原則。在六十四卦中，最具代表者爲復卦 ䷗。《彖傳》在詮釋復卦時說：「剛長也。」以卦象觀之，六個爻周遊六虛，從六二直至上六爻盡爲陰爻，陰氣盛極之時，至初九爻時，遂開始露出陽氣的曙光，由陰而復返陽，所以言剛長。

物極必反之理也時常表現於第六爻的位置，指事物發展到最極至時，盛

〔註 111〕《易・繫辭上傳》，第一章。
〔註 112〕《易・繫辭上傳》，第六章。
〔註 113〕《易・繫辭上傳》，第一章。
〔註 114〕《易・繫辭上傳》，第十二章。
〔註 115〕《易・繫辭上傳》，第十一章。
〔註 116〕《易・繫辭上傳》，第一章。
〔註 117〕《易・繫辭上傳》，第十一章。

極而衰，陽必轉陰，陰將變陽，吉會墜於凶，凶又轉吉。如乾卦☰上九爻：「亢龍有悔。」坤卦☷上六爻：「龍戰於野，其血玄黃。」泰卦☷上六爻：「城復於隍，勿用師，自邑告命，貞吝。」復卦☷上六爻：「迷復凶。有災眚。用行師，終有大敗，以其國君凶；至於十年不克征。」益卦☴上九爻：「莫益之，或擊之。立心勿恆，凶。」豐卦☳上六爻；「豐其屋，蔀其家。闚其戶。三歲不覿，凶。」以上是吉卦的最上爻由吉變於凶之例。

又否卦☰上九爻：「傾否，先否後喜。」剝卦☶上九爻：「碩果不食，君子得輿，小人剝廬。」睽卦☲上九爻：「睽孤，見豕負塗，載鬼一車。先張之弧，後說之弧。匪寇，婚媾，往，遇雨則吉。」蹇卦☵上六爻：「往蹇來碩，吉。利見大人。」損卦☶上九爻：「弗損益之，无咎，貞吉。利有攸往，得臣無家。」則皆是凶卦的最上爻由凶轉吉之例

（3）是變化莫測

易理中的陰陽變換，兩相對立又千姿萬象，難以揣度，充滿各種可能的機率。針對這些神妙莫測的變化，只有「唯變所適」，在陰陽動靜消長間，觀其變化的契機以應其變。《易傳》所謂的：「陰陽不測之謂神〔註118〕」和「神无方，而易无體〔註119〕」即在闡明這個道理。變易與不易俱爲易理的重要原則，所以變化莫測即是不確定性和偶然性，它的另一端卻同時存在著不易的確定性和必然性。只是每一次的變化，不必然爲完全的相同的重複，而是具備多樣性的變化形式，與充滿無限可能的變易過程。

3、人事吉凶的變化

算卦卜問吉凶以決疑，本是《周易》的原貌。先民仰觀天文，輔察地理，了解人事的變化如同大自然的變化一般。算得一卦，從其間所顯示的象、辭、理，獲得關於人事活動的參考。占筮結果的判斷，大致可區分爲利、吉、吝、厲、悔、咎、凶等不同程度的好壞結果，但是並無絕對的答案。

《易傳》云：「易簡之善配至德〔註120〕。」又云「《易》其至矣乎！聖人所以崇德而廣業也。知崇禮卑，崇效天，卑法地。天地設位，而《易》行乎其中矣。成性存存，道義之門。」上智者能自《易》中深體其變易、不易與簡易之道，善於補過與改過，察時變，行中道。縱然占得凶卦，亦能自其中

〔註118〕《易・繫辭上傳》，第五章。
〔註119〕《易・繫辭上傳》，第四章。
〔註120〕《易・繫辭上傳》，第六章。

體悟其所以凶咎之理，而深度自我省察，調整觀念，改正行爲，故能寡過無怨，避凶趨吉。

《易傳》又言「言天下之至動而不可亂也。擬之而後言，議之而後動，擬議以成其變化〔註121〕。」「吉凶悔吝者，生乎動者也；剛柔者，立本者也；變通者，趣時者也〔註122〕。」「功業見乎變，聖人之情見乎辭〔註123〕。」皆是言易理對於人事吉凶悔吝，功業深淺高低的重要影響。

人所面對的主觀與客觀條件雖各異，人事吉凶亦隨時空而變易，但是「人」是否能隨時自我警醒調整以應變，在吉凶卦爻並存的《周易》經文中，汲取智慧，修養德行，才是吉凶結果的主因〔註124〕，這也是「吉凶由人」的要義。

（二）二元正反對立思維

陰陽二氣之間，存有對立又互補的關聯性，雖然相互對立，卻又能時時互補與並存，彼此都有潛存的因子與對方聯繫。這種相互對立關係，以最基本的符號而言即是陰爻⚋、陽爻⚊；已成卦爻之基數而言，即是奇數和偶數。二者的對立與統合，逐次發展出八卦與六十四卦。

八卦與六十四卦也彼此兩兩成對。《說卦傳》言：「天地定位，山澤通氣，雷風相薄，水火不相射〔註125〕。」即在闡述乾☰坤☷；艮☶兌☱；震☳巽☴；與坎☵離☲等八卦之間的對立關係。而六十四卦亦是以每二卦爲一組，分成三十二偶，非覆即變，非錯即綜。特別是乾䷀坤䷁、泰䷊否䷋、剝䷖復䷗、坎䷜離䷝、晉䷢明夷䷣、蹇䷦解䷧、損䷨益䷩、既濟䷾未濟䷿等八組十六個卦，其畫卦之陰陽爻完全錯變，卦名之取義也完全相反。充分表現出對於天地萬物，必須相互配合方能萌生繁衍發展的道理。

《繫辭傳》所言的：「陰陽合德而剛柔有體〔註126〕」與乾卦《彖傳》的

〔註121〕《易・繫辭上傳》，第八章。

〔註122〕《易・繫辭下傳》，第一章。

〔註123〕《易・繫辭下傳》，第一章。

〔註124〕這裡是指人的主觀能動性或主體意識、個人的權力意志所能掌握的部分而言。人生尚有一些不確定偶然性的部份，非個人所能掌控的，或言之爲「天命」者，不在此處所指涉的範圍。

〔註125〕朱熹：《易學啓蒙》，台北：廣學社印書館，1975年，頁43。若以語法和語句的對稱性判斷，水火不相射的不字似爲衍文。水火相射可理解爲水火相剋之意。

〔註126〕《易・繫辭下傳》，第六章。

「保合大和。」坤卦《文言傳》的：「坤至柔而動也剛，至靜而德方。」泰卦《象傳》的：「天地交而萬物通。」《說卦傳》的「乾以君之，坤以藏之」。都是將天地、乾坤、陰陽、剛柔、動靜等觀念，視爲既對立又統合互濟的兩種元素，這也是自然界一切事物發展生滅的基本法則。老子深受此種來自於易理的二元對立正反辯證思想的影響，於《老子》一書中，繼續深化地發展此一觀念〔註127〕。

（三）機體統整思維

機體統整的思維是將世界視爲一個有機的整體，一切存在的事物都具有相互聯繫與制約的關係。比如說以陰、陽爻所構成的三畫卦而言，推演而成八個三畫卦自重而成的六畫卦，八個三畫卦再變化爲六十四個卦，成爲一個富於邏輯結構的整體。

易卦的每一卦象，皆是由各爻的爻象所構成。每一爻的自身若產生變化，將會造成整個卦象的變化。比如乾卦䷀第一爻若變陰爻，則成姤卦䷫；第二爻若變爲陰爻，則成同人卦䷌；第三爻若變爲陰爻，則成履卦䷉；第四爻若變陰爻，則成小畜卦䷈；第五爻若變陰爻，則成大有卦䷍；第六爻若變陰爻，則成夬卦䷪。因爲爻象的變化，引發卦象的變化，從而產生新的卦象，與原來的卦象全然迥異。

又六十四卦以乾䷀、坤䷁二卦爲首，乾坤並建而後帶出之後的另六十二卦。依《序卦傳》的說法，乃是宇宙中先有天地，而後生出萬物。所以續乾坤之後便有象徵萬物初生的屯卦䷂；萬物初生稚弱之時，需要啓發蒙昧，遂有蒙卦䷃。初生發蒙時，需飲食以補充養分，故有需卦䷄。爲爭奪生存所需的飲食，必有爭端，遂出現訟卦䷅。有訟端之時，常聚眾滋事，遂需師旅以弭平，故受之以師䷆。依此解釋卦序中所要表現的先有宇宙天地之始，而後才有人文化成的人文世界。人居天地之中，若以六畫卦的表徵而言，上二爻表天，下二爻表地，中二爻則表人。誠如《說卦傳》所言：「昔者聖人之作《易》也，將以順性命之理。是以立天之道曰陰與陽，立地之道曰柔與剛，立人之道曰仁與義。兼三才而兩之，故《易》六畫而成卦〔註128〕。」說明以

〔註127〕《老子》書中提及的無有、美惡、善與不善、難易、長短、高下、前後、虛實、弱強、彼此、寵辱、古今、動靜、濁清、智愚、昭昏、曲直、窪盈、敝新、少多、輕重、雄雌、壯老、左右、川谷與江海、歙張、廢舉、與奪、柔弱與剛強、貴賤皆是二元對立正反辯證。

〔註128〕《易‧說卦傳》，第二章。

六畫卦代表一個宇宙整體，人於其中，既是陰陽剛柔屬性宇宙之一部分，必須遵循且受其運作法則影響與支配，同時也與其和諧地相互依存，成爲一個有機整體。

這種陰陽剛柔變化推移的辯證法則，直接影響後來的五行生剋說。於是陰陽五行的合和生化，便成爲解釋宇宙間自然現象的相互繫聯與制約之間的重要觀念，深刻地影響中國古代科技思維，特別是天文氣象、物理、化學和醫學等領域，至於今日仍有一定的影響力。

三、《周易》與亞理斯多德辯證思維的比較

辯證思維是認識論的最高層次階段，是對於世界由具象仰觀俯察的認知，逐漸提升爲抽象的辯證思考。作《易》的先賢與亞理斯多德都經由客觀的世界觀察到：宇宙萬物都具有對立與統一的面向，進而考察其發展變化，與彼此間的制約與聯繫關係。在動與靜之間，思維其間的差異與內在結構。此種二元正反對立又統合的思維，成爲二者之間較大的交集。但是亞理斯多德在其龐大的著作論述裡，提到各式各樣的二元對立正反說法，並未觸及陰與陽這一組在易學哲學裡，被作爲是極核心概念的觀點。在這裡可以說是一個重大的文化差異，由陰與陽發展出來的二元正反對立的機體統合觀念，遂成爲易學辯證思維中，最具民族文化特色的表徵。

至於在辯證思維裡，亞理斯多德繼承古典希臘的愛智哲學傳統，對於宇宙天人間事物的考察，多由其原因、定義、範疇的歸屬切入，並運用歸納或演繹的推論方式，建構形而上學式的理論。易學雖有其一套屬於自身的歸類與演繹體系，在哲學思想上總是往天人合德的倫理學發展。但是在天文氣象、物理、化學和醫學等古代科技領域，也深深地滲透著陰陽五行生剋的辯證思維。前者對於原因、定義、範疇的考察，以及歸納、演繹推論方式的交互運用，對於後來的科學發展，似乎已奠立一個早期的認識論基礎。

易學與亞理斯多德對於認知世界的思維方法，有其各自的由表象提升至辯證層次的思維理則。此兩個文明認知世界的思維方法，在最初層的表象認知上多先由對天地萬物的仰觀俯察進入。《易經》除了對可感世界進行分類外，發展出獨特的數象聯想思維。而亞理斯多德則是很務實而精密地對可感的事物進行考察記錄和分類。這些考察記錄和分類的成果，最主要表現於他的動物學和物理學著作裡。

《周易》形式邏輯的思維，表現於對事物的認知上，主要表現於思維的形式化、分類與類推等三層面。而亞理斯多德的邏輯學則爲西方傳統形式邏輯奠立一個系統性的基礎，他著重於思想形式的分析，正如他爲自己這門學科取名爲「分析學」一般。特別是三段論的推論方式，被視爲是亞理斯多德形式邏輯的重要創見。

在思維邏輯最上層則是辯證邏輯，辯證思維最能體現出人類理性思考的珍貴能力。而亞理斯多德與《周易》都各有其精密而豐富的辯證思維。從陰陽兩個最基本的宇宙成分出發，以運動、變化和相互聯繫的觀點認識事物的思維邏輯，是《周易》辯證思維的主要模式。這也是《周易》的思維邏輯裡推論層次最高，較具系統化，而且充滿對立與統合的辯證思維形式。其主要內涵是變易思維、二元對立正反相成思維與機體統整思維等三個層面。雖同爲辯證思維，亞理斯多德思想中所繼承與發展出的西方辯證思維方式，卻與《周易》大異其趣。亞氏的辯證思維是經由對於各種命題進行討論、推理，或思考其解決問題的辦法，肯定或反駁該命題，判定其正確或不正確。辯證思維本身即是對於問題進行推理的能力，亞理斯多德對於問題的提出、推論、回答和解決的方式，大底經由對原因、定義和範疇的考察，以歸納法或演繹法進行推論，用二元對立正、反辯證的觀點來認知事物。

不同的思維方式形構出相異的文明面貌，也建構了不同的文化底蘊。當今的地球村雖然不同文明間的資訊流通往來較以往頻仍，不同文明背景的人類之間，較易互相影響。但我們細究不同文明間仍有許多根深柢固的差異，推究其因，則是文明中長期以來對於認識世界的思維邏輯之差異使然。

第六章　《周易》與亞理斯多德倫理思想的比較

《周易》的倫理思想主要是探討關於德行修養的人生論範疇。《易經》的卦、爻象和經文中，本已蘊含深刻的天人之道。孔子及其後學們受《易經》的啓發，對於《易經》文本進行詮解，而且還創造發展出更廣闊的新思想，即是後來被稱爲「十翼」的《易傳》：包括《彖傳》上下、《象傳》上下、《繫辭傳》上下、《文言》、《序卦傳》、《說卦傳》、《雜卦傳》等。《易傳》的內容發展了《易經》裡深深蘊藏的天人思想，在指導人生以避凶趨吉，以及寡過少怨的層面而言，《易經》和《易傳》裡豐富的人生之道，厥有諸多值得探討的倫理學內涵，中國歷代每一階段的重要思想家與文化歷史發展，幾乎都受過易理深刻的影響。

亞理斯多德集古希臘倫理學之大成，將其系統化並發展成一個專門學科。這門被亞氏集大成的科學，其主要思想內容是對於人生的目的、幸福的獲得，以及如何修德致福等問題的探討。關心「求幸福」與「追求至善」的人生問題，探求如何藉由適當的修養德行之方法，以達到幸福與至善的人生，便成爲倫理學的主要探討範圍。亞理斯多德的倫理思想主要表現於《優臺謨倫理學》（***Eudemean ethics***）、《大倫理學》（***Magna Moralia***）與《尼各馬科倫理學》（***Nicomachean ethics***）等三書。前述第一本是由亞氏的學生優臺謨所編纂；第二本稱之爲《大倫理學》，可能當時將各卷已完成的篇幅都收在一起，故稱之爲大；而《尼各馬科倫理學》可能爲紀念亞氏之父親或其早夭的幼子。

該三本倫理學有諸多重複的大同小異之處，其中以《尼各馬科倫理學》

內容最爲成熟完整，結構最嚴謹，文字亦較簡潔流暢，由亞理斯多德本人親手定稿成書。倫理學的考察，也可視爲道德形而上學的考察。在亞氏眼裡，它所探討的道德，幾乎可被視爲具有普遍性與恆久性的眞理，是放諸四海皆準的重要價值。

本章將從如何避凶趨吉以獲得禎祥的人生，尙中與中行的思想觀念，善體天道與修養德行等面向，探析《易經》和《易傳》文本裡所含藏的倫理學價值，並與亞理斯多德的幸福倫理學關於幸福至善、中庸之道、德行修養，及外在善等重要的思想與主張進行比較。

第一節　避凶趨吉的禎祥之道與至善幸福的修德人生

一、《周易》避凶趨吉的禎祥之道

人們多希望生活能更吉祥、幸福與美善。但是作《易》的先人卻感受到生活之中有許多艱難險阻，認爲稍不謹愼即陷入凶險之境，他們帶著強烈的憂患意識面對人生。雖然生活之中有諸多艱難險阻，但是禎祥的人生並非遙不可及的夢想，唯有時時以持恆的戒愼謹懼態度面對生活，便能避凶趨吉。

關於人生的艱難及凶危，表現於易卦的卦名者有：

象喻事物初始之艱難的屯卦䷂，閉塞不通的否卦䷋，險陷坑穴的習坎卦䷜，艱險難行的蹇卦䷦，艱阻困窘的困卦䷮等。直接書寫於卦辭者如比卦䷇卦辭：「吉。原筮元永貞无咎。不寧方來，後夫凶。」井卦䷯卦辭：「改邑不改井。无喪无得。往來井，井汔至。亦未繘井。羸其瓶，凶。」歸妹卦䷵卦辭：「征凶，无攸利」等。

在爻辭裡以凶、咎、悔、吝、厲與无攸利等字，表達人生的艱難危險之境者，頻仍多見，如：

師卦䷆初六爻辭：「師出以律，否臧，凶。」六三爻辭：「師或輿尸，凶。」豫卦䷏初六爻辭：「鳴豫，凶。」復卦䷗上六爻辭：「迷復，凶，有災眚。用行師終有大敗，以其國君凶，至於十年不克征。」頤卦䷚初九爻辭：「舍爾靈龜，觀我朵頤，凶。」大過卦䷛九三爻辭：「棟撓，凶。」上六爻：「過涉滅頂，凶。」鼎卦䷱九四爻辭：「鼎折足，覆公餗，其形渥，凶。」豐卦䷶上六爻辭：「豐其屋，蔀其家，闚其戶，闃其无人，三歲不覿，凶。」旅卦䷷上九爻辭「鳥焚其巢，旅人先笑後號咷，喪牛於易，凶。」節卦䷻九二爻辭：「不出門庭，凶。」小過卦䷽初六爻辭：「飛鳥以凶」；九三爻辭：「弗過防之，從或戕之，凶」；上六爻辭：「弗遇過之，飛鳥羅之，凶，是謂災眚。」凶字乃代表較嚴重的人生艱難與危難，卦爻辭裡出現的咎（災患）、悔（困厄）、吝（艱難）、厲（危險）等字，也都指向程度較輕微的凶境。

作《易》的先賢深體人生實有太多險難，所以不時地以戒慎謹懼的憂患意識自我操持，作《易》的先賢從來不是樂觀主義者。所以《易傳》在詮解此一精神和人生態度時說：「《易》之興也，其當殷之末世，周之盛德邪？當文王與紂之事邪？是故其辭危。危者使平，易者使傾，其道甚大，百物不廢。懼以終始，其要无咎〔註1〕。」又說：「外內使知懼，又明於憂患與故〔註2〕。」「作《易》者，其有憂患乎〔註3〕？」這些內容說明早周作《易》的先賢，處於殷末變易之亂世，時時要和殘暴的殷紂王周旋，因此必須以危懼之心自我惕厲，方能免於因安居簡慢而陷於傾覆之危。

正因爲作《易》者對於人生時有凶危險難的深刻體會，所以能時時自我警省惕厲，保持戒慎恐懼的憂患意識，故能避凶趨吉，獲得禎祥。所以在卦爻辭裡，如乾卦䷀九三爻辭：「君子終日乾乾，夕惕若，厲无咎。」言終日戒慎警懼的態度；坤卦䷁初六爻辭：「履霜堅冰至」，是對事物初始之時的謹慎；需卦䷄上六爻辭：「入于穴，有不速之客三人來，敬之終吉。」提到存敬慎態度，終得禎祥；師卦䷆初六爻辭：「師出以律，否臧凶。」強調嚴謹紀律，以防人謀不彰；履卦䷉九四爻辭：「履虎尾，愬愬，終吉。」愬愬也是持著戒慎恐懼的態度；泰卦䷊六四爻辭：「翩翩不富以其鄰，不戒以孚。」提及對於近鄰須嚴加警戒以防禍患；否卦䷋九五爻辭：「休否，大人吉。其亡其亡，繫于苞桑。」謂心存危亡的憂患意識，方能得安泰；大壯卦䷡上六爻辭：「羝羊觸藩，不能退，不能遂，无攸利，艱則吉。」艱則吉是意謂若能心存戒惕之心，不輕舉妄動，則能免患；明夷卦䷣六四爻辭：「入于左腹，獲明夷之心，於出門庭〔註4〕。」豫卦䷏六三爻辭：「盱豫，悔，遲有悔」，勉人臨事應謹慎地詳細思慮；上六爻辭：「冥豫，成有渝，无咎」，則爲事先

〔註1〕《易・繫辭下傳》，第十一章。
〔註2〕《易・繫辭下傳》，第八章。
〔註3〕《易・繫辭下傳》，第七章。
〔註4〕高亨認爲「之心」疑當作「小心」。所以「之心于出門庭」即是在出門庭之時，當小心謹慎。見高亨，《周易古經今注》，北京：中華書局，1982年，頁265。

有預防，遇禍患不至於有危咎；噬嗑卦䷔初九爻：「屨校滅趾，无咎」，小懲大戒，知所警惕，能免大禍；坎卦䷜六三爻辭：「來之坎坎，險且枕，入于坎窞，勿用」，勸戒可能面臨險陷時，暫勿採取進一步的行動作爲；家人卦䷤九三爻辭：「家人嗃嗃，悔，厲，吉。婦子嘻嘻，終吝」，嗃嗃乃存戒懼之心，奮勉之志；嘻嘻則反其道，逸樂驕慢而忘憂，安而忘危，存而忘亡；艮卦䷳上九爻辭：「敦艮，吉」，謂能時時反視以自省，終能得吉；小過卦䷽九三爻辭：「弗過防之，從或戕之，凶」，九四爻辭：「无咎，弗過遇之，往厲必戒，勿用永貞」，上六爻辭：「弗遇過之，飛鳥離之，凶，是謂災眚」皆是提醒對於過咎應事先防範，否則凶危隨即而至；既濟卦䷾卦辭：「亨，小厲貞，初吉終亂」，言事雖已告一段落完成，若稍有鬆懈，未能持續用心地奮進不怠，終有亂事。

此種後來被孟子闡釋爲：「生於憂患，死於安樂〔註 5〕」的戒愼警懼精神和人生處世態度，貫穿於通篇《易經》的經文。作易的先賢認爲禎祥安泰的人生並非唾手可得，而是需要付出很多的刻苦惕勵的努力，自我警省與奮勉圖強，方能獲致。

二、亞理斯多德至善幸福的修德人生

對於亞理斯多德而言，倫理學在探討個人的善。至善與幸福的人生，和具備良好的習性與品德密不可分。他的思想總是具有強烈的目的性，至善與幸福都是終極目的〔註 6〕。合乎德行的善的生活，是靈魂體現完滿德行的活動〔註 7〕（an activity of soul in accordance with perfect virtue），是在生活中實踐善的品質，行爲高尚〔註 8〕。

倫理學是知行合一的科學，是必須被實踐的智慧，亞理斯多德視德行乃持久而鞏固的價值，是眞正的善〔註 9〕。在此之上，亞氏又將靜觀思辨

〔註 5〕 詳見《孟子・告子下》。文中言：「故天將降大任於是人也，必先苦其心志，勞其筋骨，餓其體膚，空乏其身，行拂亂其所爲，所以動心忍性，增益其所不能。人恆過，然後能改。困於心，衡於慮，而後作。徵於色，發於聲，而後喻。入則無法家拂士，出則無敵國外患者，國恆亡。然後知生於憂患而死於安樂也。」此段話，實可與上引之《易經》經文前後相呼應。

〔註 6〕 亞理斯多德：《尼各馬科倫理學》（***Nicomachean Ethics***），第一卷，1097a～1097b。

〔註 7〕 《尼各馬科倫理學》，第一卷，1002a5。

〔註 8〕 《尼各馬科倫理學》，第一卷，1098a。

〔註 9〕 《尼各馬科倫理學》，第一卷，1100b。

（contemplation）、理智（reasonality）與智慧（wisdom）置於比德行更高層次的位階，各歸於不同的屬（genus）。他認爲思辨活動才是最完滿的幸福，是最合乎自我德行的現實活動。思辨是自足的、閒暇的和孜孜不倦的。因爲一個思辨者對於外物一無所需，不假他求。且思辨活動暨強大持久，且永不止息。專注於思辨的理智（nous）活動，即能享有最高而神聖的至福（makar），這種思辨的至福也是完滿的幸福（eudaimonia）。在德行之上，類似於神的純粹理性的理智精神，被認爲是靈魂中最高貴的部份〔註10〕。

次於靜觀思辨、智慧與理智的第二幸福，是屬於靈魂的德行，也就是「生活得好」且「行爲得好」，便是亞理斯多德所謂的幸福〔註11〕。亞氏認爲依照正確的理性而做的美好事情，不是德行的最佳說法。德行是由理性伴隨，朝向高尚的衝動。因爲這樣的狀態才是德行，才是值得稱讚〔註12〕。

幸福與至善既然是最高且最終的目的，因此具備德行就是每個人自身得到的最大的善。亞氏認爲一個善良的人，應該是一個熱愛自己的人，做高尚的事情，幫助他人，既是在助人，也是在利己。基於二元對立的辯證思維，亞氏也提及善的另一面之惡。邪惡的人恰好都做與善良的人背道而馳之事，既傷人又害己。所以善良的人所做的一切，都是他應該做的。服從理智，爲自己選擇最好的事物〔註13〕。

此外，還有朋友、好的出身、政治權力、強健的體魄、美好的容貌、金錢財富等外在的善，也被亞理斯多德視爲促進幸福生活的重要元素，下文將再詳述。吾人或可名之爲次於靜觀思辨與德行修養的第三幸福。這三種幸福構成亞氏倫理學論述裡的至善與幸福人生。雖然亞理斯多德給予思辨者即享有至福的榮耀地位，但綜觀其在三本倫理學著作中的論述，對多數人而言，若能將前三層的幸福要件皆具備，才是最圓滿的幸福。

三、避凶趨吉的禎祥之道與至善幸福的修德人生之比較

基於不論是居處於東方或西方，古代或現代的人類，都有一個類似的心靈基礎，就是對於喜、怒、哀、樂、愛、惡、欲的情感，皆有類似的心靈感

〔註10〕《尼各馬科倫理學》，第十卷，1177a～1178b。

〔註11〕《大倫理學》（***Magna Moralia***），第一卷，1184b。

〔註12〕《大倫理學》，第一卷，1198a14～23。

〔註13〕《尼各馬科倫理學》，第九卷，1169。

受。傾向避凶趨吉以得禎祥，和追求美善幸福的人生，是古往今來多數人所願意追求的。在這個大前提的面向上，易學哲學與亞理斯多德的倫理學，產生了第一個交會。

但是作《易》的先賢，對於福吉禎祥的人生，必須存有強烈憂患意識的生活態度，並且時時戒慎恐懼，處處謹慎以對，而後始能得之的核心價值觀念，與亞理斯多德將靜觀思辨置於至善幸福人生的最上層與最核心地位，有顯著的差異。亞氏看待思辨活動的態度，恰恰彰顯希臘哲學中的愛智精神。思辨、智慧與理智，是亞理斯多德倫理學中最重要的結晶。

至於亞氏所主張的德行修養，與外在的善，綜觀其內涵與細目，與易學哲學仍有若干交會，但彼此間還存有不少差異之處。下文將先從衡量德行的中道與中庸的精神，探討易學哲學和亞理斯多德對於不過與不及的用中主張。

第二節　《周易》尚中和中行思想與亞理斯多德中庸之道

一、《周易》的尚中思想

在《易》卦裡以各爻所居處的位置而言，因二、五爻居中，被視爲較尊之位，其中又以居上的第五爻爲最尊。作易者認爲若能居中位而行中道，多可成就美善之事，第五爻的爻辭中常繫以「天」、「君」、「帝」、「王」、「公」、「大人」等字，便有象徵地位尊崇，格局盛大之意。

如乾卦䷀九五爻辭：「飛龍在天。」姤卦䷫九五爻辭：「有隕自天。」泰卦䷊六五爻辭：「帝乙歸妹。」歸妹卦䷵六五爻辭：「其君之袂，不如其娣之袂良。」比卦䷇九五爻辭：「王用三驅。」家人卦䷤九五爻辭：「王假有家。」渙卦䷺九五爻辭：「渙王居，无咎。」臨卦䷒六五爻辭：「大君之宜。」革卦䷰九五爻辭：「大人虎變。」否卦䷋九五爻辭：「休否，大人吉。」小過卦䷽六五爻辭：「公弋取彼在穴」等皆是。《易・繫辭傳》所言：「二多譽，五多功」即在闡明此一道理。

反之，以初、六爻而言，因初爻處於事物發展之初，若以居中位的中道精神衡量之，是爲不及；內卦的第三爻，和外卦的上爻，所處的地位及其所表徵的意涵，又屬於太過。過與不及皆遠離中道，特別是上爻，一味地往偏極之端發展的結果，自然是凶多吉少。據統計，在凶類爻辭裡，屬初爻者佔14.75%；屬第三爻者佔34.43%；屬上爻者佔27.87%。此三爻位的凶類爻辭，即已涵蓋總數的77.05%，超過四分之三比例。而第二、五爻的吉辭，在比例上又遠比第一、三、四、六爻爲多〔註14〕，合計佔47.06%之多，幾達各爻辭裡吉辭總數之半。而且在二、五爻中的凶辭最少，僅有13.94%〔註15〕。從《易經》對於中位的尊崇，其中蘊含深刻而豐富的尚中思想，及行中道的觀念。這些崇尚中道的精神，深深地啓發了包括孔子以降的早期儒家，並逐漸發展爲後來的中庸之道，有其一貫之理路。

二、《周易》的尚中與中行觀念

中行即是行中道，其主要精神要旨在於用中道以指導人生。《易經》的爻辭裡，直接提及中行者如泰卦䷊九二爻辭：「包荒，用馮河，不遐遺朋亡，得尚於中行。」復卦䷗六四爻辭：「中行獨復。」益卦䷩六三爻辭：「益之用凶事无咎，有孚，中行，告公用圭。」六四爻辭：「中行，告公從，利用爲依遷國。」夬卦䷪九五爻辭：「莧陸夬夬，中行无咎。」

此外《易經》卦爻辭提到「包」與「黃」二字者，也含有「中」之義，亦可視爲中行之意的延展。《說文》云：「包，象人懷妊，巳在中，象子未成形也。」因此引申爲有「中」義。屈萬里先生說：

> 二爲初、三所包，五爲四、上所包，故又有包義。蒙䷃九二：「包蒙吉。」泰䷊九二：「包荒」；九五：「繫於苞桑。」否䷋六二：「包承。」姤䷫九二：「包有魚」：九五：「以杞包瓜。」胥以二五爲包，包亦中也。又爲幽隱，履䷉九二：「幽人貞吉。」歸妹䷵九二：「利幽人之貞。」幽隱深藏，亦中義包義也〔註16〕。

另《易・文言傳》謂：「天玄而地黃」，周人居住的陝西周原之地，有黃土高原、黃土平原與黃河，故六爻皆陰的坤卦䷁象厚德載物的大地，陰爻在中稱黃。坤卦六五：「黃裳。」離卦䷝六二：「黃離。」遯卦䷠六二：「黃牛。」噬嗑卦䷔六五：「得黃金」等亦是。黃金及金黃的色澤，亦被視爲居中尊崇地位的象徵。

〔註14〕吉辭是指將各爻爻辭中所出現的「吉」與「利」字合算。

〔註15〕黃沛榮：《易學乾坤》，（台北：大安出版社，1998），頁148。

〔註16〕屈萬里，《先秦漢魏易例述評》，台北：學生書局，1985，頁16。

《易經》的中行的觀念在《易傳》裡被進一步發揮。《小象傳》將中行觀念發展出許多相關語詞，如「得中」、「位在中」、「位正中」、「得中道」、「行中」、「以中行」、「中以自考」、「中以行正」、「中以爲實」、「中以爲志」〔註 17〕等。在上述這些辭組裡，以「中以爲志」最值得注意。志，是心之所之，中以爲志，就是說用中道作爲心志活動的標竿規範，以其指導人生，並踐履篤行之。

易理中所蘊含的尚中與中行思想，對原始儒家倫理學的中庸之道，產生重要的影響，或可視其爲儒家中道精神最主要的源頭活水。孔子在中晚年以後勤讀《易》，深受此間的中道思想啓發，遂有「不得中行而與之，必也狂狷乎！狂者進取，狷者有所不爲也〔註 18〕」；「中庸之爲德也，甚至矣乎！民鮮久矣〔註 19〕」；「子貢問：『師與商也孰賢？』……子曰：『過與不及〔註 20〕』」；「君子和而不同，小人同而不和〔註 21〕」等關於「中和之道」的言論。《中庸．第一章》的致中和之道：「喜怒哀樂之未發，謂之中；發而皆中節，謂之和。中也者，天下之大本也，和也者，天下之達道也。至中和，天地位焉，萬物育焉。〔註 22〕」孟子的「君子引而不發，躍如也。中道而立，能者從之〔註 23〕」，這些原始儒家關於中和之道所發出的言論，都是在《易經》的尚中思想影響下，對於允執厥中的保合大和之道，做進一步的闡發與詮釋。

三、亞理斯多德的中庸之道

德行是經由理性的思辨，實踐於生活的美善言行。亞理斯多德視中庸（the mean）爲命中中間，亦即以中道的標準衡量符合德行的行爲，無過與無不及。這種中間性是不過多和過少的中間，符合此標準的，便是優美的德行，它是

〔註 17〕見《小象傳》者爲：「得中」，巽卦九二；「位在中」，歸妹卦六五；「位正中」，隨卦九五；「得中道」，蠱卦九二；「行中」，臨卦六五；「以中行」，師卦六五；「中以自考」，復卦六五；「中以行正」，未濟卦九二；「中以爲實」，鼎卦六五；「中以爲志」，損卦九二。

〔註 18〕《論語．子路》。

〔註 19〕《論語．雍也》。

〔註 20〕《論語．先進》。

〔註 21〕《論語．子路》。

〔註 22〕熊十力先生承清儒焦循、胡煦的觀點，認爲整部《中庸》乃爲推演《易》義之說。《易》的中道思想，在《中庸》裡被更深度地擴大與發展。熊十力，《乾坤衍》，上海：上海書店，2008 年，頁 4。

〔註 23〕《孟子．盡心上》。

關於感受和行爲。這些感受和行爲，如個人的恐懼、勇敢、欲望、痛苦、快樂、憤怒和憐憫等。過度與不及就容易產生失誤，準確地命中中間就會獲得讚賞。亞理斯多德認爲以中庸的標準修養各種德行，便能通往善與幸福之道。

準確掌握中間性，就是遵循進退有據的限度。對於衡量符合中間性德行標準的中庸，亞理斯多德視其爲最高的善，與極端的美〔註 24〕。至於哪些是亞理斯多德所提出的符合中庸標準的德行，以及他們所對應的過與不及是何種品質狀態，將在下一節繼續討論。至於諸如惡意、歹毒、無恥、通姦、偷盜、殺人、不義與荒淫等錯誤的感受與行爲，自始至終都與罪過相連，不在過與不及的衡量範疇之內。

亞理斯多德雖然提出準確地掌握中間性，便是具備美善的德行。但是他又承認準確地命中中間，並且行爲優良，，是一件困難的事〔註 25〕。而且對於亞氏而言，中庸的標準是高於下一節將討論的諸多個別德行的準則，換言之，中庸和諸種個別德行具有屬（Genus）與種差（Spiece difference）的位階之別。

四、易學尚中和中行思想與亞理斯多德中庸之道的比較

由於倫理學是探討理性的智慧，是有關人類德行的科學，因此在對於衡量行爲與情感的無過與不及的認知上，易學哲學的尚中和中行精神，與亞理斯多德對於命中中間性的中庸說法，產生了交集。人類情感與行爲的拿捏，以適切而不過度做爲最佳的衡量標準，便能精確瞄準中間性，不偏離中道。如此便能遵循在善的方向，不易在情感與行爲上產生錯誤與偏差。

但是以易卦六個爻所表現的卦象與卦爻辭裡，其尚中精神又具有時間與空間的性質。第二、五爻的爻辭，常被繫之以較多比例的吉辭，其用意有掌握較適切的中間性，才能到達人生或者事物發展的最佳與最成熟時機。此外易理的中，還表徵較尊貴的地位，居處較尊貴地位者，更須以中道精神待人處事，如此禎祥才會恆久地持盈保泰。

雖然德行是精確命中中間性的善，但是作《易》者與亞理斯多德這些上智的先賢，似乎都意識到要準確地行於中道不是件容易的事。特別是易理這邊還特別強調須常存憂患意識，以免輕忽荒怠而偏離於中道！

〔註 24〕《尼各馬科倫理學》，第二卷，1106～1107a。
〔註 25〕《尼各馬科倫理學》，第二卷，1109b。

至於合乎中庸之道的德行細目有哪些？易學與亞理斯多德倫理學中，各自看重哪些較重要的德行？彼此間存有哪些異同？他們之間對於德行培養的認知為何？是下一節即將討論的重點。

第三節 《周易》經、傳與亞理斯多德的德行細目與修養方法

一、《易經》四卦之德與《繫辭傳》三陳九德

在《易經》的卦名中，直接象喻人生德性修養者，有謙卦䷎、恆卦䷟、節卦䷻與中孚卦䷼等四卦。《易經》的倫理學除具有「憂患意識」與「尚中思想」的重要特色外，「崇尚謙德」也是其重要特徵之一。這些精神後來都內化為重要的民族性，成為中華文化的重要特色。謙卦的卦爻辭如下：

> 謙：亨，君子有終。
>
> 初六：謙謙君子，用涉大川，吉。
>
> 六二：鳴謙，貞吉。
>
> 九三：勞謙，君子有終，吉。
>
> 六四：无不利，撝謙。
>
> 六五：不富以其鄰，利用侵伐，无不利。
>
> 上六：鳴謙，利用行師征邑國。

謙卦認為涵養謙德的君子，自始至終，皆能亨通。六爻所象謙謙君子、有譽名而益謙、有動勞而益謙、施予人而能謙、有備而無患、利於行師。《易經》六十四卦諸爻皆吉者，唯獨此卦，崇尚謙德的精神是如此地被作易的先賢所看重。

恆卦九三爻辭：「不恆其德，或承之羞，貞吝。」六五爻辭：「恆其德……」，言修德應持之以恆，以免遭致羞辱與艱難。持恆修德的思想，直接影響孔子，他在《論語・子路》篇中也直接引恆卦爻辭：「子曰：『南人有言曰：「人而無恆，不可以作巫醫。」善夫！不恆其德，或承之羞。』子曰：『不占而已矣！』」另益卦䷩上九爻謂：「莫益之，或擊之，立心勿恆，凶。」道出另一個相反方向，言若立心不恆，守志不堅，則不易有成，凶矣！「持恆」的精神，在《易經》倫理學中，也被視為重要的德性之一。

節卦卦辭：「亨。苦節，不可貞。」六三爻辭：「不節若，則嗟若，无咎。」六四爻辭：「安節，亨。」九五：「甘節，吉，往有尚。」上六爻辭：「苦節，貞凶，悔亡。」肯定節制之德行，認爲若以節制、節儉爲苦，則易遭遇凶危嗟嘆之事。唯有安於節，或甘於節，方能獲得亨泰與禎祥。

中孚是內心存有誠心、誠信之意。其卦辭云：「豚魚吉，利涉大川，利貞。」雖以豚、魚等薄禮事神，然貴在心存誠意，故能獲得福報和吉祥，利於涉大川，貞問結果亦爲吉利。中孚的德行，與謙虛，持恆和節制，同列爲直接出現在《易經》卦名上的修養德目。

此外《繫辭下傳》第七章也從德行修養的角度，三次陳述履、謙、復、恆、損、益、井、困、巽的卦義，文中謂：「是故履，德之基也；謙德之柄也；復德之本也；恆德之固也；損德之修也；益德之裕也；困，德之辨也；井，德之地也；巽，德之制也。」是說以德行修養而言，履爲禮；謙如前文言卦名者爲謙虛；復爲復歸善道；恆亦如前文言卦名者是持恆修德；損是減損慾望與過失；益是增益善念與美行；困是處困境而仍能辨明是非；井是德施於人而能持守正義；巽爲退讓之德。禮是道德的根基，整個人類社會要趨向於有禮有序，需要道德給與人的心性行爲適當的規範。謙虛的德行，正如人握仕器之柄般，須時時持守於心。所謂「克己復禮」，復卦即是從最根本處擄德修禮。持恆地修養德行，才能更加堅固不移地行於中正之道。發現德行有損退情事，即是需加強修德之時。而益則示人應讓德行盈滿充裕於內心。困頓之時，正可磨練人更清楚地辨清德行。井卦象徵德行普施於大地。巽有順從之義，提醒人應適度節制以修養德行。

二、《周易》經、傳德行培養的方法

倫理學強調德行的智慧必須被實踐。所以恆卦䷟九三爻辭言：「不恆其德，或承之羞，貞吝。」德性習慣的養成，關乎將內化的社會價値觀、道德感和實踐智慧的整合發展，在發展的過程中，三者不斷地相互增強，愈發緊密地結合爲一體，成爲一個有機的完美融合狀態〔註 26〕。要達此目標，在總體方向上，似乎唯有依賴「禮」來統整實踐。履卦䷉之履，本有「禮」和「踐履」的雙重意義。《易・大象傳》言：「上天下澤，君子以辨上下，定民治。」

〔註 26〕余紀元著，林航譯，《德行之鏡：孔子與亞理斯多德的倫理學》，北京：中國人民大學出版社，2009 年，頁 258。

在古代中國，禮本就具備法的精神。君臣、父子、兄弟、夫婦、朋友間的倫理各有定位關係，秩序井然。《易・序卦傳》謂：「物序然後有禮，故受之以履，履而泰。」一個社會形而下的物質生活大體得滿足後，需要德行的禮制規範，社會秩序方能順通安泰。履卦代表總德性之要的禮制精神；恆卦則強調德性持續不間斷實踐的重要性〔註 27〕。

《易經》的履卦象徵禮制的精神及其實踐，總體涵括一切合乎中道的德行。易理對於將德性社會化、禮儀化，以及如何內化於人心的具體態度和方法，主要有勉人改過知幾，與善體天道的精神等二大面向，茲分述如下：

（一）勉人改過知幾

尙中與中行的思想觀念既是易的核心精神之一，過與不及都被認爲是違離的過犯。在《易經》的卦名裡，小過卦 ䷽ 象喻稍微超過；大過 ䷛ 卦則象喻非常過度，都在表達人們時有偏離中道的時機和矯枉過正之行爲。益卦 ䷩《象傳》云：「風雷益。君子以見善則遷，有過則改。」《繫辭傳》亦言：「无咎者，善補過也……无咎者，存乎悔〔註 28〕。」經由理性思維的內省功夫，發現己身有偏離中道的過錯，而能心存悔意，勇於改過、補過，而復反於善道。善於補過者，便不易有差錯，即使不免犯小差錯，只要即時予以補救，便等於無過。孔子深體易理中的寡過無怨之道，所以才說：「加我數年，五十以學易，可以無大過矣〔註 29〕！」

除補過與改過以復反於中道德性外，尙必須防過，防得其道，方能無過咎。所以王弼對於防過以无咎的說法解釋道：

> 凡言无咎者，本皆有咎者也，防得其道，故得无咎也。吉，无咎者，本亦有咎，由吉故得免也。无咎，吉者，先免於咎，而後吉從之也。或亦處得其時，吉不待功，不犯於咎，則獲吉也。或有罪自己招，無所怨咎，亦曰无咎〔註 30〕。

能預先防過，便是知幾的功夫。也就是在事物初起始之時，便能藉由觀察其變動的過程與狀況，預見其吉凶趨向。《易傳》順承《易經》的改過知機的道

〔註 27〕周代關於禮的精神、制度和實踐內容，詳盡地記述於《周禮》、《禮記》和《儀禮》等三部儒家經典之中。

〔註 28〕《易・繫辭上傳》第三章。

〔註 29〕《論語・述而》。

〔註 30〕樓宇烈，《王弼集校釋》，台北：華正書局，1992 年，頁 615～616。

理繼續發揮道：「知幾其神乎！君子上交不諂，下交不瀆，其知幾乎？幾者，動之微，吉之先見者也，君子見幾而作，不俟終日〔註31〕。」其背後的精神基礎，仍是依靠中道的德性智慧，依中道而行，自能寡過、無過；若偏離中道，而不知內省，不能進一步地補過與改過，必將陷於凶、厲、悔、吝、咎之境。又說：「夫易，聖人所以極深而言幾也。唯深也，故能通天下之志；唯幾也，故能成天下之務；唯神也，故不疾而速，不行而至〔註32〕。」能深體並踐履易理的中道德行智慧，並能敏銳深度地自我省察，即時改過遷善，皆有助於個人之修身立德，與成就兼善天下之大業。

（二）善體天道的精神

《易經》自天道明於人道的思維方式，在《易傳》裡被進一步闡釋和發揚。若能隨時體悟天道，處處反身自省，進德修業，使個人到達致命遂志（困卦䷮《大象傳》）、正位凝命（鼎卦䷱《大象傳》）的境界，如此便能成就順承天命，俯仰無愧，提升至圓融無礙的人格高度。

這類思維在《易傳》裡俯拾皆是，特別是《大象傳》對於善體天道精神所進行的詮釋與進一步的發展。如自乾卦䷀領悟上天的剛健自強不息之德；坤卦䷁所象喻的柔順厚德載物之德；蒙卦䷃所象喻的果行育德；自訟卦䷅體悟的作事謀始；師卦䷆所象喻的容民畜眾；小畜卦䷈啓發的懿文德；自大有卦䷍體悟遏惡揚善；豫卦䷏所象喻的謹慎詳慮；自蠱卦䷑領會的振民育德；自大畜卦䷙領悟多識前言往行，以畜其德；頤卦䷚象喻的愼言語，節飲食；自大過卦䷛體會獨立不懼，遯世无悶；從習坎卦䷜學得常德行，習教事之理；咸卦䷞的以虛受人；恆卦䷟的立不易方；遯卦䷠的遠小人，不惡而嚴；大壯卦䷡的非禮弗履；自晉卦䷢領悟的自昭明德；家人卦䷤啓發的言有物而行有恆；自蹇卦䷦領會反身脩德；因損卦䷨而啓示懲忿窒欲；益卦䷩象喻的見善則遷，有過則改；升卦䷭的順德積小以高大；從震卦䷲體會恐懼脩省；漸卦䷴的居賢德善俗；兌卦䷹的朋友講習；自既濟卦䷾領悟的思患而豫防之等，處處反身自省，進德修業，以達到致命遂志（困卦䷮象）、正位凝命（鼎卦䷱象）的境界，成就順承天命，俯仰無愧，圓融無礙的人格高度。

自天人合德的精神出發，在宇宙間所領悟的易理，發而凝結為人文化成

〔註31〕《易・繫辭下傳》，第五章。
〔註32〕《易・繫辭傳上》第十章。

的實踐智慧，修身立德，進而經世濟民，崇德廣業，是中國人生哲學，也是易學倫理學的另一個重要特色。

三、亞理斯多德的德行細目與培養

亞理斯多德在三本倫理學著作裡，提到無過與無不及，準確命中中間性合乎中庸的德行（virtues）主要有：勇敢（courage、fortitude）、節制（temperance）、慷慨（liberality、generosity）、端莊大方（magnificence）、不亢不卑（proper pride）、溫和（meekness、gentleness、good-tempered）、眞誠（truthfulness、verasity）、親切好客（amability）、友善（friendliness）、謙虛（modest）、、義憤（nemesis、indignation）、大度（magnanimity）、機智（wittiness、tact）、莊重（modesty）、明智（wisdom）等至少十五種項目。擁有並實踐德行，便能獲得美好的聲譽，上述德行分別指涉行爲、感受、對於財富與名利的態度等不同面向。

對於這些中庸的倫理德行，亞理斯多德也分別指出其過與不及的狀態名稱：勇敢的過是過度自信而變得魯莽（rash、foolhardiness、temerity），不及則是因過於恐懼又自信不足，而變成怯懦（cowardice）；節制的過是放縱（intemperance、self-indulgence），不及是感覺遲鈍（insensibility）；慷慨的過度是揮霍（prodigality），不及是吝嗇（avarice）；端莊大方的過是粗野鄙俗（vulgarity），不及則是小氣（niggardness、meanness）；不亢不卑的過度是虛榮浮誇（empty vanity），不及則是過於謙恭（undue humility）；亞氏未將之命名的無以名之德（作者姑且名之爲不忮不求），其過度是野心（ambition），不及則爲無動於衷（unambitious）；溫和的過度是盛怒（iracibility），不及則爲麻木無血性（iniracibility、impassibility）；眞誠的過度是吹牛、吹嘘（boastfulness、fanfaronade），不及則爲虛矯、掩飾（mock-modesty）；親切好客的過度是奉承（adulation），不及便是抱怨（complaint）；友愛的過度是諂媚（flattery），不及則是乖戾、愛吵架（surliness、quarrelsome）；謙虛的兩端是羞澀（ashamed）與無恥（shameless）；義憤的兩端是嫉妒（envy）與惡意（spite）；大度的過度是虛誇、炫耀（megalomania），不及則是優柔寡斷（pusillanimity）；機智的過度是戲弄與俚俗（buffoonery），不及則是呆板（boorishness）；莊重的過度是傲慢（impudence），不及則是羞怯（timidness）；明智的過度是狡詐（deceit、cunningness），不及則是天眞（innocence）。

亞氏認為符合中庸的德行，發展自風俗習慣（ethos），經由時間與經驗的累積，承襲與教導學習的培養，逐漸形成一種為社會多數人所認可的理性智慧的倫理德行。經由習俗所沿襲的倫理德行，宛若自然的贈禮一般地存在，被視為潛能追隨著人們，然後在待人接物的現實活動行為中被實現。亞理斯多德認為這些善的德行，必須從小就用心培養，是非常重要的事情〔註33〕。

由習俗所承襲而形成的德行，具有若干的權威性。亞理斯多德也深知不是每一個人都那麼善良受教，因此若要使更多人受到高尚德行的感染，必須佐以剛性法律的約束，對於那些天性卑劣的人，以懲罰使他們服從〔註34〕。

在德行細目之外，亞理斯多德又提及作為一切德行總匯的公正或稱之為正義（justice）。他認為公正是最完全的德行，不止以此對待自身，同時能以此德行對待他人。由於公正是關心他人的善，最善良的人即是以德行對待他人〔註35〕。亞理斯多德顯然將公正的中庸德行，置於比前述十五種德行更高的屬種位階。

公正也被視為公平、均等與正義，是比例的中間性。作為裁判者的中間仲裁人，內心必須有一個持衡的公正標準。公正是中庸之道，不公正便居於兩個極端。合乎公正的比例原則，就是正確的行為原則〔註36〕。

四、《周易》與亞理斯多德德行細目與培養方法的比較

在《周易》與亞理斯多德的德行細目裡，《易》卦中直接提及的謙、節與中孚等三個卦名，所代表的謙虛、節制與誠信的德行，與亞理斯多德所提出的德行細目，有直接的對應。至於恆卦所指涉的持恆之心，亞氏並未列於其德行項目裡。此外《繫辭下傳》三陳九德所提及的卦名，做為禮制的履卦，可與亞氏所言的德行之來源的禮俗相對應，但不完全等同。損卦做為減損慾望與過失，也類似於亞氏所說的節制。益卦是善念與美行的增益，相對應於亞氏主張的內在善應多加擁有。困卦言處困境而仍能明辨是非，相對應於亞氏所推崇的人所具備的可貴之思辨力，但非全等同。巽卦所代表的退讓，也與二者所共同推崇的謙讓之德近似。井卦所代表的施德於人而能堅守正義，

〔註33〕《尼各馬科倫理學》，第二卷，1103a～1103b。
〔註34〕《尼各馬科倫理學》，第十卷，1179b～1180a。
〔註35〕《尼各馬科倫理學》，第五卷，1129a～1130a。
〔註36〕《尼各馬科倫理學》，第五卷，1134a。

與亞氏主張的實踐德行，並且高度推崇正義的價值，頗能相呼應。至於代表復歸於善道的復掛，則與亞氏的德行細目無直接對應。

其它於《易傳》裡被引申而出的卦德，如乾卦的剛健不息之德，勉可與亞理斯多德所提的勇敢德行對應；自大有卦體悟遏惡揚善之德，與亞理斯多德的義憤觀念近似，但不完全等同。亞氏另外提出的慷慨、端莊大方、不亢不卑、溫和、親切好客、友善、義憤、大度、機智、莊重、明智等德行，《易》並未明顯提及。而且亞氏在至少十五項德行之中，都明列出其過與不及的相對應狀態與名稱，成爲其與易理倫理德行的重要差異。但是易理中，始終都存有保合大和的中和之道，與亞理斯多德的中和德行與中庸的中間性衡量標準，都是不過與無不及的精神。

亞理斯多德另外提及的公正或稱之爲正義的德行，屬種位階高於一般德行項目，亞氏認爲公正是所有德行的總匯，是最大的善，此中亦有部分的法治精神存在。易理中雖有提及爭訟與法治之事，但並未以公正或者正義的精神作爲德行來論說，在此處二者間存有重大的差異。

至於德行的培養，《易》與亞理斯多德對於習俗或者禮俗的沿襲與社會化，教育的風行草偃，法律制度的強行貫徹，以及德行必須在生活之中被實踐，存有很大的交集。但是易理在關於德行培養的自我省察，進而知機改過，與自天人合一思維而來的由天道體悟人道以修德行的這一部分，彰顯一種屬於易學哲學所特有的思維方式，與亞氏對於德行的思考迥異。

第四節　《周易》與亞理斯多德關於外在善的主張

關於外在善（***external goods***）是亞理斯多德所提出的概念，人生的第一幸福是靜觀思辨，其次是擁有並且實踐德行。第三層的外在善，亦能夠使人生更圓滿幸福。亞氏所謂的外在善諸如：朋友、財富、政治權勢、好的出身、眾多子孫、出眾的相貌、健康的身體、好的運氣或機遇等〔註 37〕，都涵蓋在其範圍內。

在所有的外在善中，亞氏最推崇朋友的友誼，他認爲那是外在善裡的最大之善〔註 38〕。他將朋友分爲三類：一是純以德行交往的朋友；二是以享樂爲基礎的朋友；三是以利益爲前提的朋友。第一種朋友相互希望對方過得好，

〔註 37〕《尼各馬科倫理學》，第一卷，1099a～1099b；第七卷，1153b；第九卷，1069b。
〔註 38〕《尼各馬科倫理學》，第九卷，1169b。

一心希望朋友爲善，此種友誼以德行爲依歸，如鏡子般，以自身的善與好和朋友相互映照，此種友誼持續而恆久。至於以享樂及利益爲前提的友誼，若享樂與利益的前提消失，友誼便不再存在，非眞正具有善品質的友誼〔註39〕。

亞理斯多德認爲人是政治的動物，天生要與人共同生活，所以朋友應該經常往來，趣味相投，苦樂與共。朋友與朋友之間，相互蒙受好處，在幸運與不幸時都需要朋友。因爲處於不幸的人需要一些做好事的人，亦即需要朋友的奧援。而在幸運中的人，又需要有人來接受他們的好處，陪伴並且分享其幸運。在不幸中，有用的朋友更爲需要；而在幸運中，則較需要高尚的朋友。亞氏認爲善不會只由一個人單獨擁有。和高尚的人在一起結爲朋友，是人作爲群性的政治動物所不可缺少的。

由於人的存在自性中即有善，生命的目的便是要朝向善與幸福，朋友的存在就如同另一個自己，像鏡子般互相映照善與幸福。經由休戚與共的同感共同生活、交談與思想交流，共享美好時光。

至於朋友的多寡數目，亞理斯多德依其中庸之道的說法，認爲既不能沒有朋友，也不宜有過多朋友。爲有用而交的朋友如若過多，則一生恐怕報答不完，反成勞苦不堪的累贅，妨害美好的生活。又知己難逢，如超乎友情的愛情對象一般，僅能有相對於己的一人。所以極度的友情，亦即較親密的知己，也只能對少數人。

能見到朋友是件令人感到快樂的事情，特別是處在不幸中，朋友體貼的目光和話語能減輕痛苦，使人感到安慰。在幸福中應該熱情地邀請朋友分享愉悅和高尚的事物。亞理斯多德認爲人若處在不幸中，則盡量避免勞煩朋友，讓人分擔其厄運，最好是「全部的不幸就由我一人承擔吧！」但是對於那些在不幸而有急需中的朋友，最好不請自到地眞誠提供幫助〔註40〕。

在所有外在善裡，亞理斯多德給予朋友間的友誼最高的地位，認爲那是最大的外在善。建立在善良德行的友誼，由於眞誠地希望彼此都好，此種高尚的友誼，藉由接觸而不斷增長，在相互促進中而變得越來越好。

亞理斯多德所提到的外在善的概念，主要是增進幸福人生的外緣因素。《易經》的六十四卦卦名，盡是人生諸多重要大事。考察這些卦名，可與亞氏外在善相對應者有；比卦䷇、小畜卦䷈、同人卦䷌、大有卦䷍、賁

〔註39〕《尼各馬科倫理學》，第八卷，1156a～1157b。
〔註40〕《尼各馬科倫理學》，第九卷，1170a～1172a。

卦䷕、大畜卦䷙、頤卦䷚、大壯卦䷡、晉卦䷢、家人卦䷤、益卦䷩、升卦䷭、鼎卦䷱、豐卦䷶等。

比卦與同人卦皆象喻朋友之友誼；小畜卦、大畜卦、大有卦、益卦及豐卦，則象喻財富的豐裕富足；頤卦與鼎卦象喻食物無缺，不虞匱乏；賁卦則象喻文飾華美的外表，增益外觀的優雅美好；大壯卦則象喻健康壯碩；晉卦與升卦則象喻官位職務的提升，權力的增長；家人卦則是親族間的關愛。這些關乎人生要務的友誼、財富、外貌、健康、權力、親情等，由卦象而表現爲卦名，顯然也是作《易》的先賢所特別重視者，與亞理斯多德所言的外在善，產生一些有趣的呼應。

但是亞氏所特別強調的以友誼作爲最大的外在善，在《易》卦裡並未看出特別強調哪些項目較爲重要。此外易卦因尚有卜筮的功能，任何一卦皆有其存在的價值與功能。一切隨陰陽推移轉化，唯變所適，端視卜筮時所欲決疑之需求，以及當時的內外在情境，和隨機的機率而定。

避凶趨吉與至善幸福的人生，雖未必然完全等同，但是基於人類對於喜、怒、哀、樂、愛、惡、欲等心靈經驗有著相類似的基礎，避凶趨吉和至善幸福都是人們所欲共同追求的人生方向。易學哲學與亞理斯多德都認知到修養德行對於幸福吉祥人生的重要性，但是他們對於德行內涵的論述卻各有異同。彼此間對於修養德行須經由禮俗的沿襲與教化，或是法治的強行貫徹，以實踐於現實生活的行爲活動中，皆有共同的認知。但是其思維內容又有諸多差異，亞氏繼承希臘愛智哲學的傳統，更強調理性智慧靜觀思辨的重要價值；易學則有其獨特的憂患意識，以及由天道體悟人道的天人合德傳統。

二者間對於無不過與無不及的中道精神亦有著極類似的觀念，皆認爲中庸是衡量行爲與感受德行的重要標準。亞氏也明言要準確瞄準中間性，是件不易的事。而易學的尙中精神，除作爲衡量行爲與感受的標準外，尙具有重視時間與空間的中間性的涵意。

倫理學作爲思考人生至善幸福與吉祥之道的科學，探討人類理性智慧的靈魂活動所生的德行實踐，以善渡一生。我們在易學哲學與亞理斯多德的思想內涵裡，經由上述面向的比較，發現了一些值得人們深省的同異之處。

第七章　《周易》與亞理斯多德政治思想的比較

前章所比較的《周易》與亞理斯多德的倫理思想，旨在探討個人的善，是專就個體修養德行以臻於幸福之境而言。政治思想則是個體幸福的延伸，擴展至思考城邦之善的問題。誠如亞理斯多德所言，人是群性的動物，也是政治的動物。人們必須追求共同的生活，共同的利益會把他們聚合起來。政治的理想就是要讓每個人都能按自己應得的一份，去享有其美好的生活〔註 1〕。政治是管理眾人之事，人與人之間的權力運作關係，便產生各種階級與制度。周代城邦與希臘城邦各有其特性，不同的政治體制，所發展出來的法律、正義觀，以及關於德行政治的思想，其間的同異之處，將是本章所要探討的重點。

第一節　周代城邦與希臘城邦的政治體制

一、周代城邦的政治社會體制

（一）《周易》經、傳中的政治社會階級

在《易經》的卦爻辭裡，常見有關「建侯」的繫辭，諸如屯卦䷂卦辭：「元亨，利貞，勿用有攸往，利建侯。」初九爻辭：「盤桓，利居貞，利建侯。」豫卦䷏卦辭：「利建侯行師。」《易傳》對於「建侯」的詮釋就是「建萬國，親諸侯」之意；解釋比卦䷇卦象的〈大象傳〉亦言：「地上有水，比。先王

〔註 1〕亞理斯多德：《政治學》（***Politica***），第三卷，1278b 15～23。

以建萬國，親諸侯。」離卦䷝六五爻的〈小象傳〉言：「六五之吉，離王公也。」王公乃指君王公侯而言。蠱卦䷑上九爻辭：「不事王侯，高尚其事。」履卦䷉六三爻辭：「眇能視，跛能履，履虎尾，咥人，凶。武人爲於大君。」此處之武人是指僅有武力而缺乏美德之人，應是卿大夫的階層。大君則是指偉大英明的君王。臨卦䷒：「知臨，大君之宜，吉。」此大君亦指偉大英明的君王，明智的君王應以智慧監臨眾人，治理百姓。復卦䷗上六爻辭：「迷復，凶，有災眚。用行師，終有大敗，以其國君凶。至于十年不克征。」此處應指諸侯國之君。

小過卦䷽六二爻辭：「……，不及其君，遇其臣，无咎。」此處言國有君臣的階級之分。

晉卦䷢卦辭：「康侯用錫馬蕃庶，晝日三接。」言康侯獲得天子的賞賜與晉進。六二爻辭：「晉如愁如，貞吉。受茲介福，于其王母。」王亦指天子，王母應是天子的祖母或更早的母性先妣。鼎卦䷱九四爻辭：「鼎折足，覆公餗，……。」公應是指諸侯王公。

家人卦䷤九五爻辭：「王假有家，勿恤，吉。」夬卦䷪卦辭：「揚於王庭，……。」萃卦䷬卦辭：「亨，王假有廟，利見大人……。」升卦䷭六四爻辭：「王用亨於歧山，……。」井卦䷯九三爻辭：「……，王明，並受其福。」豐卦䷶卦辭：「亨，王假之，……。」渙卦䷺卦辭：「亨，王假有廟，……。」渙卦九五爻辭：「……渙王居，无咎。」上述這些王，應都指周王而言。

《繫辭上傳》第三章言：「列貴賤者存乎位」，指爻位由下而上，自卑而高，代表地位貴賤的象徵。換言之，以易卦六爻由初而上發展，配合當時的社會階級，在下位的是社會上較基層的等級，在較上位的則代表上層的統治者。〔註2〕六爻自下而上的位置，成爲代表周代封建社會階級的象徵。

（二）周代城邦的涵義

「城邦」的觀念，概括而言是指以城作爲中心，包括四周村落，而組成國家的一種政治社會型態〔註3〕。「邑」、「國」、「邦」、「封」等字，也都是城

〔註2〕西漢京房將六爻的位置由初而上，將「列貴賤者存乎位」更清楚地分列爲「初爲元士，二爲大夫，三爲三公（公卿），四爲諸侯，五爲天子，六爲宗廟」等六個社會等級。見京房：《京氏易傳》，上海：商務印書館縮印天一閣本，1975年。

〔註3〕杜正勝：《古代社會與國家》，台北：允晨文化，1992年，頁451。

邦概念的不同表達方式，其中的差別主要應在於範圍之大小，如鄭玄爲《周禮・太宰》所注：「大曰邦，小曰國，邦之所居亦曰國。」「國」是圍以夯土城牆的聚落，城垣之內謂之「國」，範圍較小；「邦」的範圍大一些；城牆以外的農莊謂之「野」；更遼闊的邊疆之處壘土植樹爲界，稱爲「封疆」。「城」的存在即代表國家的象徵，這些或大或小的政治集團，多內政獨立，且有固定的土地和人民。

在地理上若行更細緻一些的劃分，走出「國」門，便是廣大原野。國之內是京畿，國之外是郊，郊外是野，野之外便是邊鄙，再往外則是別的邦國。《周禮・野廬氏》：「掌達國道路至於四畿，比國、郊及野之道路、宿息、井樹。」《左傳・昭公十八年》：「城下之人伍列登城。明日使野司寇各保其徵，交人助祝史除於國北，禳火於玄冥、回祿，祈於四鄘。」都說明自國至郊、野的層遞區分。與前述六爻所代表的社會上層統治階級相較，國內被統治的階級，則有「國人」與「野人」兩種身分的區別。

城邦之國是由氏族部落逐步演進而來，這些或大或小的獨立政治集團，是許多聚落匯集而成，其長者謂之諸侯，或進而成爲方伯，乃至於進而成爲天子。唯其大小有異，基於現實實力以及利害關係的考量，便產生使令者與受令者的權力關係，大城邦便成爲小城邦國家的共主。當城邦之間實力差距愈懸殊時，於是從城邦聯盟進而轉變成封建城邦。

上述封建諸國，舉其要者如：蔡、衛、晉、秦、楚、朱、許、滕、鄭、吳、北燕、杞、莒、申、紀、西虢、向、邢、息、郜、鄧、蓼、曾、韓、宋……等。到周代中、晚期後的春秋戰國時代，這些封建諸國間相互征伐併吞，遂使城邦逐漸崩潰，封疆逐漸消失，國與野的區別也日益散失，到了秦代，皇帝統治的郡縣制取代了原有的封建城邦國家型態。

（三）周代封建城邦的政治社會特性

在周代城邦社會，以「王」作爲最高的政治位置，上承天命，自身成爲天子。其下封建親戚爲諸侯，以輔弼周王室。諸侯國裡又各自有其卿大夫與士的各種階層。而宗廟是凝聚眾人意念的信仰中心，上自周王，下至萬民，氏族宗親，都以宗廟作爲聯繫氏族向心力的社會基礎。雖然〈大象傳〉說：「先王以建萬國，親諸侯」，然而周初的封建頂多七十餘國，兄弟（姬姓）之國五十幾，是血親諸侯，其他十來個國家不是姻親，就是古代聖賢君主的沒落後裔〔註4〕。此一說法主要是依據《左傳・僖公二十四年》:「封建親戚，以蕃屏周」，以及《荀子・儒效篇》:「立七十一國，，姬姓五十三」而出。還有其他氏族集團的母族同盟如姜姓者，以及其他種姓盟邦。基本上周代城邦的封建政治體制，本質上是武裝殖民，而殖民的基礎則在氏族宗法〔註5〕。周初的中央政府擁有王權，但無法中央集權，所以必須靠諸封建諸侯國屏障與輔弼。此種分封制度，也被視爲是商代以來基層地方社群政治權力的延續〔註6〕。分封制度造成族群的衍裂，也創生出新的族群。周人取代商朝王權，欲治理天下就必須結合殷商舊氏族，以及地方原有土著的政治權力。分封七十一國的工作，自西周初創時的周公開始，到成王、康王時期，已大致完成，此後便不再有很多可以封國的空間，其時程大約是西元前一一〇九年（武王薨）後，歷經周公七年攝政與成康王執政的四十七年間，總計約五十餘年內的事情。

周代城邦的貴族政治，縱的面向是代代承襲的世官制度，他們是脫胎於氏族酋長與元老舊制的世代執政之貴族。近世出土的許多周代青銅器銘文最後，多刻有「子子孫孫永寶用享」之字樣，表示作爲代表該時代身分、階級與職位的禮器，可由子孫代代享用，其社會階級和職務，當然也是代代承襲相傳的。周代城邦社會的政治統治階級，在橫的面向則爲勢力龐大的氏族集團。周人的氏族發展到較後期，有統治者與被統治者之分，具有統治權的氏族集團，掌握政治經濟資源，亦稱爲「巨室」。他們與國君的關係非父兄即子弟，掌握軍政大權，地位亦世代傳襲不朽，非一般平民百姓能輕易晉升取代。

這些世襲的封建貴族，由於分封之初即受土又受民，所以也享有采邑莊園的世祿，代代相傳，成爲重要的經濟資本。此外各獨立的世官貴族之國，基於安全護衛之需，也都有各自所屬的軍隊，他們是由宗族子弟的國人組成的族軍，亦有由野人組成的野人軍，以及由臣妾家隸所組成的私兵等。

二、希臘城邦的政治體制

（一）希臘城邦的涵義

亞理斯多德在其《政治學》（***Politica***）裡說「城邦」（polis）是若干家庭和種族結合成的保障優良生活的共同體，以完美的、自足的生活爲目標。在

〔註4〕 杜正勝：《周代城邦》，台北：聯經，2003年，頁15。

〔註5〕 同注396，頁27。

〔註6〕 許倬雲：《西周史》，台北：聯經，1984年，頁142。

城邦中都有各種婚姻結合、宗族關係、公共祭祀和消遣活動，若干家族與村落共同生活於此〔註7〕。亞氏認爲政治學乃在追求眾人共同生活之善，亦即由倫理學所追求的個人的善所擴展而出的城邦之善，因此，幸福而高尚的生活，便成爲希臘城邦生活的終極目的。

對於西元前八世紀，相當於西周前期的古希臘社會而言，城邦是一個屬於公民的共同體。居住於其中的人們即所謂的公民（politai），他們的居住區域周圍築有防禦性的城牆，如同東方的周代城邦一般。神廟（比如雅典娜，Athena）的存在，是城邦公民共同選擇一個敬神的地方，作爲統一的禮拜場所，藉著有形的寺廟與祭壇，和宗教祭祀儀式，以及節慶與競賽活動，凝聚社群的團結。市場（agora）則做爲貨品交換場所；此外還有公民大會、議會和地方行政官辦公所在地。城邦的公民被上述的群眾生活組織結構號召，具有職責與權力管理「共同的事情」（koinon），及現今所謂的公共或政治事務。最初由國王行使行政權力，後來由執政官之類的文職官員行使行政權力，執政官有一定的任期制，且須服從法律。歸結上述的要素，希臘城邦被認爲是西方歷史上第一個依法治理的國家〔註8〕。

希臘城邦的規模大都很小，面積與人口相差很大。主要的城邦爲面積三千餘平方英哩的斯巴達（Sparta），和一千零六十平方英哩的雅典（Athens）。二城邦在黃金時期的人口數各有四十萬人左右，約爲鄰邦人口的三倍之多。其他主要城邦如：德爾菲（Delphi）、奧林匹克（Olympia）、底比斯（Thebes）、馬拉松（Marathon）、邁加拉（Megalopolis）、科林斯（Corinth）、阿爾戈斯（Argolis）、諾索斯（Conossus）、特洛伊（Throas）、米提林（Mytilene）、米利都（Minneapolis）等。

由於雅典與斯巴達此二主要城邦互爭霸權多時，城邦與城邦之間互結聯盟關係，而陷入無休止的毀滅性內戰。整個希臘城邦世界最後落於馬其頓人手裡，自此以後，小型、獨立與自足的希臘城邦世界，遂逐漸衰落崩頹，而被以武力兼併的強權帝國所取代，馬其頓王國年輕的領導人亞歷山大大帝（Alexander the Great, 356～323B.C.），正是亞理斯多德教授過的門生。

〔註7〕亞理斯多德：《政治學》，第三卷，1280b 35～1281a 2。

〔註8〕Stefano Maggi 原著，張寶梅譯：《世界古文明之旅——眾神殿堂的希臘》（***Greece: History and Treasures of Ancient Civilizations***），台北：閣林圖書，2009年，頁56。

（二）希臘城邦的多元政體

在希臘眾多城邦裡，數斯巴達與雅典的實力最強大。前者的政體近似於現今所謂國家社會主義、軍國主義與共產主義的融合體制。農業生產是被奴役的農奴之事，這些農奴多爲戰俘，必須向地主繳納年租。斯巴達人鼓勵生育，卻採行嚴格的優生主義，初生下被有經驗的長老檢驗爲身體不健康的嬰兒，會被棄置於深潭，與處死無異。作爲母親的婦女，亦不得爲體弱被處死的幼嬰以及戰死的兒子，表現哀戚之情。斯巴達的男、女公民都要被培訓爲勇敢的國家戰士，自小皆赤裸上身接受軍事化體育訓練。

斯巴達憲法有兩個王，屬於兩個不同家族，可以世襲。其中一個王於戰時指揮軍隊，但平時權力甚有限。此外有三十人組成的長老會議（兩個王是其中的成員），其餘二十八人均須超過六十歲，由全體公民選出，但只由貴族家庭產生，終生任職。長老會議負責審判犯罪案，由公民大會準備議程。公民大會包括全體公民，對於法律案的通過或否決，行使同意權。另外還有爲制衡王權而選出的五名監察官。

在這種政治社會體制裡，一個斯巴達人一生中的任何階段，似乎都無多少自由可言。嚴格的紀律與生活秩序，令斯巴達城邦生活非常穩固，憲法亦保持數百年而不曾變動過。任何人若是想隨心所欲地過生活，都是不合法的。個人被極度地縮小，每個人都是爲國家而服務，生活在此一城邦，彷彿是在一座軍營裡一般。羅素認爲柏拉圖所構思的理想國，相當程度地深受斯巴達城邦政治社會體制影響〔註 9〕。

另外一個實力強大，與斯巴達時常爭奪霸權的雅典城邦，在古典希臘時代，也就是雅斯培所指的軸心時期所經歷的政治體制，據亞理斯多德敘述，由最初的四個部族主酋長制；其後是類似於君主的制度；再來則有平民民主制的萌芽；之後又產生僭主政治；其後亦曾經由最高法庭議事會監管政制；也曾經建立過四百人專政政體；還經歷了三十人以及十人的暴政統治。雅典城邦在上述多元的政治體制輪番實踐的過程中，民眾勢力不斷地增強，平民逐漸使自己成爲所有事情的主宰。原來由議事會主持的審判，和陪審法庭的管理，也逐漸落於平民之手〔註 10〕。

亞理斯多德爲上述這些政體做了一些詮釋，他說爲共同的利益著想的君

〔註 9〕 羅素：《西方哲學史》（上），頁 136～149。

〔註 10〕 亞理斯多德：《雅典政制》（***Atheniensium Respublica***），頁 43～44。

主政體，稱之爲「君主制」（Monarchy）；由多於一人，但仍爲少數人執掌，爲共同利益著想的政體，稱爲「貴族制」（***Aristocracy***）；當執政者是多數人時，這種爲被統治者的利益著想的政體，稱爲「共和政體」（Republic）；「君主制」的變體是「僭主制」（***Tyranny***）；「貴族政體」的變體是「寡頭政體」（***Oligarchy***）；「共和制」的變體是「民主（平民）政體」（Democracy）〔註 11〕。

任何政體的存在，都應以全體公民的共同利益爲著眼點，並以單純的正義原則爲依歸。政體若僅著眼於少數統治者的利益，則全部都是錯誤的。亞理斯多德批判奉行獨裁專制的政體，他認爲城邦應是自由人組成的共同體〔註 12〕。但由於時代背景因素，奴隸階級是被排除於自由人之外的。亞氏所指的自由人應是有資格參與城邦的議事和審判事務的公民。

君主政體或君王制，是由單獨一人來統治。而貴族政體則是由眾多善良公民來統治，亦可將此種政體視爲賢人政體。寡頭政體的統治者，時常從公共財產中大飽私囊，但是其好處是統治者能藉著高壓統治，維持良好的城邦秩序。僭主（Tyrant）是憑私意獨裁專斷的統治者，由於進行種種令人難以心甘情願忍受的暴虐統治，所以得不到人們的擁護〔註 13〕。僭主是指未經合法程序取得政權的人，「僭」本有僭越之義，但僭主並無以下位僭越上位〔註 14〕。僭主制多產生於平民或群眾凌駕於顯貴階層之上時，僭主多出身自平民領袖，靠攻擊顯要人物，博取廣大平民信任而奪得政權，他可保障平民不受貴族階層侵凌。有些僭主本已是君王或位居顯要，因原已大權在握，卻輕易地擴張權力，實行暴政。僭主們多只牽掛個人私利，置公共利益於不顧〔註 15〕。

在上述諸多曾經實踐於希臘城邦的政體中，亞理斯多德最推崇貴族（賢人）政體，因爲在此種政體中，各種官員的選舉不僅要看財富，而且要注重個人的優秀品質，通常是由富有而且出身高貴，受良好教育的人出任執政官職。而僭主制或暴君制，被認爲是最糟的政體，以現今的角度觀之，似乎只是一種基本的政治學常識。

希臘城邦實行了人類最早的民主制度，這種被當今人類公認爲對多數人

〔註 11〕亞理斯多德：《政治學》第三卷，1279a 31.～1279b 7。

〔註 12〕同注 400，1279a 17～20。

〔註 13〕同注 400，第四卷，1295a 15～22。

〔註 14〕Antony Andrews 原著，鐘嵩譯，《希臘僭主》（***The Greek Tyrants***），北京：商務印書館，1997 年，頁 i。

〔註 15〕亞理斯多德：《政治學》第五卷，1310b 11.～1311a 4。

相對比較好的政治制度，肇源於希臘城邦時代，在這種政治制度裡，平民享有更多的平等與自由精神，權力屬於大多數人，人們輪流統治與被統治，數量的平等被視為是最高價值，因平民與窮人數量遠多於富人，所以在決定權上取得數目的優勢。所有官員均從全體公民中選舉產生，無須經驗與技術的官職，則由抽籤任命。所有公民參與選舉、審查與法庭審理。公民大會對於多數重要的事務擁有決定權，行政官員對於多數的事情之決定權則微乎其微。多數公民所認可的事情，即具有決定性，因為數量的平等被視為是最重要的公正原則〔註16〕。

三、周代城邦與希臘城邦政體的異同

（一）關於城邦的概念

以城邦的建築而言，在外觀上周圍由安全防禦性城牆所環繞，而形成的人類居區，周代城邦與希臘城邦並無二致。周人的城邦，是由封建體制裡的授土賜民而生。城邦裡有周朝君王所封賜的諸侯王，其下又有等級分明的卿大夫、國人、庶民和奴僕。周代初期的社會階級穩固，但到了中晚期以後，社會階級的流動變得較為劇烈，庶民不再永遠為庶民階級。

希臘城邦的形成有其地理上的天然條件，由山地與平原的區隔，而逐漸自然形成。希臘人雖共用一種語言，與共享同一種文化，但在政治上仍處於分裂的狀態，阻礙一種較大政治集團的形成。他們有強烈的城邦意志，但缺乏國家意識〔註17〕。而周代的城邦和希臘城邦一樣，雖有大邦與小邦之分，卻共同在一個遵奉天子或君王領導之下的政治集團為共主的國家架構下，大小封國城邦雖有各自的封土和領民，但也經由每年的朝貢，和對於周天子王畿軍事上的屏衛，乃至於經由彼此的通婚，建立起緜密的中央與地方之主從關係〔註18〕。

周人大小林立的封建的城邦，雖然共尊一個國家共主－天子或君王，但是越往後期，基於現實的政治利益，或者是出於城邦諸侯的貪欲，和缺乏國家意識的希臘城邦一樣，都陷於無止盡的衝突與戰爭，弱肉強食的法則凌駕

〔註16〕同注405，1317a 40.～1319a2。

〔註17〕劉增泉編著：《希臘史：歐洲文明的起源》，台北：三民，2009年，頁26。

〔註18〕這裡是指周王朝初建立前期的政治體制和架構而言。春秋戰國以後，城邦間的征戰日益頻繁，兼併日趨劇烈，整個政治社會結構開始產生強烈的質變，於焉出現爾後的中央集權統一的郡縣帝國制度。

仁義王道，以及人類互善與和平的崇高理念。

（二）封建政體與多元政體

和多元實踐的希臘城邦政體相較，周人以「王」作為最高的政治位置，上承天命，自身成為天子。其下封建親戚為諸侯，以輔弼周王室，或可視為封建政治架構下的「君主制」，周王乃周王朝的天下之君，各城邦的諸侯乃是其領地封土之君。希臘城邦多元的政體中，也有君主制，我們亦可視其為人類從部落、酋邦時代，發展至階級社會的普遍現象。人類是具有群性與政治性的動物，在群體中必有權力關係，具備領袖特質與優越條件的人，逐漸以其卓越的能力，成為群體的領導者。在文明的起源與早期國家發展的形成途徑裡，人類學家曾提出游團（bands，地域性的狩獵採集集團）—部落（tribes，一般與農業經濟相結合）—酋邦（chiefdoms，具有初步不平等的分層社會）—國家（states，階級社會）〔註19〕的政治社會演進理論，來表達人類文明起源，與國家形成的演進程序。在游團、部落或酋邦時期，人類的生活集團應即有秀異卓越的人物領導，君王制的出現，則是出現階級社會的國家型態時，自然而然的普遍現象。

在君主制的政治體制外，希臘城邦實踐了更多元的政治型態，在亞理斯多德政治學的論述裡，極推崇貴族（賢人）體制；鄙夷僭主制和寡頭制；此外亞氏也對於民主（平民）制的富於自由、平等與公正的精神，給予高度肯定。因為以公民中多數人所認可的意見或事物，作為決定性的參考原則，較不容易產生腐化。

雅典城邦的平民民主制度，為人類民主政治制度的濫觴，他們已經意識到少數人比多數人更容易為財物或權勢所敗壞，亦即吾人所謂的：「絕對的權力，造成絕對的腐化」之道理。此外，在雅典城邦也肇始了最初始的三權分立制衡觀念，並實踐於現實的政治體制運作之中。亞理斯多德觀察希臘城邦的政體，幾乎都存有議事機構、行政官職與司法機構組成的三權分立的要素。議事機構主管戰爭與和平、結盟與解盟事務、法律、死刑、放逐、沒收、官員選舉和審查等事務；行政官員擔負執政相關事宜；司法機構則主司法律和法治的相關事務。

雅典城邦的民主制度對於人類政治體制的創新是：將自由主義的成分注入於統治者與被統治者的權力關係中。城邦生活成為一種「整合性」結構，

〔註19〕李學勤主編：《中國古代文明與國家形成研究》，台北：雲龍，2004年，頁13。

它讓經濟利益、社會流動、角色交換和人民基本權利（奴隸除外）的辯證成爲可能〔註20〕。

第二節　《周易》與亞理斯多德的法律、正義觀

一、《周易》的法律、正義觀

國家形成之後需有代表正義或者是公正觀念的法紀，以維持社會秩序，確保國家在穩定的狀態下運作，有安定和運作正常的社會環境，人民方能安居樂業。上述目標的達成，除柔性的禮樂教化之外，背後是德行與正義精神的法律和刑罰，也是一種不可或缺的剛性力量。易理是觀察並學習自然宇宙的變化精神，然後安排人生。變易的精神是從「一陰一陽之謂道」中闡發出來，若將禮樂的教化視爲「陰柔」的力量；則法律與刑罰，便是代表另一股「陽剛」之力，國家社會的有效治理，必須先「導之以德」，然後「齊之以刑」〔註21〕，如此剛柔並濟，雙軌並行，方能收其大效。本節的討論將集中於易學哲學中，有關法律和正義觀的思想。

《易經》第六卦是訟卦䷅，其卦序在六十四卦的前八分之一，排序甚前，表示在有人類組成的社會，人們因理念不合或各種利益的衝突，乃至於其他諸種原因，使得人與人之間產生各式各樣的訟端。訟卦的卦辭言：「有孚窒惕」，是說人與人之間的誠信被窒塞，亦即彼此間失去誠信的信任以致衍生訴訟。卦辭中繫以「終凶」，是說若持續爭訟不已，將導致凶險。由於易理重視保和太合的中道精神，自然以和爲貴，認爲爭訟應適可而止，不宜爭訟不已。訟卦九五爻辭言：「訟，元吉。」〈小象傳〉解釋說：「訟，元吉，以中正也。」是依據其陽爻居剛位，以負責斷訟的大人，居中且正，能以公正嚴明的態度處理訴訟，就爭訟而言，沒有比此更好的情況了，所以說「元吉」。因此「公正嚴明的態度」，是易理中對於處理人與人的訴訟事件時，一個至爲重要的正義觀念。

此外蒙卦䷃與噬嗑卦䷔卦也表現出易理中的若干法治思想。蒙卦初六

〔註20〕Stefano Maggi 原著，張寶梅譯：《世界古文名之旅——眾神殿堂的希臘》（***Greece: History and Treasures of Ancient Civilizations***），頁56。

〔註21〕詳見《論語・爲政第二》。

爻言：「發蒙，利用刑人，用說桎梏，……。」象徵自孩童蒙昧幼稚的階段，即須以身作則，用嚴格的法治紀律教育來要求，使其遠離身陷囹圄桎梏之禍。而噬嗑卦其卦名有咬斷而合之義，是說明使用刑罰，以貫徹法治，維持社會綱紀，並且用明確的法令，明察果斷，剛柔並濟地執行。其卦辭言：「利用獄」，即是說適宜判決訴訟。初九爻辭：「屨校滅趾，无咎」，是說對於初犯者，稍加懲戒可得無咎，若能以小懲而收大戒之效，未必是壞事。其上九爻爻辭：「何校滅耳，凶。」則是因不聽不明，未能於小懲中習取戒訓，而至過錯越犯越深，日益胡作非為，導致刑具遮蔽耳目。人若發展到此種境地，代表過錯已至極處，所以結果必然是「凶」。

人因為犯了過錯，而須依照法律科以刑罰。在《易經》的卦爻辭裡，出現的刑罰有睽卦 ䷥ 六三爻辭：「見輿曳，其牛掣，其人天且劓，无初有終。」天是黥額之刑；劓是割鼻之刑。另困卦 ䷮ 九五爻辭：「劓刖，困于赤紱，乃徐有說，利用祭祀。」割鼻之刑再次出現，刖則是砍足之刑。上述爻辭裡已出現早周時期五刑中的三刑，另外二刑是宮刑與大辟之刑。宮刑是男子使其去勢，女子則閉於宮中不使出；大辟則是死刑。在其他同時代典籍中，另外還載有不含於五刑之中的刵刑，是割耳的刑罰〔註 22〕。

此外，《繫辭傳》裡曾有一段對於何為「義」的描述，文中說：「理財正辭，禁民為非曰義〔註 23〕。」就個人而言，對於義的一般理解是合宜或正正當當的行為。而此處的理財正辭，禁民為非，是以治理者的高度，要讓人民都理好財務，端正言辭，禁止百姓做不正當的事，如此才符合義行。其實在這些思想的背後，依然是需要偉大的德行精神作為後盾，簡而言之便是易理的「居中守正」之核心價值。

二、亞理斯多德的法律、正義觀

亞理斯多德在討論個人在城邦生活中，欲獲致幸福所必須具備的倫理德行時，曾反覆論說「正義（公正）」價值的重要性，認為正義是所有個別德行的總匯〔註 24〕。因此，正義的價值，是凌駕於諸如勇敢、節制、正直、誠實、信用等德行項目之上，有屬與種之間的等級差異。他認為在城邦的政治生活

〔註 22〕詳見《尚書・周書・呂刑》。
〔註 23〕《繫辭下傳》第一章。
〔註 24〕亞理斯多德：《尼各馬科倫理學》，1129b 30。

中，具備正義價值的人，能夠以德行對待自己，亦能以德行對待別人。

此外亞氏認爲法律是以合乎德行以及其他類似方式，表現全體的公共利益，或者只是統治者的利益〔註 25〕。法律背後的深層精神其實是德行，法律和正義的關係是一個人若違反法律，即被認爲是不正義的。違法的人不正義，守法的人是正義的。因此一切合法的事情，在某種意義上都是正義的。正義的價值，關係眾人幸福生活的維繫，也是政治共同體福利的重要成分，亞氏認爲法律和正義是政治共同體秩序的重要基礎。

正義的價值在內心衡量的天秤上，依循中庸之道被認爲是最高指導原則。處於兩個極端者都被視爲是不正義的。他認爲判決的公正與否，即是正義與不正義的問題。做不正義的事情，總是把好處多歸於自己，將壞處少歸於自己。正義的價值是較多關於眾人的善，僭主或暴君制，統治者關注自身的利益優先於眾人的利益，此種獨裁、強權、專制的統治方式，嚴重違背正義原則，因此被亞理斯多德認爲是惡劣的政體。

亞氏主張政治中的正義，是以法律爲依據而存在〔註 26〕。其要義在於正義既是所有德行的總匯，德行又是法律背後深層的精神之所在，法律所要彰顯的就是正義的精神。法律就是正義的保證〔註 27〕，並且法律即是秩序，良好的法律產生良好的秩序〔註 28〕。亞理斯多德在上述的論說中，精確而深入地點畫出法律和正義間的辯證關係。

法律的背後除了是德行與正義的精神，法律亦源出人們的智慧與理性，本身是客觀制裁的力量。違法者應得到公正的懲罰，爲自己的不法行爲付出相當的代價。若將修養德行視爲一種主動積極，使人生獲至吉祥幸福的正向力量，法律在相較之下則較爲消極，它的主要作用在於防止犯罪的發生，懲罰不義行爲，維護社會正義與秩序，能促成國家的有效與良好管理。法治的精神，就是崇尚客觀、理性、中立，不受主觀的私慾和好惡過度影響的價值〔註 29〕，法律應具有無上權威〔註 30〕的基礎即在於此，這種精神與價值被亞理斯多德高度地推崇。

〔註 25〕同注 416，1129b14～16。
〔註 26〕亞理斯多德：《尼各馬科倫理學》第五卷，1134b 11～12。
〔註 27〕亞理斯多德：《政治學》第三卷，1280b 9。
〔註 28〕亞理斯多德：《政治學》，第七卷，1326a 30～31。
〔註 29〕亞理斯多德：《政治學》，第七卷，1287a 29～34。
〔註 30〕亞理斯多德：《政治學》，第四卷，1292a 33～34。

三、《周易》與亞理斯多德法律、正義觀的比較

當人類社會脫離部落、酋邦型態，而進入國家型態的階級社會時，由習俗或禮教逐漸演變而成的倫理道德，成爲穩定社會秩序的柔性力量。凡是心存誠善，行爲合乎正義的人，都能儘量謹守倫理的規範，避免因行爲違反正義，而必須接受法律的裁罰。法律的存在，是經由理性客觀的思考，並依據德行倫理規範爲基礎，以一種強制性的剛性力量，特別是對於行爲違反誠善與正義的價值者，予以刑罰制裁，以維繫國家社會的穩定和正常運作。宣揚並普及倫理道德教化人民，和運用法律刑罰威嚇導正人民，此兩種統治方式似乎都早已同時出現於早期的國家社會。

易學對於訴訟案件，以及亞理斯多德對於法律的執行，都十分重視是否符合公平正義的原則。顯示此一原則，也是法律存在的一個理想目標。在《易經》文本裡尙提到天（黥額或剃光頭）、劓（割鼻）、刖（砍足）等具體的古代刑罰；而亞理斯多德對於法律的討論，則是針對其價值屬性與精神，進行形而上學式的論證。他也以同樣的方式，論述正義不可或缺的重要價值。我們亦能自其相關討論中，進一步認識正義和法律間的辯證關係。亞理斯多德的《倫理學》和《政治學》，都被歸類於實踐的知識，其中關於法律正義觀的精闢說法，可被視爲是重要的法律哲學文獻，對於後世的相關討論，甚具啓蒙價值，也奠定了一個重要的根基。

正義的價值，被亞理斯多德視爲所有德行的總匯，在前面討論倫理學的專章已提及。在亞氏觀念裡，正義當然是重要的德行，而且其屬、種位階還高於一般的倫理德行細目。德行的擁有使人們走向正道，趨向善與幸福的生活，這是易學哲學中的倫理思想和亞氏倫理學所共同指往的方向。禁民爲非曰義，其背後即是以倫理德行的精神作爲基礎。但是易學哲學裡，和亞理斯多德正義觀較不同的是關於「好好地經理財務，導正言辭」的說法，也被視爲義的一部分。我們或可理解爲義既是正當的言行，若多數國人都言辭正當，且經濟財務狀況良好，則較不易出現不義的行爲。如此一來，社會將會趨向一個比較吉祥與善的方向，人民較能享有幸福的生活。

周代城邦與希臘城邦雖各有其法律精神與實務制度，也各有其建基於德行精神而發展出來的正義觀。但是在實際政治的運作和實踐，以及制度設計中所蘊含的自由主義精神，乃至於有關法律正義討論的體系化與嚴謹程度的這些面向中，我們看到希臘城邦相較於周代城邦存在更多的民主元素。西方

思想形而上學較爲發達，並且民主政治制度首先發生於歐洲社會，早在古典的希臘城邦時代，已種下萌芽的種子！

第三節　《周易》與亞理斯多德的德治政治思想

一、《周易》的德治政治思想

《周易》中的德治政治思想主要是以「富之」與「教之」，使達到治國安民的理想。在《大象傳》的許多論述裡，表達不少這種觀念。所謂富之，便是體悟天地自然的規律，妥善運用於人們的生活，使人民獲得並利用其資源，富裕民生，改善經濟。如泰卦䷊《大象傳》說的：「天地交，泰。后以財成天地之道，輔相天地之宜，以左右民。」配合天地四時的節令變化，來進行農耕、畜牧或漁獵活動，如革卦䷰《大象傳》所說的：「治歷明時」。還要使物資財富盡量地平均分配，如謙卦䷎卦《大象傳》所言：「裒多益寡，稱物平施。」

教之則是以統治者自身的賢德與良好的施政作爲，去教化人民，改善風俗，培育品德，以化成天下。漸卦䷴《大象傳》說的：「君子以居賢德善俗」，與蠱卦《大象傳》的：「君子以振民育德」，都是在德行教化層面上所闡發的思維。

此外尚有觀察民政，持續進行教育且包容民眾的作爲，如觀卦䷓《大象傳》的：「省方觀民設教」，及臨卦䷒《大象傳》所言：「教思无窮，容保民无疆」。上述主要闡述於《大象傳》的富之與教之的德治政治思想，主要產生在以人民福祉爲優先考量的賢德君王統治下的政治環境。豫卦䷏《大象傳》所說：「先王以作樂崇德，殷薦之上帝，以配祖考」；離卦䷝《大象傳》的「大人以繼明照於四方」，其中的「作樂崇德」與「明照於四方」，即是仁君以德政對人民進行禮樂教化薰陶的涵意。

若將德行教化的施政作爲，視爲政治統治的陰柔方法；國家執行公正嚴明的刑罰，則可視爲剛性的治理手段，德政與刑罰二者並行以治國，甚符合易理的陰陽調和思維。法律刑罰的不可免，乃是對現實生活中有其必要性而言。因爲人的心念及行爲隨時都可能有偏離中道精神，而不慎誤入歧途，因而違背了以良善倫理德行爲基礎的法紀。易學的思想並不鼓勵過度使用刑罰，刑罰只是導正人心與行爲的手段，易理的眞精神是主張修養中正的德行以遠離刑罰。主張人若能多體悟天地間的變易之道，並能以符合中道準則安排人生，便能寡過少咎，遠離悔、吝、厲、凶之事，提升精神與道德層次，往君子、大人與聖人的境界層層提升。

《象傳》主張現實生活中必存法律與刑罰，但應寬緩獄刑，明察審愼地斷定裁罰，並且不拖延。如：噬嗑卦 ䷔《大象傳》說的：「先王以明罰勑法」；賁卦 ䷕《大象傳》的：「君子以明庶政，无敢折獄」；解卦 ䷧《大象傳》所云；「君子以赦過宥罪」；旅卦 ䷷《大象傳》所謂的：「君子以明愼用刑，而不留獄」；中孚卦 ䷼《大象傳》的：「君子以議獄緩死」等，都表現此類思想。

綜上所述，《大象傳》所揭櫫的德行政治思想，是呈現在上位的賢德統治者，以自明其德爲本體，涵養兼具剛健進取與柔順含容的兩種精神，表現於治國安民的政治事務上。

二、亞理斯多德的德行政治思想

在亞理斯多德倫理學中，就個人而言，欲成就幸福的人生，必須修德以至福，並且儘可能地具備外在善，以增益幸福。在國家層次而言，要增進城邦眾人生活的善，也必須有德行的政體，方能臻此目標，因此他明確地說：

> 每一個人的幸福，以他們所進修的德行及所擁有的智慧做比例。神是此眞理的見證者，因爲人之所以是幸福和快樂，並非因爲他們擁有物質財富，而是在於擁有內在善。幸福的城邦必定是最優秀的和踐行高尚德行與實踐智慧的城邦〔註31〕。

亞氏認爲國家存在的目標，就是建構一個合乎正義之德的政治團體，以創造國民幸福而高尚的生活。他說提供美好的生活是城邦的目的，其他都是爲了達此目的的方法，城邦不僅爲了增進貿易，也不是爲了防止違法行爲的發生，而成立享有共同處所的社會組織。由許多家庭與村落組成的城邦生活團體，是爲了結伴共居，爲了過幸福且高尚的道德生活（happy and honourable life）〔註32〕。

賢人制（貴族制）的政治制度，因其爲政者多是受過良好教養，人品及出身條件俱優，統治者都是一群最優良的人，被亞理斯多德認爲是城邦共和

〔註31〕亞理斯多德：《政治學》第七卷，1323 b 23～35。
〔註32〕亞理斯多德：《政治學》第三卷，第三卷，1280 b34～1281a4。

政體中，較優良的制度〔註 33〕。政務是由人所執行推動，所以無才又無德者，便會帶來巨大的危害〔註 34〕，應該讓那些最有能力治理的人來當政。這些人品行優良，又富有錢財，既具備德行，且能力出眾，在德行和行善良之事上，能力強於他人，大家可以心悅誠服地追隨和服從他〔註 35〕。關於賢德政治人才的各種內外在善的條件中，亞理斯多德更側重於以德行選拔人才〔註 36〕，他認爲如此才是在單純意義上由最優秀的人構成的符合德行的政體〔註 37〕。

在城邦政體中擔任官職的人，必須具備各種條件，方能爲公民牟取共同利益，並獲得爲政清廉之美譽。這些條件包括：要忠誠於現有政體、具備爲政的最高才能，和正直的德行〔註 38〕。德行的政治就是守護公共利益，爲政者在生活上應追求節制，決不能驕縱失度，而應愛護百姓使自己深得群眾的歡心〔註 39〕。

至於對城邦公民的教化上，除了灌輸閱讀、寫作、音樂、體育、文法、修辭、邏輯、數學、文學、地理、倫理學、政治學、自然科學與哲學等各類知識，以培養健全的公民。亞理斯多德在政治學領域的主張，還特重法治精神的培養。他認爲法律是經由人們的理性、客觀的智慧所產生，是崇高至上的權威，人人必須遵守。因此沒有什麼事情比促使人們奉公守法更要緊的了，尤其在細微之處更須嚴加警惕。因爲這些細微的違法行爲，常不爲人所察覺，比如說浪費小額財物，或是對於欺騙矇蔽群眾的詭計與花招，都必須防微杜漸〔註 40〕。

三、《周易》與亞理斯多德德行政治思想比較

人們對於卓越政治人物的共同期待，希望他們都能爲眾人帶來幸福與美好的生活，於是選賢舉能便成爲多數人公認的政治理想。易學所揭櫫的「居賢德善俗」、「振民育德」、「作樂崇德」與「明照於四方」等說法，是指居上

〔註 33〕亞理斯多德：《政治學》第三卷，第三卷，1279a 34～39。
〔註 34〕亞氏認爲有一段時期，斯巴達的監察官，就已經危害了城邦。同注 419，第二卷，1273a 2～3。
〔註 35〕亞理斯多德：《政治學》第三卷，第七卷，1325b 11～15。
〔註 36〕亞理斯多德：《政治學》第三卷，第二卷，1273a 20～26。
〔註 37〕亞理斯多德：《政治學》第三卷，第四卷，1293b 1～5。
〔註 38〕亞理斯多德：《政治學》第三卷，第五卷，1309a 10；31～40。
〔註 39〕亞理斯多德：《政治學》第三卷，第五卷，1315b 1～18。
〔註 40〕亞理斯多德：《政治學》，第五卷，1307b 30～40

位的統治者，以其自身良好的德才，作爲人民的表率，使人民也能起而效法，風行草偃之下，獲得人民的信服，並且推行良善的政務。政務由人所推動，亞理斯多德也特別強調德行良好，與擁有才能的統治者。這些賢人多數出身於經濟條件良好，也接受高尚的養成教育，對於謀求多數眾人的福祉有高度的使命感。他們了解推動城邦政務的終極目的是要創造城邦居民的幸福生活。

《周易》這邊強調「富之」的主張，此種體悟天地自然的規律，配合天地四時的節令變化，來進行農耕、畜牧或漁獵活動。並將這些變化規律的體悟，妥善運用於人們的生活，使人民獲取並利用其各種資源，富裕民生，改善經濟。相對之下，亞理斯多德並未於民生經濟多所著墨。亞氏的時代，雅典以及其他諸城邦，當然還存有許多經商致富的貴族富冑家族。但是哲學家從個人修德的倫理學，至探討整個城邦幸福的政治學，其思想一以貫之，皆以內在善的「德行」爲首要，修德之事，由內而發，不假外求。修養德行方能獲得眞幸福，個人如此，城邦生活亦是如此。所以亞理斯多德應該是認爲外在的財富，並非是城邦幸福高尚生活的必要條件。況且城邦公民的家庭之中，都已有二至三位奴隸幫忙農作或做家庭幫傭的工作〔註 41〕，生活的基本需求已不虞匱乏，更應致力於修德之事。

個人的善與城邦之善，其實是同一個方向，其終極目標應是一致的。易學這邊主張的「教之」，所謂「省方觀民設教」與「教思无窮，容保民无疆」，除了對人民實施知識的教育，培養文武合一〔註 42〕的完整能力外，德行的教化，更是「教之」所欲強調著重點。因爲一國的風俗良善，社會便穩定而有秩序，百姓便能安居樂業，在安康的政治社會環境中，方能創造幸福生活。以亞理斯多德而言，既是一位哲學家，也夠得上是一位偉大的教育家。他和乃師柏拉圖（Academy）都主持學院，亞氏所主持者則稱梨賽翁（Lyceum），或可視他們爲早期的歐洲大學校長亦不爲過。在梨賽翁涵蓋理論智慧、實用智慧與實踐智慧的教學領域中，關於倫理學和政治學的實踐智慧，其終極目標也是幸福與至善。我們在倫理思想關於修養德行項目的討論中，易學與亞理斯多德的主張容或有相異之處，修養的方法亦有些不同，但在至善的終極之處卻能夠殊途同歸！

〔註 41〕Nathaniel Harris 原著，李廣琴譯：《古希臘的歷史》（***History of Ancient Greece***），台北：究竟，2006，頁 80～85。

〔註 42〕禮、樂、射、御、書、數等兼涵文武的科目，是周人國子學校的主要教育內容。

法律與刑罰的存在，爲社會現實之所需，易學哲學主張應公正嚴明地斷定訟案，但仍應寬緩獄刑，表現出以德行仁政爲依歸的價值。亞理斯多德則認爲法治精神是城邦治理不可或缺的價值，法律的權威是崇高至上，是人類理性與智慧的結晶。易學哲學的法律刑罰觀念以明愼用刑和議獄緩死的德行仁政優先考量，公正嚴明的法律刑罰僅作爲教化人民的輔助作爲，振民育德才是施政的終極目標；而亞理斯多德的法律觀念似乎是唯客觀理性的法治主義是從，但他強調法律是經由人們客觀、中立、理性與智慧交相激盪所產生，是經由繼承並修正柏拉圖理想國的理論建構，而創發出的早期重要法律哲學概念。

第八章　《周易》與亞理斯多德思想發展回顧及其現代價值

《周易》對於中華文化，相對於亞理斯多德在西方文明而言，二者皆是兩個文明重要的思想源頭，自公元前九到三世紀間的軸心時代，形成重要的思想體系，直到二十一世紀的當代，仍發揮其江河不死萬古流的思想影響力。當今人們的思維仍深受其影響，顯示其穿越時空的經典生命力，每個時代的主要傳承者，都或多或少與其時代精神結合，創發出多元的詮釋角度，或建構新的論述體系。或因其中豐富的原創精神，對各種學科領域產生啓發作用，進而經由科際整合與對話，在每個時代產生新的思想生命。以下將針對易學與亞理斯多德哲學思想發展進行概述性的回顧，並兼述其現代性與未來的展望。

第一節　《周易》思想的發展摘述

一、先秦時期（西元前第 12～3 世紀）

從西元前九世紀的西周初期，《周易》的經文便已編纂成形，主要作爲周王朝統治貴族占筮決疑，推測吉凶之用。傳統說法言周文王、周公可能是主要的推手。但是周王朝和諸侯國的史官集團，或稱之爲卜官的個人或團體，可能也是促進這部典籍編纂形成的主要人物〔註 1〕。關於該時期對於占筮的使

〔註 1〕 參見李鏡池：《周易探源》中對於《周易》的編纂與思想形成的探討。北京：

用情形，《左傳》和《國語》中所記錄的約二十個占筮案例，可作爲管窺其時代用法之參考〔註2〕。

《周易》卦象和卦爻辭裡，蘊涵深刻的天人之道的世界根本原理，由於內含對於事物變易法則的推演，和對諸多人生修養哲理的啓示。因此多數成於先秦時期的《易傳》，便是在前述的原理、原則與基礎上，或從取象的角度，如《大象傳》、《小象傳》對卦、爻象進一步闡釋；或從取義的角度，如《大彖傳》、《小彖傳》對卦、爻辭義進一步詮解。《文言傳》則是對於乾、坤兩卦卦爻辭的講解記錄。《繫辭傳》上、下兩篇，則是《易經》的總論，最富於哲學性，在易學史與易學哲學史上，具有很重要的地位。其他諸如《說卦傳》、《序卦傳》和《雜卦傳》，共同組成十翼，用以輔助解釋《易經》。《易傳》將作爲古代卜筮之書的《易經》哲理化，是易學史上的重要轉折，原始儒家、道家的孔子與老子，都深受《易經》思想的影響。十翼的出現，特別是《象傳》、《彖傳》和《繫辭傳》，讓《易經》提升哲學高度，所以說產生《易傳》的先秦易學，是中國易學的眞精神所在〔註3〕，如同雅斯培所說的軸心時代精神一般，充滿時代的原創性，而此一原創精神，至今仍在發揮其強大的影響力。

此一時期關於占筮原則和體例的觀點上，是立足於取象和取義的基礎，對於卦爻陰陽剛柔的變易，以及爻位的當位、應位、中位、趨時、承乘、往來等變化與組合進行詮解。其中融合了儒家的倫理觀念，並雜揉道家與陰陽家思想。

《繫辭傳・大衍之數》一章關於筮法的解說，除將以筮求卦的過程理論化之外，太極生兩儀的宇宙形成論，也在太極到八卦的生成過程中被論述。同時《繫辭傳》也點出《周易》既是占筮的典籍，也是人們依據天道變化，處理生活得失，治理天下國家和進行道德修養的指南。

《易傳》的成書，讓易學逐漸哲學化，其中在宇宙論和本體論的層面，所提出的論述原理包括一陰一陽之謂道，以「陰陽」的範疇，說明卦象、爻象以及事物的根本性質，以陰陽變化作爲天地人之間存在與變易的基本原理。剛柔相推而生變化，諸如剛柔相推，變在其中；天地盈虛，與時消息；

中華書局，1978年，201頁。

〔註2〕同注431，〈左國中易筮之研究〉，頁407～421。

〔註3〕高懷民：《先秦易學史》，台北：東吳大學，1990年，頁一。

天地交而萬物通與陰陽不測之謂神等論述，來闡說天人之間必然性與偶然性的道理。以易與天地準，從筮法的解釋，對於乾坤兩個易之門戶的取象和取義的解釋，進而對於天地人之本原和規律，展開長期的探討。易學哲學體系，形成於先秦時期，匯流成爲一條綿延不絕至今已逾二千年的易學哲學長河。

二、漢、魏、晉、唐時期（西元前第2～西元後8世紀）

漢代關於《周易》的傳授，司馬遷認爲孔子死後，商瞿傳之，經六世後，傳於齊人田何，漢興，田何又傳於楊何〔註4〕。司馬遷之父司馬談及受《易》於楊何。漢初田何傳易於周王孫、丁寬、服生，皆著《易傳》數篇，後又傳楊何。丁寬傳田王孫，田王孫又授易於施讎、孟喜、梁丘賀。於是西漢易學遂有施、孟、梁丘之學。孟喜又傳易於焦延壽，京房易學即是受焦延壽影響而生〔註5〕。

西漢易學大抵有三個傾向，一是以孟喜、京房爲代表的官方象數易學，主要以奇偶之數，和八卦所象徵之物象解說《周易》經傳文，充分運用《說卦傳》裡的說法，以卦氣說解釋周易原理；並運用《周易》講陰陽災異之變。二是以費直爲代表的義理易學，此派以《易傳》文意解經，注重其中蘊含的義理。三是與道家黃老學說合流的易學。

（一）漢代主要易學家與重要易學著作摘述

1、孟喜（字長卿，約西元前1世紀）首提十二月卦、二十四節氣、七十二候的卦氣說

以《周易》卦象解說一年十二月共二十四節氣的變化。以復䷗、臨䷒、泰䷊、大壯䷡、夬䷪、乾䷀、姤䷫、遯䷠、否䷋、觀䷓、剝䷖、坤䷁等十二卦，分別代表十一月至十月的一年計十二個月，所以稱十二辟卦或十二月卦，亦稱十二消息卦。前六卦爲陽息（長）陰消，後六卦爲陰息（長）陽消。一年之間的節氣變化，就是陰陽剛柔的消息盈虛使然。以坎䷜、震䷲、離䷝、兌䷹四正卦表冬、春、夏、秋，主管一年四季。其卦氣說是對於《禮記・月令》和《說卦傳》中，有關四時配四方的發展。以陰陽奇偶之數的變化，解釋陰陽二氣的消長變化。

〔註4〕 見司馬遷：《史記・儒林列傳》。

〔註5〕 見班固：《漢書・儒林傳》。

2、焦延壽弟子京房（字君明，77～27B.C.）**著有《京氏易傳》**

他進一步發展孟喜的卦氣說，並吸收當時流行的陰陽五行學說，以六十四卦卦象與卦爻辭資料，創造自己的易學體系。其八宮卦說，以八純卦（世）配一、二、三、四、五世，和游魂與歸魂，成一新的六十四卦體系，其卦序和《易經》原有之卦序，以及帛書本易卦序皆不同。另西漢尚有一位講易學的京房，乃楊何弟子，梁丘賀之師，此段所講的京房是指京君明而言。

京氏還提出應世說，以一卦六爻區分爲：初爻爲元士，二爻爲大夫，三爻爲三公，四爻爲諸侯，五爻爲天子，上爻爲宗廟的等級區分。京房還提出飛伏說，飛者指顯於外，伏則表藏於背後者。飛與伏是對立的卦爻象。如乾☰爲可見之非者，則坤☷便是潛在前象背後不可見之伏。震☳與巽、坎☵和離☲、艮☶及兌☱亦互爲飛伏。

京氏於其《易傳》尚提出納甲、五行、卦氣和陰陽變易等說法。納甲是將八宮卦配以十天干，因甲爲天干之首，故稱納甲。又將各爻配以十二地支，稱爲納支。京房又以二十八星宿各配於六爻之位，還取當時天文學中的土星鎮、金星太白、水星太陰、木星歲與火星熒惑配卦，將占星術與人事吉凶結合。他以陰陽五行的變化講災異或災變，觀察天象變化，告人以災祥，以此解說人事吉凶。和西漢當時以講陰陽災異聞名的今文經學大師董仲舒，體現出同一個脈絡的時代精神。

3、易緯書《乾鑿度》（約西元前1世紀）**，發展卦氣理論、八卦方位說，並提出九宮圖與爻辰說。**

西漢末年流行讖緯之說。讖是神秘的預言，來自於天啓；緯是對於儒家經典進行神秘主義的解釋。「乾鑿度」是從無入有，在混淪未明的元氣未分狀態，鑿開天路之意。或可視《乾鑿度》爲漢易的《繫辭傳》，對漢代易學進行通論性論述，特別是對於卦氣說進一步地發揮。

《乾鑿度》亦提出九宮說，以後天文王八卦方位外加中位數五，坎、離、震、兌四卦分居北、南、東、西四正位，其對應之數分別爲一、九、三、七四個奇數。乾、坤、巽、艮四卦分居於西北、西南、東南與東北四維，其對應之數分別是六、二、四、八。在九宮圖中，縱、斜、横之數相加皆爲十五。筮數成卦的六九七八，前後兩組奇偶相加，也與九宮縱横之數相加同爲十五之數。

《乾鑿度》也將《周易》依六十四卦序相對立的三十二組卦，以寅、卯、辰、巳、午、未、申、酉、戌、亥、子、丑等十二辰配以兩組六爻，分別代

表一歲的十二月份，三十二對卦的卦象，則代表三十二年。

4、鄭玄（字康成，127～200A.D.）**以五行生成理論詮釋《周易》。**

鄭玄的易學主要結合了互體說、卦氣說和《乾鑿度》的爻辰說，以此與五行方位和八卦卦象相繫連，並兼採五行的生成變化說。他在解未濟卦時說：「凡卦爻二至四、三至五，兩體交互，各成一卦，先儒謂之互體〔註6〕。」其易注通篇多論互體，以互體求易。比如解蒙卦䷃，就提到互體震（二、三、四爻）；觀卦䷓就提互體艮（三、四、五爻）；賁卦䷕就提互體坎、艮（二、三、四與三、四、五爻）；離卦䷝互體兌（三、四、五爻）；遯卦䷠互體巽（二、三、四爻）；夬卦䷪互體乾（二、三、四與三、四、五爻）；坎卦䷜互體離（二、三、四、五爻似放大的離卦）；既濟卦䷾互體爲坎、離。

鄭玄解卦爻辭，多將爻辰與卦氣一同談論。如解賁卦䷕九三，言其位在辰得巽氣；習坎卦䷜六四爻辰在丑，上六爻辰在巳；明夷卦䷣六二在酉是西方，九三體在震，震東方。九三又在辰，辰得巽氣；困卦䷮四爻辰在午時，離氣赤又朱；震卦䷲之震爲雷，雷動物之氣。此外鄭玄將五行生成變化與天地大衍之數併論，他說：「大衍之數五十，天地之數五十有五，以五行氣通。凡五行減五，大衍又減一，故四十九也。衍，演也，揲，取也。天一生水於北，地二生火於南，天三生木於東，地四生金於西，天五生土於中〔註7〕。」

5、荀爽（字慈明，128～190A.D.）**的乾升坤降說**

荀爽亦以八宮、飛伏之說解易，但以乾坤升降說爲其創見。他解釋《文言傳》的「本乎天者親上，本乎地者親下」時說：「謂乾九二本出于乾，故曰本乎天。而居坤五，故曰親上。謂坤六五本出于坤，故曰本乎地。降居乾二，故曰親下也〔註8〕。」又釋「與日月何其明」說：「坤五之乾二成離，離爲日。乾二之坤五爲坎，坎爲月〔註9〕。」乾坤作爲六十四卦的基本卦，乾卦的九二爻，與坤卦六五爻，彼此升降後，形成坎離二卦。乾坤二卦是六十四卦之始，坎離二卦乃成上經三十卦之終。又下經之終的既濟和未濟卦，也是坎離二卦相配合而成。

〔註6〕見《周易》鄭康成注，上海涵芬樓影印元刊本。王雲五主編，台北：台灣商務，1976年。

〔註7〕《周易》鄭康成注。

〔註8〕李鼎祚輯：《周易集解》，台北：台灣商務，1968年，頁14。

〔註9〕同注442，頁21。

此種發展自卦氣說的解卦法，乾代表上升的陽氣，坤代表下降之陰氣，荀爽將此陰陽爻位升降說的體例，推演於解釋其他各卦。於是由爻位的陰降陽升，遂進一步發展爲卦變說。

6、虞翻（字仲翔，164～233A.D.）**的卦變、旁通、互體與取象說**

虞翻的《易注》在唐朝李鼎祚的《周易集解》中有廣泛的蒐錄材料。他發揮荀爽的剛柔升降說，將卦氣說引向卦變說。並提出十二消息卦，亦即復卦䷗（建子，十一月，配冬）、臨卦䷒（建丑，十二月，配冬）、泰卦䷊（建寅，一月，配春）、大壯卦䷡（建卯，二月，配春）、夬卦䷪（建辰，三月，配春）、乾卦䷀（建巳，四月，配夏）、姤卦䷫（建午，五月，配夏）、遯卦䷠（建未，六月，配夏）、否卦䷋（建申，七月，配秋）、觀卦䷓（建酉，八月，配秋）、剝卦䷖（建戌，九月，配秋）、坤卦䷁（建亥，十月，配冬）等十二個卦。以乾坤兩卦爲基礎的陰陽剛柔的消長和推移，產生此十二消息卦。外加中孚䷼和小過卦䷽，以上述十四卦提出卦變說，以六十四卦之其餘五十卦，皆由此十四卦變出，將十四卦其中之一卦及其所引出之另一卦，兩卦合在一起，以解釋《周易》經傳。虞翻經由卦變、互體和取象的方法，在某種程度上，可以進一步合理地解釋通大多數卦爻辭的來由。

7、魏翶（字伯陽，自號雲牙子，大約生活於147～167A.D.）**結合《周易》、黃老與煉丹術的《參同契》**

這是一部夾雜《周易》、黃老和爐火三者參合的煉丹著作。此書以陰陽變易法則解釋丹藥的形成，並將漢易中的卦氣說，發展爲月體納甲說。魏伯陽視乾坤二卦爲易之門戶，又以坎離兩卦爲六十四卦變易的依據。離坎亦象徵日月，日月的運行，形成節氣的變化。

《參同契》的月體納甲說，主在說明煉丹運火時，其火候隨月亮盈虛而增減。在一個月裡，上半月的十五前用文火，下半月的十五以後，則用武火。就一年而言，十一至四月的前半年，用文火；五至十月的後半年，則用武火。他將漢易中卦氣說，與煉丹術相結合；陰陽消長與五行生剋說，和煉丹用火及月亮盈虧與四時變化相聯繫。上述思想的融合，使《參同契》成爲中國古代化學與藥物學的先驅。

漢易中所提出關於以卦變、互體、五行等說法，並且能充分運用《說卦傳》對於取象和取義等各種事物的象徵，以之綜合解說卦爻辭的來由，是有相當正面價値的。但是如若爻辰說硬將十二地支所代表的時辰，強與卦爻辭與卦爻象間產生內在聯繫，便會逐漸流於繁瑣和牽強附會，陷入玩弄文字與概念遊戲的批評了，這也是漢易象數之學的主要流弊。

（二）魏、晉主要易學家與重要易學著作摘述

1、魏王弼（字輔嗣，226～249A.D.）《周易注》和《周易略例》以玄學解《易》，側重義理，主得意忘象、主爻、爻變、適時與辨位說。

在老、莊學說流行的魏晉時期，王弼也吸收老、莊思想，排斥漢易的象數之學，注重以義理解《易》，其路線接近儒門十翼義理注易之風格，但其解說《易》理滲入甚多該時代所風行的老、莊思想。漢易象數之學歷經三百年的發展，已出現過於冗雜繁瑣之弊，基於物極必反的道理，王弼易學的出現實予人一新耳目之感！

它的易學以主取義說和主爻位說爲基調，排斥漢易的取象說、卦氣說、互體說、卦變說、納甲說等。對於卦爻辭的解釋，注重政治思想等人事問題。由於注重義理，王弼提出著名的「得義忘象說」〔註10〕，認爲觸類可爲其象，合義可爲其徵。批判互體、卦變與五行之說，指責其存象忘意，對於義理一無所取。並提出忘象以求其意，義理方能體現的主張。王弼解易法主要有取義說、一爻爲主說、爻變說、適時說與辨位說等。取義說前文已提及；一爻爲主是講一卦的意義主要由其中一爻決定；爻變說是主張爻象的變化，沒有一成不變的，爻象本有往來變動，故爻義也變動不拘；適時說是主張爻象在一卦中，以其有應或無應、當位或不當位、居中位否、承或乘、相近或相遠、居內卦或居外卦、居上或居下，因其適時的情況而各有不同。變位說則主張初、上二爻不論位，是對漢易當位說的修正。此外王弼亦受魏晉時代精神影響，援引老、莊玄學觀點解釋卦爻辭，將自然無爲，動復歸於靜，忘言忘象的筌魚之喻等老、莊思想，運用於其對易學義理的解釋。

2、東晉韓康伯（名伯，字康伯，西元4世紀）以玄學觀作《繫辭注》，發展並補充王弼注《周易》之不足

繼王弼之後，韓氏進一步發展其玄學解易觀點，並於多處援引王弼《周易注》、《周易略例》之說。他也是從取義說出發，進一步將《周易》體例抽象化，追求象數背後無形的理。並且參以老、莊思想結合取義說，以天地萬物皆以無爲本解說易理。

〔註10〕王弼：《周易略例．明象》。

（三）唐代主要易學家與重要易學著作摘述

1、唐孔穎達（字衝遠，一作沖遠、仲達、沖澹，574～648A.D.）

《周易正義》調和象數與義理

在易學史上具有調和兩漢、魏晉以來象數與義理兩大路線的傾向。他在《周易正義》序文裡推崇魏世王輔嗣之注獨冠古今，又相當肯定《易緯》與鄭玄的易說。大體上是以王弼易注爲本，去其華而取其實，又能汲取漢易象數之說的精華，羅列各家說法，加之以吸收消化，進而形成一套自己的易學觀。孔氏《周易正義》雖是總結兩漢以來的易學著作，認爲取象和取義須兼容並行，但是在本質上，較偏向於王弼的玄學派義理易。

2、唐李鼎祚（約西元8世紀）**《周易集解》折衷增刪鄭玄、王弼之易學，側重取象解《易》**

匯集諸多漢易學系統的象數派注解，尤以虞翻、荀爽、干寶等人的易注爲最多。但是對於義理派的王弼、何晏、韓康伯等人的易注，亦有所採納，計博採三十五家之說。李氏於《周易集解》總結彙編了兩漢魏晉以來的易說，，於自序中謂刊輔嗣之野文，補康成之逸（佚）象〔註11〕，但基本立場較偏向漢代象數之學。

3、唐崔憬（大約生活在唐朝李鼎祚之前、孔穎達之後）**《易探玄》，批判性吸取漢《易》精華，主取象、卦氣與互體說**

此書已佚，但佚文見於李鼎祚編著的《周義集解》。崔氏對於漢易採批判性吸取，特重卦象，亦講卦氣和互體說。他認爲天、地、人三才之道所表現的物象與卦象，表現於卦爻辭中，即是言、象、意三者的統一。他認爲象以盡意，辭以盡言〔註12〕，此乃對於王弼忘言忘象之修正。

三、宋、元時期（西元後第9～13世紀）

（一）宋代主要易學家摘述：

1、陳摶（字圖南，號希夷，872～989A.D.）**上繼魏伯陽，為宋代圖書象數之學先驅**

提出先天太極圖、龍圖與無極圖等圖式，繼承魏伯陽《參同契》之學。

〔註11〕李鼎祚輯《周易集解》，台北：台灣商務，1996年，頁二。
〔註12〕李鼎祚輯《周易集解》，頁354。

無極圖是對《參同契》煉丹術的進一步發展，將煉外丹引向煉內丹。成爲道教易學先驅，也對周敦頤的太極圖起了影響作用。

2、歐陽修（字永叔，號醉翁、六一居士，1007 年～1072A.D.）**《易童子問》打破傳統觀點，質疑《繫辭》等傳非孔子所作**

此書敢於打破以往傳統觀點，首次提出《繫辭傳》非孔子所作，對河圖、洛書亦持否定態度。他只肯定《彖》、《象》二傳爲孔子所作，《文言》則非孔子之言，《繫辭傳》則爲諸家之說，用來釋經，後人編纂在一起。對於卦、爻辭的解釋，注重義理，發揮《彖》、《象》二傳觀點，以評論其中人事爲重點，具有重人事輕天道的傾向。

3、周敦頤（原名惇實，字茂叔，號濂溪，1017～1073A.D.）**首提無極而太極之說**

是宋明道學創始人，也是宋易義理學派的先驅。所著《太極圖說》、《通書》與《易說》，均爲易學相關著作。《繫辭傳》說：「易有太極，是生兩儀」，周子則於《太極圖說》言：「無極而太極〔註 13〕」。朱熹對其解釋爲：太極只是個實理，一以貫之。太極分開而成陰陽，括盡天下萬物〔註 14〕。朱熹又認爲太極是個極好至善的道理，人人有一太極，物物有一太極，周子所謂的太極是天地人萬物至善好底表德〔註 15〕，此說法實在是對於易學究竟眞實存在本體的形上學論述。朱熹對於周子的太極詮釋爲是個至善的理，分而爲陰陽，而生五行以化生爲萬物，在陽動與陰靜中體現太極之理。而《通書》(《易通》)則是通論易學原理，《易說》則依經解易。

《通書》可視爲宋儒對先秦儒家倫理學思想的進一步發展，所以通篇論及《中庸》之中「誠」的範疇與觀點，「誠」被儒家視爲是自我完成與實現的最高境界。又論及德、聖、愼動、師、幸、思、志學、動靜、樂、聖學、理、性、命、師友、精蘊等儒家時常論及的範疇。

4、邵雍（字堯夫，又稱安樂先生、百源先生，諡康節，1012～1077A.D.，）**的《皇極經世》，自伏羲先天圖發展其象數易學，創六十四卦方、圓圖**

他是宋易數學派的代表，來自於道士陳摶的系統，卻以儒家立場解易。

〔註 13〕周敦頤：《周子全書・卷 1》，京都：中文出版社，1981 年，頁 16。
〔註 14〕《朱子語類》，卷 94，頁 2365。
〔註 15〕《朱子語類》，頁 2371。

邵雍很少解釋《周易》卦爻辭，他的興趣在於伏羲氏的先天圖式。邵雍的八卦次序圖，除用以解釋八卦之形成外，也具有宇宙觀的意義。他說：「太極暨分，兩儀立矣。陽上交於陰，陰下交於陽，四象生矣。陽交於陰，陰交於陽，而生天之四象。剛交於柔，柔交於剛，而生地之四象，於是八卦成矣。八卦相錯，然後萬物生焉〔註 16〕。」他的六十四卦次序圖，所使用的方法，同近代數學的二進位制有極相似之處。其奇偶二數相當於二進位制中的 0 和 1 兩個記號，從兩儀開始，加一倍逢二進位。德國近代哲學家與數學家萊布尼茲（Gottfriend Wilhelm Leibniz,1646～1716）即對此圖驚嘆不已，認為此圖與數學二進位制有極大之會通處。

邵雍另以太極、天地、陰陽、剛柔、日月星辰石土火水、寒暑晝夜雷露風雨、性情形體木草飛走、目耳口鼻色聲氣味、元會運世歲月日辰、皇帝王霸易詩書春秋，以上述的種類區分的不斷分化過程，將其自然與邏輯的順序，形構成一套自創的宇宙論。此外講陰陽而不講五行，將時間變化與空間方位的推移，皆歸諸陰陽的和合消長，以變化為陰陽推移，以方位為陰陽對峙，也是邵雍一學宇宙論的特色之一。

5、程頤（字正叔，世稱伊川先生，1033～1107A.D.）《易傳》以儒家學說解易，為理學派與史事易學之先趨

程頤堅持以儒家學說，特別是《四書》中的觀點解說《周易》經傳，其對易學易理的闡發極為突出卓越，是宋易理學派之代表。「理」是程氏易學哲學的最高範疇。其《易傳》只注解《周易》經文和《彖》《象》與《文言》等三傳。其解說義理之過人處比如解大過卦䷛說：

> 聖賢道德功業，大過於人，凡事之大過於常者，皆是也。……所謂大過者，常事之大者耳，非有過於理也。唯其大，故不常見，以其比常所見者大，故謂之大過。如堯舜之禪讓，湯武之放伐皆由此道也。道無不中，無不常，以世人所不常見，故謂之大過於常也。

在義理上將大過卦之卦義內涵發揮得極精采！

此外，程頤在易學本體論上提出「體用一源，顯微無間」之說，曾言「至顯者莫如事，至微者莫如理。而事理一致，顯微一源，古之君子所謂善學者以其能通於此而已〔註 17〕。」主張「因象以明理」或「假象以顯義」，認為卦

〔註 16〕邵雍，《皇極經世書》，卷七上，〈觀物外篇〉，台北：台灣中華書局，1971 年。
〔註 17〕程頤，《二程全書》，第 25 卷，台北：台灣中華書局。

象和卦義融合在一起，如體用關係，不相分離。卦爻象及其所取之物象乃卦爻義的表現形式。

6、張載（字子厚，1020～1077A.D.）**的《橫渠易說》與《正蒙》以陰陽二氣的變易法則，作為其易學最高範疇，是易學氣學派先驅。**

《橫渠易說》爲其早期解《易》之作品；《正蒙》則是其成熟期代表作，其中的〈太和〉、〈參兩〉、〈神化〉、〈大易〉、〈乾稱〉等篇章，都直接解說《周易》經傳。張氏深受孔穎達影響，注重取象，以陰陽二氣之變易法則作爲其易學哲學的最高範疇。他對《繫辭傳》的解釋頗爲詳細，並且認爲意存於象中，辭所以說象，主張觀象以求其意。張氏的易學路線直接影響明末清初的思想大家王夫之，王氏並且爲其《正蒙》作注。張載以取象爲核心原則，以陰陽二氣的變化作爲其易學最高範疇。因此主張「虛空即氣」，天地間一切的變易之道，有無、隱顯、神化、性命、聚散、出入、形不形，其由來均是陰陽之氣的變化使然〔註 18〕。宇宙間的事物，非形則象，非幽則明，沒有眞空世界，一切爲氣所充盈。氣聚則爲有形事物，氣散則成無形之象，氣，永恆存在著，只是形與象的變易有別。由於張載主張「有氣方有象」，此說直接影響王夫之「象外無道」觀念的提出。

7、朱熹（字元晦，一字仲晦，號晦庵、晦翁、遯翁等，1130～1200A.D.）**集北宋以來理學之大成，以「理」作為其易學最高範疇**

朱熹繼承程伊川的「體用一源，顯微無間」說，發展出自己獨具特色的「理一分殊」的易學本體學說，爲北宋以來之易學集其大成。朱熹既談「氣」又論「理」，整體而言他是較側重於「理」，所以多數時候他認爲若要論先後次序，則他必承認是「理先氣後」。《易》本蘊涵陰陽消長盈虛之理。故他說：「文王周公之辭，皆是爲卜筮。後來孔子見得有是書，必有是理。故因那陰陽消長盈虛，說出個進退存亡之道理來〔註 19〕。」他又說：「夫子讀易，與常人不同，是他胸中洞見陰陽、剛柔、吉凶、消長、進退、存亡之理。其贊易，即就這胸中寫出這道理〔註 20〕。」亦即陰陽變易的本體之道，衍生出天地人之間的各種盈虛消長和生滅的變化。

〔註 18〕張載：《正蒙・太和篇第一》。
〔註 19〕宋・黎靖德編，王星賢點校：《朱子語類・卷 67》，北京：中華書局，2007 年，頁 1631
〔註 20〕《朱子語類・卷 67》，頁 1631。

對朱子而言，太極是理，陰陽是氣，太極是陰陽動靜之本體，卻不離開陰陽，亦不雜於陰陽，此即「理氣不離不雜」。他說：「（太極圖）只是一個實理，一以貫之〔註21〕。」他以「理一」解釋「太極」、「道」；以「分殊」解釋「陰陽」、「器」、和「氣」。他又以體用範疇來分是作爲理一的太極（體），和分殊的陰陽二氣（用）。作爲理的太極，規範陰陽二氣的律動，並以此開顯自身。如此一來，太極便具有雙重涵義，一乃統攝爲六十四卦之本原；二是分蘊遍佈於六十四卦三百八十四爻中，每一卦爻皆有分殊化表現。因此他又說：「自太極至萬物化生，只是一個道理包括，非是先有此而後有彼。但總是一個大源，由體而達用，從微而至著耳〔註22〕。」又說：「此所謂無極而太極也，所以動而陽，靜而陰之本體也。然非有以離乎陰陽也。即陰陽而指其本體，不離乎陰陽而爲言耳。……五行一陰陽，五殊二實，無餘欠也。陰陽一太極，精粗本末，無彼此也〔註23〕。」

朱熹的「理」，是在進一步詮解形而上之「道」。他注解「形而上者謂之道，形而下者謂之器」時說：「卦爻陰陽皆形而下者，其理則道也〔註24〕。」此處是說符號化的卦爻象是可見可感的，故屬於形而下；但其間所顯示的變化之道理，則是形而上的。基本上朱熹將道或太極理解爲理，此乃陰陽二氣所以然之理。。太極是陰陽動靜的本體，卻不離開陰陽，亦不雜於陰陽，此即「理氣不離不雜」。他的「道」乃統攝了萬事萬理，他說「理也者，形而上之道也，生物之本也。氣也者，形而下之器也，生物之具也〔註25〕。」他將太極視爲涵括動靜之理，規範陰陽互動的歷程、律則與方向，通稱之爲「道」。他對於「一陰一陽之謂道」的理解是：「蓋天地之間，只有動靜兩端，循環不已，更無餘事，此之謂易。而其動其靜，則必有所以動靜之理焉，是則所謂太極也。……謂之太極者，以指夫天地萬物之根也〔註26〕。」對朱熹而言，太極是究竟眞實的終極實體，太極的流行運轉便成「道」〔註27〕。對朱熹而言，他以「理一」來詮釋「太極」和「道」；並用「分殊」來述說「陰陽」、「器」

〔註21〕《朱子語類・卷67》，頁2007。
〔註22〕《朱子語類》，卷94，頁12。
〔註23〕《太極圖說解》，卷3。
〔註24〕朱熹，《周易本義》，台北：新文豐出版社，1990年，頁364。
〔註25〕《朱文公文集》，卷58，〈答黃道夫書〉，頁7。
〔註26〕《朱文公文集》，卷45，〈答楊子直書〉，頁19。
〔註27〕《朱文公文集》，卷36，頁15。

與「氣」。他以體、用二範疇規範作為理一的太極，與分殊的陰陽二氣。作為理一的太極便是「體」，而分殊的陰陽二氣即為「用」。

《易》中所蘊含的本體存在之理，廣大悉備，若能輔之以豐富的人生閱歷，便可領會得更深刻。所以朱熹道：

> 蓋《易》不比《詩》、《書》，他是說盡天下後世無窮無盡底事理。只一兩字，便是一個道理。又人須是經歷天下許多事變，讀易方知各有一理，精審端正。今既未盡經歷，非是此心大段虛明寧靜，如何見得？此不可不自勉也〔註 28〕。

朱熹既深明《易》乃卜筮之書，又能自卜筮的角度，注明其原意〔註 29〕。且認為此一卜筮之書中，存在著天下無窮無盡的事物之理，其中所蘊含的本體之道，需後人揭示與闡發。若能將卦爻辭之理抽象化與形上學化，且將其中所談之具體事物歸類，然後可將其運用於無窮之事物。朱熹認為易理是「理定既實，事來尚虛」，他解釋道：「蓋事之方來，尚虛而未有。若論其理，則先自定，固已實矣〔註 30〕。」天地之事理本已存在，而與理相應的占問之事尚未到來，所以為虛。且理亦有體用兩層面：「用應始有，謂理之用實，故有。體該本無，謂理之體，該萬事萬物，又初無形迹之可見，故無〔註 31〕。」體即是形而上的本體，包含萬事，但無形迹可見，所以為無；其用可以應萬事，所以為有。

朱熹所主張的易理是可以被抽象化、類群化和公式化的概念。也就是以既定之理，應無窮之事的「稽實待虛」之說。卦爻之理，可以概括一切與之相應的具體事物。由於卦爻辭的義理被抽象化與歸類化，其詮釋的適用範圍變得更廣泛，運用的程度也將更靈活。以抽象原則，統率具體的事物，將廣大悉備的精微《易》理，作觸類旁通的應用，就是《易傳》所言：「引而伸之，觸類而長之〔註 32〕」的原意。「稽實待虛」的道理，也可視為是對《易傳》的「神以知來，知以藏往〔註 33〕」的進一步詮解。朱熹對此解釋道：「一卦之中，凡爻卦所載，聖人所以言者，皆具已見底道理，便是藏往；占得此卦，因此

〔註 28〕《朱子語類》，卷 67，頁 1659。
〔註 29〕詳見其《周易本義》。
〔註 30〕《朱子語類・卷 67》，頁 1656。
〔註 31〕《朱子語類・卷 67》，頁 1656。
〔註 32〕《易・繫辭上傳》，第九章。
〔註 33〕《易・繫辭上傳》，第十一章。

道理以推未來之事，便是知來〔註34〕。」

關於陰陽二氣，朱熹認爲其具有物質性，故言其是形而下。比如他在討論《易傳》的「乾，陽物也；坤；陰物也〔註35〕」時，就說：「乾，陽物；陰，坤物。陰陽，形而下者；乾坤，形而上者〔註36〕。」乃陰陽二氣是天地形體的來原，具有物質性，與「形而下者謂之器」的說法相應。而乾即健也；坤是順也，健與順俱爲天地的性情，是天地之理，屬形而上的層面。寒來暑往，日往月來，陰陽變易，相互摩盪，天地間的陰陽健順之理爲體，而天象的變化乃陰陽二氣推移之用。

受《易傳》太極、兩儀、四象、八卦之說的啓發，朱熹以一陰一陽之道即爲「太極」，建構其以太極作爲最高範疇的本體學說。此太極有兩層內容，一就《易》的筮法而言，太極是畫卦的根源；二就形而上學本體論而言，太極指世界的本原。若以亞理斯多德的哲學語彙解釋，太極是陰陽未形成秩序之前，渾然最初的原始質料，從無而有，自微而顯，太極生出陰陽，太極也是存在的最高範疇。萬物由無至有，即不斷地生成，且不斷地由潛能而至實現。

從《易傳》至朱熹，太極始終是一個形而上學的概念，朱熹說：

> 《易》有太極，便是下面兩儀、四象、八卦。自三百八十四爻總爲六十四，自六十四總爲八卦，自八卦總爲四象，自四象總爲兩儀，自兩儀總爲太極。以物論之，《易》之太極如木之有根，浮屠之有頂。但木之根，浮圖之頂，是有形之極。太極卻不是一物，無方所頓放，是無形之極〔註37〕。

太極在二氣之先，理亦先於二氣。關於理氣的先與後，朱熹說：「未有天地之先，畢竟也只是理，有此理便有此天地。若無此理，便亦無天地，無人無物，都無該載了。有理便有氣流行，發育萬物〔註38〕。」又說：

> 此本無先後之可言，然必欲推其所從來，則須說先有是理。然理又非別爲一物，即存乎氣之中。……理與氣本無先後之可言，但推上去時，卻如理在先，氣在後相似。……要之也，先有理，只不可說

〔註34〕《朱子語類・卷75》，頁1926。
〔註35〕《易・繫辭下傳》，第六章。
〔註36〕《朱子語類・卷76》，頁1950。
〔註37〕《朱子語類・卷75》，頁1930～1931。
〔註38〕《朱子語類・卷1》，頁1。

> 是今日有是理，明日確有是氣。……理未嘗離乎氣，然理形而上者，氣形而下者。自形而上下言，豈無先後〔註39〕？

朱子認爲形而上的理是無形的，是本體之原，是較精微的，推而究竟之便是太極；形而下的氣構成有形的萬物，是較末較粗的，是由陰陽兩儀所構成。就邏輯層面而言，朱熹認爲有理即有氣，一理必在其個體之先，若無此理，即不必有此個體事例。有理即有氣，所謂動靜無端，陰陽無始。凡事須先有是理，理乃是超越時空而不變者；氣則在時空中變化循環，就此而言，則必「須說先有是理」〔註40〕。陰陽二氣所構成的形而下世界，充滿運動和變化。朱熹看待理，大體而言在時間上並無先後之分，但若以哲學上邏輯的推論而言，若一定要說出個先後次序，則是將理視爲在氣之先〔註41〕，他認爲理定暨實，以其自身凝固而永恆不變動，但是即便是事物的本質，或反應本質的概念，同樣都處於變易與流轉的過程〔註42〕。朱熹的主張是先有無極，而後始有太極。而後再由太極蘊生了陰陽，太極動而生陽，靜而成陰，宇宙便是在陰靜陽動之中，轉動天地循環不已，他說：

> 蓋天地之間只有動靜兩端，循環不已，更無餘事，此之謂易。而其動其靜，則必有所以動靜之理焉，是則所謂太極者也。聖人既指其實而名之，周子又爲之圖以象之，其所以發明表著，可謂無餘蘊矣。原極之所以得名，蓋取樞極之義，聖人謂之太極者，所以指夫天地萬物之根也。周子因之而又謂之無極者，所以著夫無聲無臭之妙也。然曰無極而太極，太極本無極，則非無極之後別生太極，而太極之上先有無極也。又曰五行陰陽，陰陽太極，則非太極之後別生二五，而二五之上先有太極也。以至於成男成女，化生萬物，而無極之妙，蓋未始不在是焉〔註43〕。

若將陰、陽二氣視爲如亞理斯多德所謂的質料因，太極由陰陽二氣所構成，其背後即含藏諸多値得討論的道理。他認爲氣較粗，屬形而下面向；理較精，爲形而上範疇。在朱熹眼裡，整個大宇宙有一統體的太極，一物又各具一物之太極，就是「理一分殊」的道理。朱熹以：「不是割成片去，只如月映萬川

〔註39〕《朱子語類》，卷1，頁3～4。
〔註40〕馮友蘭：《中國哲學史》，台北：台灣商務，2002年，頁906。
〔註41〕陳來：《朱熹哲學研究》，台北：文津出版社，1990年，頁18～29。
〔註42〕朱伯崑：《易學哲學史》，第二卷，台北：藍燈文化，2000年，頁523。
〔註43〕朱熹：《朱子文集》第45〈答楊子直第一〉，台北：藝文印書館，1969年。

相似」來比喻天地間本只有一太極，而萬物各有稟受，又各全具一太極，如月在天，只一而已，及散在江湖，則隨處而見〔註 44〕，來闡明他的太極本體之道，以及其所分殊出來的道理，分殊即是分多之意，表示每一事物所具的太極，同於宇宙本體的太極，萬物稟受太極之理〔註 45〕。雖然萬物之間的理應是具備多樣性的面貌，但是在普遍的與特殊的規律之中，總是有一般和個別的差異。朱熹所提的無極而太極，理一分殊的說法，其重點即是在探討個別現象之間的同異，個別的現象與具體規律之間，共同接受著無極與太極此一共同基本規律支配的問題。朱熹對於理氣的辯證性論述，大大地充實了自《易傳》以來的易學本體論內容。

（二）元代主要易學家摘述

蒙古人統治下的元代，文化水平原就不高，趙翼的《廿二史劄記》，的 30 卷「元世祖嗜利黷武」條云：「統計中統至元三十餘年，無歲不用兵。……甫定域中，即規海外。初以驕兵圖勝，繼以憤兵致敗，……此其好大喜功，窮兵黷武，至老不悔者也。由是二者觀之，內用聚斂之臣，視民財如土苴，外興無名之師，戕民如草芥。」

臺靜農以為元世祖統一中國以後，貪斂殘暴，實是中國歷史極黑暗的時期〔註 46〕。仍有若干易學家為易學的詮釋與傳播留下一些痕跡。這些易學家主要是雷思齊著《易圖通變》，俞琰著《易外別傳》，張理著《易象圖說》，蕭漢中注《讀易考原》。上述三者是元代研究易象數之學造詣較深者。他們主要針對易學中河圖、洛書之辨、象數之辨與象理之辨等三大範疇深入。

四、明、清時期（西元後第 14～19 世紀）

（一）明代主要易學家摘述：

1、王廷相（字子衡，號濬川，諡肅敏，1474～1544A.D.）**的《王氏家藏集》，側重易學之義理，主太極元氣說，以元氣解釋張載的太虛之氣**

其中之《慎言》與《雅述》為其易學哲學代表作。他力主太極元氣說，並以元氣解釋張載的太虛之氣。對於《周易》經文的解釋，大抵繼承自程頤與朱熹，主要採取義說。認為《周易》所講的變化，應隨事物的變化，而採

〔註 44〕《朱子語類》，卷 94，頁 2408～2409。
〔註 45〕《朱子語類・卷 1》，頁 55。
〔註 46〕臺靜農：《中國文學史》，台北：台大出版中心，2004 年，頁 663。

取不同的措施，以應對處理人事得失。

2、**真可**（字達觀，晚號紫柏老人，1542～1603A.D.）**與智旭**（俗姓鍾，名際明，又名聲，字藕益、振之，號八不道人、北天目道人，又稱靈峰老人，1559～1655A.D.）**以佛理解《易》的禪宗易說。**

眞可認爲《周易》中的卦爻象與卦爻辭，就是用來顯示佛性或易理。智旭法師則認爲孔門心學與佛門心學乃一脈相承，本質並無差別。禪宗易說的最大特色是多以佛家觀點或禪學解說《周易》經傳文句，雖然前二者間容或有會通處，但亦可視其爲比附於《周易》，終極目的仍是以儒家經典注解佛學。比如智旭於《周易禪解》中釋乾卦☰，其卦辭原本言：「元亨利貞」，且乾性爲「健」。智旭依此繼續發揮道：

> 健於上品十惡者，必墮地獄；健於中品十惡者，必墮畜牲；健於下品十惡者，必墮鬼趣；健於下品十善者，必成修羅。健於中品十善者，必生人道；健於上品十善者，必生天上；健於上品十善，兼修禪定者，必生色無色界；健於上品十善，兼修四諦十二因緣觀者，必獲二乘果證。健於上上品十善，了知十善，即是法界即是佛性者，必圓無上菩提，故十界皆元亨也〔註47〕。

從智旭對乾卦的詮釋，可稍窺知佛門禪僧將佛理與易理所採取的融合路線。

3、**來知德**（字矣鮮，號瞿塘，1526～1604A.D.）**《易注》以象解《易》，以錯綜解釋六十四卦象。**

來氏擅長以象解易，以錯綜解釋六十四卦卦象。繼承唐宋以來象學傳統，並且對孔穎達的非覆即變說進一步闡發。來氏解易尚能辭變象占四者兼俱，兼包諸家所長〔註48〕。

4、**方以智**（字密之，號曼公，又號鹿起，別號龍眠愚者，反清失敗，出家，改名大智，字無可，別號弘智，人稱藥地和尚，1611年～1671A.D.）**之《周易時論合編》以象數之學解《易》。**

方以智的易學路線以象數爲主，繼承並發揚河洛圖書之學，和邵雍的先後天易學傳統，並吸收宋明以來的義理學派精華。晚年以後因出家爲僧，受佛道思想影響，特別是佛教禪宗哲學，因此其易學哲學遂轉爲傾向調和儒、

〔註47〕釋智旭，《周易禪解》，北京：九州出版社，2004年，頁3。
〔註48〕徐芹庭，《易來氏學》，台北：嘉新水泥文化基金會，1969年，頁五。

釋、道的本體論路線。他的陰陽互藏和五行相化觀點，考察物質的變化，認為固、液氣體間，並不存在絕對的鴻溝，物質形態可相互轉化，實體與功能也能彼此轉化。但無論如何轉化，作為物質的氣是不滅的。這是發展張載以來的氣本論，也給後來者王夫之的氣本體論相當程度地影響和啓發。

（二）清代主要易學家摘述

1、**王夫之**（字而農，號薑齋、又號夕堂，或署一瓢道人、雙髻外史，晚年隱居於形狀如頑石的石船山，自署船山病叟，學者遂稱船山先生，1619 年～1692A.D.）**《周易內傳》和《周易外傳》發展張載學說，建立易學氣學本體論學說體系。**

王夫之的氣學本體論，是對於北宋張載（字子厚，學者稱橫渠先生，1020～1077A.D.）「太虛即氣」主張的進一步繼承與發揮。張載言：「氣之聚散於太虛，猶冰凝釋於水，知太虛即氣，則無無。故聖人語性與天道之極，盡於參五之神，變易而已〔註 49〕。」又說：「知虛空即氣，則有無、隱顯、神化、性命通一無二，顧聚散、出入、形不形，能推本所從來，則深於易者也〔註 50〕。」張載以氣為萬物實相之本原，明瞭太虛即氣，則能推知事物之本原，體悟變易之道。他認為太虛與氣是本體與現象的關係，氣存於太虛之中，不斷地聚散往返，無窮無盡而不消亡。他說：

> 太虛者，氣之體。氣有陰陽，屈伸相感之無窮，故神之應也無窮；其散無窮，故神之應也無數。雖無窮，其實湛然；雖無數，其實一而已。陰陽之氣，散則萬殊，人莫知其一也；合則混然，人不見其殊也，形潰反原〔註 51〕。

張載氣論的主張，論述了萬物的形成過程，皆是陰陽二氣的作用與變化所生成。氣有聚散，萬物亦有生滅，生即是氣之聚，而死滅即是氣散返回太虛，但死而不亡。所以他說：「聚亦吾體，散亦吾體，知死之不亡者，可與言性矣〔註 52〕。」

《易傳》雖言「形而上者謂之道，形而下者謂之器」，但以王夫之為代表

〔註 49〕張載：《正蒙・太和篇第一》收於《張載集》，台北：漢京文化，2004 年，頁 7～10。

〔註 50〕《正蒙・太和篇第一》。

〔註 51〕《正蒙・乾稱篇第十七》。

〔註 52〕《正蒙・太和篇第一》。

的氣學本體論者，對於隱而未形的形而上之道，與形之以成可感之物的形而下之器，見解與朱熹等前賢相同。但王氏卻主張無其器則無其道，開創其獨特的氣學本體論學說。此外《易傳》所言的「一陰一陽之謂道」，王夫之則強調其統一的面向，認為陰陽相通相濟，而不相悖害。他說：「易以陰陽為卦之儀，而觀變者周流而不可為典要。以剛柔為爻之撰，而發揮者相雜而于以成文，皆和順之謂也。和順者性命也〔註 53〕。」在王氏的觀念裡，陰陽兼體均衡，統一融合，相成相濟。他以陰陽二氣統一體為宇宙本體，以陰陽二氣的變化，解釋世界與人生。王夫之認為氣是宇宙萬物之源，自然界和人類社會的實際內容就是氣。「天人之蘊，一氣而已〔註 54〕」。與邵雍、周敦頤、朱熹等人把「太極」當作神秘的本體相對立，王夫之在對《易傳·繫辭上》中「易有太極，是生兩儀，兩儀生四象，四象生八卦」的註釋中寫道：「太極之名，始見於此。太者，極其大有無尙之辭也；極，至也，語道至此而盡也。兩儀，太極中所具足之陰陽也。非太極為父、兩儀為子之謂也。太極非孤立於陰陽之上者也〔註 55〕。」這裡的意思是，太極和陰陽二氣（即兩儀）不是生成與被生成的關係，太極也不是孤立於萬物之上的終極眞理。「陰陽二氣充滿太虛，此外更無他物，亦無間隙，天之象，地之形，皆其所範圍也。散入無形而適得氣之體，聚為有形而不失氣之常，通乎死生猶晝夜也〔註 56〕。」既然氣是世界萬物之源，整個宇宙間都充滿了氣，那麼物質的運動變化，就是「氣」的聚散變化。「氣」的根本屬性是運動，「氣」是一切運動變化的主體。

「太虛者，本動者也〔註 57〕。」王夫之所強調的「太虛本動」的觀點，是其氣本體論的精闢見解，由陰陽二氣所構成的宇宙是一直在動態中變化的。「陰陽具於太虛絪縕之中，其一陰一陽，或動或表，相與摩。五行萬物之融結流止，飛潛動植，各自成其條理而不妄〔註 58〕。」「絪縕」乃指陰陽二氣的運動與變化，包含著非常豐富的內容。王夫之稱「絪縕」是二氣交相入，而包孕以運動之貌〔註 59〕。「氣」為固有，運動也為固有，存在與運動是緊密

〔註 53〕王夫之：《周易外傳・說卦傳》，台北：成文出版社，1976 年，頁 209。
〔註 54〕王夫之：《讀四書大全說》，卷十。
〔註 55〕王夫之，《周易內傳》，卷五。
〔註 56〕王夫之：《張子正蒙注・太和篇》。
〔註 57〕王夫之：《周易外傳》，卷六。
〔註 58〕王夫之：《張子正蒙注・太和篇》。
〔註 59〕王夫之：《周易內傳》，卷六。

相聯的。王夫之反復論證了動與靜、化與變、聚與散、清與濁、始與終等概念之間的對立統一關係。

王氏既然肯定了運動是物質的絕對屬性，那麼如何理解運動與靜止的關係？王夫之提出了下面的著名觀點：即「止而行之，動動也；行而止之，靜亦動也；一也。動有動之用，靜有靜之質，其體分也〔註 60〕」。又提及：「靜者靜動，非不動也〔註 61〕」。他在這裏精闢地指出這樣一種關係：動與靜一方面既是統一的（動動也，靜亦動也，靜者靜動、非不動也），另一方面又是有區別的（動有動之用，靜有靜之質，其體分也）。總之，兩者的關係是互相依賴、互相包涵的，即「動靜互涵，以爲萬變之宗〔註 62〕」。在王夫之的論述裡，形而上與形而下，道和器之間，也是彼此依存互涵的關係。王夫之以其深刻的觀察力，把物質與運動有機地結合起來，認識到了運動的絕對性和靜止的相對性以及兩者的相互關係，爲進一步研究其他一系列有關問題打下了堅實的基礎。王夫之以其深刻的觀察力，把物質與運動有機地結合起來，認識到了運動的絕對性和靜止的相對性以及兩者的相互的辯證關係。

宋儒中的二程和朱熹都主張「理」是脫離「氣」而存在的，把「理」從物質世界中析離出來，「理」「氣」各爲一物，「太極」與「理」被視爲形而上究竟眞實的一體兩面，宋儒在「氣外求理」。王夫之則認爲：「理，本非一成可執之物，不可得而見。氣之條緒節文，乃理之可見者也〔註 63〕。」天下豈別有所謂理，氣得其理之謂理也〔註 64〕。即氣是陰陽變化的主體，氣的變化所表現出的秩序條理、因果關係才是理。他進而認爲：「理之氣互相爲體，而氣外無理，理外亦不能成氣。善言理氣者，必不判然離析之〔註 65〕。」理和氣之間相互爲體，二者不能分離，理必須依附在氣的變化之中談論，理氣被視爲一體。

程朱派理學家在本體論上把「道」看作是世界精神本體，在方法論上割裂了道與器之間一般與個別的關係。道、器關係的實質就是一般（普通）的與個別（特殊）的關係問題。王夫之說：「道者，物所眾著而共由者也。物之

〔註 60〕王夫之：《張子正蒙注·太和篇》。
〔註 61〕王夫之：《思問錄・內篇》。
〔註 62〕《周易外傳》，卷四。
〔註 63〕《讀四書大全說》，卷九
〔註 64〕《讀四書大全說》，卷九。
〔註 65〕《讀四書大全說》，卷十。

所著，惟其有可見之實也。物之所由，惟其有可循之恆也〔註 66〕。」在本體論的意義上看，道即是事物所表現存在的物質實體（物之所著），又是事物所共有的普遍規律（物之所由），肯定了道的物質屬性，這也是其氣學本體論的重要特質。他認為：「形而上者，非無形之謂。既有形矣，有形而後有形而上。無形之上，亙古今，通萬變，窮天窮地，窮人窮物，皆所未有者也〔註 67〕。」「統一此物，形而上則謂之道，形而下則謂之器，無非一陰一陽之和而成，盡器道在其中矣。」王氏的主張即是說一般的寓於特殊之中，二者並無絕對的界限，卻不能截然分開。

王夫之進而提出「天下惟器」的觀點，這是他的道器觀的重要論點。他說：「盈天地間皆器矣〔註 68〕。」「天下唯器而已矣。」這與他主張的世界上眞正存在是由陰陽二氣所和合而生成的各種實體，因有這些形而下的可感之「器」，才有形而上的抽象之「道」。道則存在於具體的事物之中。沒有器就沒有道，沒有個別就沒有一般。因為道依存於氣而存在，所以他說：「據氣而道存，離氣而道毀〔註 69〕」，主張有某種事物，就有某種規律；沒有某種事物，也就沒有某種規律。「能治器而不能治道〔註 70〕」，即人們能製作某個具體事物，而不能去創造事物的規律。「治器者則謂之道〔註 71〕」，即治器必須遵循客觀規律，此一客觀之規律即是道。王夫之很精密地論說道器之間的關係，從根本上駁斥了「天不變，道亦不變」的觀點，在一般（普遍）和個別（特殊）的辯證關係上，作出重要的理論貢獻。

作為本體存在最高範疇的「太極」，王氏認為其寓於卦爻象和天地萬物之中。陰陽二氣合一的實體即是太極，是宇宙的本體，也是天地萬物的本原〔註 72〕。太極為理氣之全體，充塞於天地之間，所以他說：「太極雖靈，而理氣充凝〔註 73〕。」太極其實就是陰陽二屬性與元素的渾合。陰陽的氣性不同，自有其恆度規範，森然迥別而不紊，然其和之則成太極，分之則謂陰陽。太極與陰陽有主持、分際、調和之作用。太極作為宇宙間的最高實體，在其

〔註 66〕《周易外傳》，卷五。
〔註 67〕《讀四書大全說》卷十。
〔註 68〕《周易內傳》，卷六。
〔註 69〕《周易外傳》，卷二，釋大有卦。
〔註 70〕《周易外傳》，卷五。
〔註 71〕《周易外傳》，卷五。
〔註 72〕《周易外傳，繫辭上第十章》。
〔註 73〕《問思錄・外篇》。

自身的動靜變化中，自顯發了陰陽兩元氣之妙用，陰陽俱涵於太極所發用之性情效能〔註 74〕。以天地萬物與人類皆爲本體自身的展開，本體寓於現象之中。並且本體自身具有運動和變化的功能，其展開則成天地萬物，既具規律性，又具無特定永恆模式的特質，因此導出物質世界永恆運動，且不斷更新的結論。此外其學說還討論人在自然中的定位問題，因而提出人改造自然的說法。

從陰陽二氣運動變化而展開的易學本體論述，進而主張象數辭義統一的說法。此外王氏認爲象和理的關係乃是現象與本質的問題，現象是有形的，屬形而下之器，本質和規律是無形的，屬形而上之道。道和理作爲事物的本質與規律，存在於萬物的個體之中，也存在於現象裏。

道與器合一且無法分割，吉凶得失與陰陽變易之理寓於卦象之中，道乃是萬事萬物之法則，經由有形之器，也就是藉著象，方能將其本性顯現，所以他說：

> 形而上者，當其未形而隱然有不可逾之天則，天以之化，而人以爲心之作用，形之所自生，隱而未見者也。及其形之既成而形可見，形之所用以效其當然之能者，如車之所以可載，氣之所以可盛，乃至父子之有孝慈，君臣之有忠禮，皆隱於形之中而不顯二者，則所謂當然之道也，形而上者也。形而下即形之已成乎物，而可見可循者也〔註 75〕。

又說「形而上之道，隱矣，乃必有其形，而後前乎所以成之者之良能著，後乎所以用之者之功效定。故謂之形而上而不離乎形。道與器不相離〔註 76〕。」陰與陽作爲萬事萬物的原質，其屬性寓於所有可感的事物之中，所以道者乃器之道，無其器則無其道，陰陽之外無道，形象之外無陰陽。在理氣的先後之辨上，朱熹較傾向於主張理先氣後，認爲理是凝固而永恆不變的，亦即其理定既實的說法。理爲體，象是用，道乃是本，器則是末。朱熹認爲凡萬事萬物皆有個形而上的太極存在，此一太極就是道體，其中存有永恆之理。王夫之的道器之辨卻較傾向於唯物主義傾向，朱熹較側重「理」，王夫之則較側重「氣」，他的主張是：「器而後有形，形而後有上」，亦即形而下乃是形而上

〔註 74〕曾春海，《易經的哲學原理》，台北：文津，2003 年，頁 364。
〔註 75〕《周易內傳・繫辭上第十二章》，頁 468。
〔註 76〕《周易內傳・繫辭上》，頁 468。

的基石，他認爲天下惟器。在這裡顯現出客觀唯心主義和唯物主義者，對於易本體論中道與器此二重要範疇的詮釋中所出現的重大差別。雖然朱、王的學說各有一些重要的分別，但都是自《繫辭傳》的易學本體論提出以來，易學哲學發展史上重量級的易學本體論學說。

王夫之主張的形而下是形而上的基礎，又表現於他對於「非象無以見易」的說法。他認爲象是可感知的物象，道和理皆無形象，屬形而上領域。他說：

> 天下無象外之道，何也？有外，則相與爲兩，即甚親而亦如父之于子也。無外則相與爲一，雖有異名，而亦若耳目之于聰明也。父生子而各自有形，父死而子繼。不曰道生象，而各自爲體，道逝而象留。然則象外無道，欲詳道而略象，奚可哉！〔註77〕

以此說法來進一步闡明言、象、意、道合而無畛的主張。

關於器作爲道的基礎，有形而後方有形而上，王夫之如是說：

> 無其器則無其道，人鮮能言之，而固其誠然者也。洪荒無揖讓之道，唐、虞無弔伐之道，漢唐無今日之道，則今日無他年之道者多矣。未有弓矢而無射道，未有車馬而無御道，未有牢醴璧幣、鍾磬管絃而無禮樂之道。則未有子而無父道，未有弟而無兄道，道之可有而無者多矣。故無其器則無其道，誠然之言也，而人特未之察耳。〔註78〕

王夫之在陰陽二氣變化的物質性基礎上，認爲象、數、辭、理，與言、象、意、道俱是合而無畛的統一體。言乃出於人心和物理，所以不可忘；道要靠言來表達。言既不可忘，象又作爲道與理的載體，因此四者皆不可分割，合成爲一個有機的整體。

在可感知的現象，和無形的本質的規律關係中，象可視爲形而下的領域；道和理俱爲無形，可歸諸形而上的領域。形形色色的存在的個體，類似於亞理斯多德所謂的「實體」，皆存在於可感的現象中。王夫之從以「氣爲本」的論說出發，又發展出以「象爲本」的主張，在易學的層次，自畫卦出發，論述了吉凶得失之道與陰陽變易之理，皆寓於卦象之中；在易學哲學的層次上，提出通過有形之器的氣化法則，顯示萬物所蘊藏的本質之道〔註79〕。

〔註77〕《周易外傳・繫辭下第三章》，頁262。
〔註78〕《周易外傳・繫辭上第十二章》，頁250。
〔註79〕朱伯崑：《易學哲學史》，第四卷，頁134。

王氏的理論顯然較貼近現代科學的精神，客觀存在的實體世界，是有形的器的世界，有此世界方有形而上的道。有實在存在的個體，方能發展出後來諸多的道和理。形而上學的抽象規律和理論，必須經由對於物理世界運動與變化的觀察和分析、歸納，進而在抽象與具體，個別和一般，本質及現象，規律同實體之間，進行細緻的辨證性考察。但朱熹肯定易的原始用途在卜筮，所以他對於陰陽、道器和太極的本體哲學論述雖然較質樸精簡，卻最爲貼近《周易》的眞精神。

2、**黃宗羲**（字太冲，號梨洲，世稱南雷先生或梨洲先生，1610～1695A.D.）**《易象數論》以史學專長，考證易學史實、源流與真偽。**

黃氏乃注重考據的歷史學家，其易學詮釋，特別是對卦爻辭的解釋，主要採取象說。他說：「聖人以象示人，有八卦之象，六畫之象、象形之象、爻位之象、反對之象、方爲之象，七者而象窮矣。後儒之爲僞象者，納甲也，動爻也，卦變也，先天也〔註 80〕。」由於其歷史考據背景，因此立足於尊重《周易》經傳本義的立場，批評圖書先天之學，有背於經傳本意，正是考據學派的重要特色。其實納甲、動爻、卦變與先天之學，也都具備特殊理論思維的建構，對於易的詮釋，也都具有一定的創造性價值與意義。

3、**毛奇齡**（字大可，又字於一，號西河，又號河右、初晴、晚晴，1623～1716A.D.）**《仲氏易》側重訓詁考據，興清代《易》漢學風。**

毛氏繼承漢易傳統，認爲漢易以來的解易傳統，雖有若干牽強之處，但不應因此全盤否定。他以取象說和互體說，解釋象辭間的關聯，乃是漢易卦變說的傳統。此外對於卦爻辭字義之解釋，特注重訓詁和音韻。以經解經，充分表現出考據學家和漢學家的治學特色。也因爲整個時代精神較注重歷史考據的鑽研，使得清代易學在哲學理論思維的面向顯得較爲侷限與薄弱。

4、**胡渭**（初名渭生，字朏明，號東樵。1633～1714）**《易圖明辨》駁舛易道九圖**

胡氏此書的意圖是力圖駁斥朱熹《周易本義》卷首所列的九圖。九辨河圖洛書、五行九宮、《周易參同契》、先天太極、《龍圖》與《易數鈎隱圖》、《易學啓蒙》之圖書、先天古易、後天之學、卦變和象數之流弊等問題。追本溯源，考據嚴謹，史料精詳，認爲上述皆源自北宋陳摶道家系統。其立場亦在

〔註 80〕黃宗羲，《易學象數論·原象》，北京：中華書局，2010 年，頁 117。

於尊崇儒家正統義理易學，反對原於道家的圖書學派，極力主張以尊古尚儒爲正宗的考據學風。從他批評象數流弊時說：

> 聖人之所以學《易》者，不過庸言庸行之間，而不在乎圖書象數也。今之穿鑿圖象以自爲能者，畔也。……夫子平日不言《易》，而其言詩書執禮者，皆言《易》也。人茍循乎詩書執禮之常，而不越焉，則自天祐之，即無不利矣〔註81〕。

又云：

> 聖人之情見乎辭，……而未嘗專以象數教人爲學也。是故出入以度，无有師保，如臨父母，文王周公孔子之《易》也。希夷之圖、康節之書，道家之《易》也。自二子之學興，而空疏之人，迂怪之士，舉竄迹於其中以爲《易》。而其《易》爲方士之書，於聖人寡過反身之學，去之遠矣〔註82〕。

可以窺見胡渭堅守尊崇正統儒家義理易學，批判道家的象數圖錄易學的鮮明堅定立場。

5、惠棟（字定宇，號松崖，1697～1758A.D.）**《周易述》、《易漢學》、《易例》、《周易古義》等著作闡述漢儒諸家易學，系統論述漢易諸家流派，倡象數之學**

清儒推崇漢易自惠棟始，系統闡述孟喜、京房、易緯、鄭玄、荀爽、虞翻、《參同契》等諸家流派。惠棟之解《易》，尤以卦氣說爲其核心根柢，對於《周易》經傳文字古義的考據注疏貢獻甚大，大異於宋代諸家詮釋易學的哲理性意味，這也是清代學術的重要特色。

6、張惠言（字皋文，號茗柯，1761～1802A.D.）**精研漢易，專攻並發揚虞翻易學**

《周易虞氏易》、《周易虞氏消息》、《虞氏易事》、《虞氏易禮》、《虞氏易言》、《虞氏易候》、《易義別錄》、《周易荀氏九家易》、《周易鄭氏易》與《易圖條辨》爲其主要易學著作。其中以虞翻易學爲核心，兼論漢代其他易家之學。旨在補惠棟對於虞翻易學探討之不足。其發揚虞翻易學之著作，乃以唐李鼎祚《周易集解》提供之虞氏注爲主，並且更詳盡深入地注疏與補充。宗取象說與十二消息卦說爲其解《易》之核心要旨，其它如旁通說、卦變說、

〔註81〕胡渭，《易圖明辨・卷十》，北京：九州出版社，2007年，頁240～241。
〔註82〕同上注。

乾坤升降說、飛伏說、納甲說、五行說、卦氣說、互體說，亦是張惠言解《易》之重要依據。他對於漢易易學史的研究與整理，及對於《周易》經傳的校勘和注解都有卓著的貢獻。

7、焦循（字里堂，1763～1820A.D.）**的《易學三書》**（《易章句》、《易通釋》、《易圖略》）**發揚漢《易》象數之學，倡旁通、相錯和時行說**

焦氏易學的主要路線乃是依據漢魏以來的累積，特別是漢儒的解經成果，尤其是象數之學的傳統。他的創新在於對於卦爻辭文句重出現象的尋求解答。企圖自卦爻象與卦爻辭間，尋覓邏輯上的關聯性。由於焦氏在數學上的天份，使其能建立以象數爲基礎的純形式易學體系。他提出旁通、相錯與時行的三大解易原則〔註 83〕。以旁通說爲基礎，相錯是對旁通說的補充，而時行說則是在前二說的基礎上，講剛柔相易的總體過程。焦氏特推重二、五爻，企圖經由二五的變通說，將六十四卦連結爲一整體。認爲卦象與爻象既對立，又可相互轉化。而且唯有變而通之，方能將卦爻象的變化推往新的局面。其邏輯結構甚嚴謹，系統性強，數學思維水平頗高。對於《周易》卦爻象與卦爻辭之詮釋，將其抽象或與形上學化，或可取得較寬廣的解釋空間。但是《周易》象辭間的關係，並不能完全如焦循一般，將其代數學化，完全轉化成數學思維的命題。

《周易》經、傳的主要文本於西元前 200～800 年間的軸心時期編纂，最晚於西漢初年漢武帝（劉徹，156～87A.D.）的年代，作爲十翼的易傳應都已編纂完成。其後二千餘年間中華文明的發展，皆深受易學思想的影響。而且隨著時代精神面貌的差易，爲易學注入不同的新元素。兩漢時期數術盛行，因此五行、天干、地支、卦氣、爻辰、飛伏、納甲等觀念，成爲易學的新元素。道家丹（內丹與外丹）道的思想，也在此時與易學比附結合。魏晉時期，老莊思想盛行，愈來愈繁瑣冗雜的數術思想被清新的義理易學所取代。唐朝的易學家爲前代的數術易與易理易做了一次大結合，會通其中各自擁有的精華。宋代文化人才輩出，是中華文明極燦爛的時期，易學哲學作爲文明內容的一環，此時期的易學發展，數術與義理兩條路線各自大鳴大放，成果豐碩斐然。元朝雖武功強盛，然因統治的蒙古人文化水平較漢人落後，故連帶使得易學哲學的累積成果較無傑出成果與特色。

明代義理、心學與數術易學各有其發展，自宋代以來易學哲學實已受佛

〔註 83〕焦循，《易學三書》（《易圖略敘目》），台北：廣文書局，1992 年，頁 1～2。

禪哲學思想影響。到了明代的禪僧，直接將佛學與易理融合於著述之中，借易經之表，行傳揚佛法之實。清代嚴格控制知識文化界的思想，故而易學哲學體系並不突出，然因訓詁考據之風盛行，易學發展遂產生漢易復古現象。學者以其紮實的文字辭章考證功夫，直溯原始儒家時代的易學義理，對於易學文獻的爬梳整理，亦累積豐富的成果。自軸心時期以來，以致於現今的時代，華人在文化生活的諸多層面，仍深受易學思想的影響，下文將繼續討論。

亞理斯多德的哲學思想體系，在西元前四世紀其生平年代向世人發表，在其有形的肉身實體過世後，他的精神能量對西方文明產生至今仍綿延不斷的影響力。而且同易學在中華文明中一般，研究成果不斷，也是一脈重要的人類文化資產。

第二節　亞理斯多德思想的傳承摘述

亞理斯多德在柏拉圖的雅典學院（Academy）修業 20 年後，即離開學院，創辦「梨塞翁」（Lyceum，約 334～335B.C.），以作為其傳道、授業、解惑的思想播育場所。「梨塞翁」早在亞氏之前即已存在，是個用為體育運動、公共聚會，或軍事訓練的場所〔註 84〕。亞理斯多德和其他許多前後期的思想家們，常在此處進行各類演說。由於亞氏與其門徒在進行學問的思辯與討論時，時常邊行進邊討論，所以亞氏所建立的學脈便被後人稱為「逍遙學派」（Peripetetic School）。以下概述亞氏過世後，其思想學說的流傳概況。

一、從亞氏逝世到西元前第 1 世紀

亞理斯多德過世後，踵繼其學術志業最卓越的大弟子是狄奧華都（Theophrastus），他在亞理斯多德的基礎上，繼續傳述倫理學、形上學與邏輯學等論著。波亨斯基（I.M.Bochenski）也在亞氏邏輯學的基礎上，重建邏輯論證與命題。尼克古（Dicaearchus）則在亞氏論靈魂與人種的基礎上，加以繼續發揮。阿利多西奴（Aristoxenus）則致力於調和畢達哥拉斯與亞理斯多德學說。

狄米特力烏斯（Demetrius of Phaleron, 345～283B.C.）本身是一位知名的

〔註 84〕參見 Lyceum entry in the ***Internet Encyclopedia of Philosophy***（http：//www.iep.utm.edu/lyceum）

政治家和演說家，深受亞氏政治學與修辭學影響。斯達多（Strato of Lampsacus）於西元前 288 年接掌梨塞翁，主在發展亞氏的自然哲學。另一位後學阿利斯達古斯（Aristarchus of Samos, 220～150B.C.）則早在哥白尼以前即已提出地球繞日的說法。接續斯達多出掌梨賽翁的胞弟李剛（Lycon, 270～226B.C.），對發揚亞氏的教育哲學貢獻頗多。在此一時期，亞理斯多德的辯證法與邏輯理論，已經產生相當的影響力。且其心理學論述學說，也對後來的斯多亞學派（Stoic School）產生直接的影響。

吉利多拉霧斯（Critolaus）與其弟子迪奧諾魯斯（Diodorus of Tyre）均是西元前二世紀的知名逍遙學派學者，曾至羅馬講授亞氏學說多年。他們對於亞氏的宇宙論、語言學與歷史學均有深入鑽研。克亞古斯（Clearchus of Soli）則致力闡述柏拉圖與亞理斯多德二者間，關於心理學靈魂見解的一致性。尼哥拉霧斯（Nicholas of Damascus）則以五本論著，廣泛地注解亞氏學說。

羅德安道尼古斯（Andronicus of Rhodes）與莫厄都斯（Boethus of Sidon）合著《亞氏全集》，該部有系統的著作，提供後世研究者對於亞氏學說的進一層理解，貢獻甚大。

二、西元後第 1～5 世紀

阿斯巴詩霧斯（Aspasius）於此時期注解亞氏的《倫理學》；凡莎利霧斯（Vesalius）則自亞氏的邏輯學發揮，著有《邏輯導論》。赫米奴斯（Herminus 130～190A.D.）詮釋亞氏的《前分析學》，其高足阿梭尼亞亞歷山大（Alexander of Aphrodias, 160～220A.D.），長期主持羅馬帝國設於雅典的亞理斯多德思想研究中心，注解過亞氏多數主要著作。埃及的天文、地理與數家托勒密（Claudius Ptolemy）主張地球居宇宙中心恆靜不動說，日月星辰遶其而行。其宇宙論的思維方式，與學術方法深受亞氏影響。普羅丁（Plotinus, 205～270A.D.）較傾向於柏拉圖，但亦深受亞理斯多德潛能與實現及目的因說法的影響。包費利（Porphyry, 232～304A.D.）也在柏拉圖與亞理斯多德之間進行調和。柏拉圖從人的理智在往上提升到神明層次；而亞理斯多德則自感性知識與物質世界的探討出發，其實都「殊途同歸」。包氏尤其在亞理斯多德的邏輯學著力較多，特別是對於「屬」（genus）、「種」（species）、「種差」（diffirentia）、「偶然性」（accidents）及「特性」（property）等五個述詞（predicates）的發揮。

西元第4世紀時，意安伯利古斯（Ianblicus）在其《哲學導論》（Protreticus）中大量援引亞氏學說。提米斯第烏斯（Themistius）爲亞氏《論靈魂》中肯的注解，也是價值甚大的貢獻。維多利努斯（Marius Victorinus）翻譯亞氏的《範疇論》，巴特斯達都（Agorius Praetextatus）則以拉丁文譯述《分析論》。嘉培拉（Martianus Capella）將《範疇論》與《解釋論》融會後，將內容精華融於其著作中。包伊夏斯（Boethius, 470～524A.D.）在研究亞氏的邏輯學方面成就較大，注譯了《範疇論》、《解釋論》、《前分析學》、《後分析學》、《題論》和《詭辯性謬論》等亞氏相當具份量的邏輯學論作，並進一步發揮其三段論規則。景教神父醫師塞爾吉烏斯（Sergius）將研究亞氏的風氣傳往敘利亞的基督教學校。亞力山大史第發努斯（Stephanus of Alexandria）則將亞氏思想發揚至君士坦丁堡。

三、西元後第6～10世紀

辛比詩烏斯（Simplicius）注解亞氏的《物理學》和《論天》，對發揚亞氏的宇宙論著力甚深。約翰費羅保努斯（John Philoponus）主要貢獻在融合亞理斯多德思想與天主教教義，他時常引用亞氏邏輯學與形上學的理論。辛比詩烏斯與達麥詩烏斯（Damascius）對於將亞氏思想傳播到波斯世界貢獻甚多。阿慶尼（al-Kindi，ibn-Ishag）以阿拉伯文在回教世界引介亞氏的《論天》、《氣象學》與《形上學》等著作。胡納（Hunayn ibn-Ishag）父子對於亞氏著作在阿拉伯文世界的系統翻譯傳播，亦貢獻卓著。其他如阿法拉比（Al Farabi）與阿味齊納（Avicenna）也都是當時回教世界的重要亞理斯多德思想傳人。此外猶太學者（Issac ben Solomon Israeli, 850～950A.D.）在其《論定義》（De defintionibus）與《論原素》（De elementis）兩本著作中，深入討論亞氏學說觀點。

四、西元後第11～15世紀

阿味羅厄（Averroes, 1126～1198A.D.）是此一時期的亞理斯多德重要的詮釋者，但於其注解中參雜諸多一己之見。阿巴露尼（Al-Baruni）、殷加農（Ibin Khaldum）與阿文巴齊（Ave-mpace）等人的研究，皆有一定的成就。11至12世紀間，柏拉圖的學園在君士坦丁堡復校，麥克西路（Michael Psellus）、約翰意達魯斯（Nicaea Italus）、總主教麥克爾（Michael）、歐斯特拉提烏斯

（Eustratius）大主教，皆是當時研究講授與注解柏拉圖與亞理斯多德的主要學者。對於亞氏政治學、倫理學、生物學、辯證法、物理學、宇宙論、自然科學與形上學等，累積相當的研究成果。

猶太學者阿味齊波羅、馬意蒙尼與阿巴拉漢等猶太學者，對於亞氏的上帝作爲最初的推動因，調和教義的合理性、哲學與神學、理性與啓示，以及將亞理斯多德的理性與猶太教義的神修生活善加調和，都有顯著貢獻。樞機主教約翰柏沙利翁（John Bessarion）曾翻譯亞氏《形上學》。威尼斯詹姆斯則以拉丁文翻譯《後分析學》、《物理學》、《論靈魂》、《形上學》等亞氏著作。亞利斯第布斯（Henricus Aristippus）、傑拉（Gerad of Cremona）、斯高（Mchiael Scot）、哥西特（Robert Grossetetste）與羅吉培根（Roger Bacon）等，也都是當時亞氏著作重要的譯著家。

聖多瑪斯（St. Thomas Aquinas, 1225～1274）對於亞氏著作的譯注與流傳之貢獻厥功至偉。他所依據的亞氏著作全集文本是透過其同修會會士摩爾貝克（William of Moerbeke）於 1255～1278 年間所完成的亞理斯多德作品的拉丁文譯著。由於該譯文著作甚詳實可靠，多瑪斯詳讀這些文本，並爲其中大部分主要著作注解，亞理斯多德思想得以因此發揚光大。經由多瑪斯的努力，自此以後亞理斯多德學說逐漸被基督教化，由於與天主教教義教較接近，此後便取代柏拉圖的地位〔註 85〕。

亞理斯多德的形上學本體論思想，在西方文明中具有跨越時代的深刻影響力，特別是中世紀的士林哲學家與神學家聖多瑪斯（St.Thamas Aquinas, 1225～1274 A.D.），對於其思想的注譯與詮釋，具有厥功至偉的貢獻。他同時以亞氏的思想基礎，發展其天主教哲學與神學論述體系。聖多瑪斯的思想中，亞理斯多德的老師柏拉圖，也是重要的養分來源。此外，聖經思想中的創造概念，也是其形上學架構的主幹〔註 86〕。

大約於 1255～1274 年間，多瑪斯熟讀了拉丁譯文的亞理斯多德全集著作，並爲大部分主要著作有系統地進行註解工作，於是得以將亞氏思想在中世紀時期加以發揚光大。由於亞氏的思想與天主教信仰的學說較爲接近，所以多瑪斯其實是從事將「亞理斯多德基督教化」（christianization of Aristotle）的工作，他成功地將亞理斯多德思想與基督教思想整合。此項傑出的成就，

〔註 85〕丁福寧：《多瑪斯形上學》，台北：台灣商務，2007 年，頁 i。
〔註 86〕丁福寧：《多瑪斯形上學》，台北：台灣商務，2007 年，頁 i。

爲學術界帶來巨大的貢獻〔註 87〕。而亞氏形上學本體論思想體系中的許多觀念，諸如對於「存在」的探討、潛能與實現、形式和質料、四因說、偶然性和必然性等，都被多瑪斯吸收並結合柏拉圖思想與希伯來民族信仰，成爲其論證神或上帝存在的理論基礎。

亞理斯多德所說的純實現和純形式，以及第一不動的推動者，都被多瑪斯稱爲神。而此一「第一個非果之因」，也被多瑪斯視爲神。宇宙的現象界雖有偶然性的事物，但亦有必然的事物存在，這必然存在者，也被多瑪斯視作神。最高的存在，也就是最高的至善，亞氏從柏拉圖那裡承襲過來，至高的眞善美其實被視爲統一的，那也是最高的智慧，亦是宇宙的目的，多瑪斯將此一「善自體」、「自滿自足者」或「最幸福者」也稱之爲神。宇宙萬象中，其變化有許多可遵循的規則，如春夏秋冬四時的運轉。將宇宙從混亂的秩序，導向井然有序者，也必然是萬能的神。多瑪斯爲理性探討的亞理斯多德形上哲學，加入其感性的神學信仰，成爲中世紀士林哲學的重量級大家。羅素認爲其在西方哲學史上重要性地位，不在康德（Immanuel Kant, 1724～1804 A.D.）與黑格爾（Georg Wilhelm Friedrich Hegel, 1770～1831A.D.）之下〔註 88〕。

亞理斯多德在其《形上學》裡，以質料和形式來論述存有，多瑪斯則對此進一步詮釋，他說：「雖然一事物的存有和它本質不同，但不能將存有視爲爲什麼加上依附的。故存有者這名字，由存有所產生的，指稱著由本質所產生的同一個事物〔註 89〕。」多瑪斯在亞理斯多德的基礎上，進一步詮釋存有、本質、質料和形式間的關係，強調存有和本質，乃是存有者的兩個基本建構原理。每個眞實的存有者，都是由本質與存有組合而成，是潛能和實現的一個案例。這是在形式作爲實現與質料作爲潛能的組合裡。形式和質料是物性本質的因素。本質與存有的組合，則是存有者的內在組合原理〔註 90〕。

多瑪斯在大多數的思想立場上追隨亞理斯多德，讓亞氏的影響力在中世紀時超越柏拉圖。他說服中世紀的教會，使其相信作爲基督教的哲學基礎，亞理斯多德比柏拉圖更爲可取。亞理斯多德的本體哲學論述，主要訴諸人身上本有的「努斯（nous）」，進行理性的思辨。但亞氏也曾主張神是最高的純實現，是最幸福與最完滿的存在。多瑪斯依循此一說法，再融入基督教神學論

〔註 87〕曾仰如：《亞理斯多德》，頁 501～502。
〔註 88〕羅素：《西方哲學史》，頁 592。
〔註 89〕Aquinas, ***In IV Metaphysics***, lect. 2, 558.
〔註 90〕丁福寧：《多瑪斯形上學》，台北：台灣商務，2007 年，頁 134～135。

述，提出神是純粹實現，及神是絕對的第一因〔註 91〕之說。多瑪斯則將理性的哲學思辨，再區分出一條屬於感性信仰的神學論證，或稱之爲啓示，若再加上直覺，則上述三條理路，被視爲認識上帝的三種途徑。在聖多瑪斯的神學論述中，他將亞理斯多德的實體與形式理論神學化，將前二者再加上宇宙的秩序，將上述三個萬物共有的本質，視做天主三位一體的記號〔註 92〕。他將「存有」視爲是世界從天主那裡所接受的一切基礎，它比任何一切都更親近。這樣的說法，似乎是繼承自柏拉圖的上學下達的分有理論學說而來。天主即是存有自身，祂也是最完美的原因，祂所創造的萬物也分受著祂的完美。天主將自身的完善傳達給萬物，使每一物皆能稟受祂的善，再傳佈給其他物。

對多瑪斯而言，神或稱之爲天主，是最高的善，也代表至高的智慧之光，他將天主肖像的觀念首次引入自然的核心，超越秩序、數目和美，盈滿整個物理結構。此一說法，與十一世紀的宋儒朱熹對於由陰陽二物質性質料所構成的萬物，其最高本體爲太極，但萬事萬物又各有一太極，如月映萬川一般，有些異曲同工之妙。但是朱熹對於易學本體的論述，並無如多瑪斯的理論一般，植基於神學的基礎。

作爲亞理斯多德本體哲學的忠實譯注者，多瑪斯和亞氏的思想路線是一致的。但是二者仍有不同之處，亞理斯多德重視「實體」，實體對其而言是個別的實體，存在是作爲存在的存在本身。兩個實體並不因存在使彼此相似而屬同一個類，所以存在既不能作爲屬性，亦不能作爲類或種。亞氏將「實體」作爲主要範疇，他將「什麼是存在」的問題歸諸爲「什麼是實體」。而多瑪斯則賦予「存在」新的意涵。他說：「存在是一切所作之實現，因此是一切完成之完成〔註 93〕。」存在之所以實現，正是因爲「存在」給了「存在者」以實現的存在。正如同「跑」的動作，本身給了一個「跑者」以實現的「跑」，使其成爲眞實的「跑者」。他所謂的存在具有兩層涵意：一是任何實體的存在與本質皆可分，本質中不包涵存在；二是一切現實性事物，皆按其本性充分地實現其潛能，實現存在的狀態非靜止的，他是一切能量和動力與可能性的實現〔註 94〕。

多瑪斯超越他以前的所有天主教哲學家，對於亞理斯多德有著最深刻的

〔註 91〕此一說法若論其來源，應是受亞理斯多德「不動的首動者」之影響。

〔註 92〕沈清松譯，Etienne Gilson 原著：《中世紀哲學精神》（***L'esprit de la philosophie médiévale***），台北：台灣商務，2001 年，頁 92～93。

〔註 93〕St.Thoma Aquinatis: ***De Potentia*** 7.2 ad 9.

〔註 94〕唐逸，《西方文化與中世紀神哲學思想》，台北：東大出版，1992 年，頁 142。

理解，並且在區別淵源於理性和淵源於啓示的兩類論證上，其明確而清晰的文筆與論述，著實令人讚嘆〔註 95〕。多瑪斯思想的獨創性，主要表現於將亞理斯多德本體論思想稍加改造，並融合柏拉圖與天主教思想，使其適應於基督教教義，此乃中世紀士林哲學的一大特色。

另一位斯高特斯（Duns Scotus, 1256～1308）則以亞氏的質料、形式、因果、偶然性、必然性等觀念建構其思想體系。尼古拉斯歐瑞斯美主教翻譯亞氏的《倫理學》與《政治學》，使該二書在俗民社會普及化，影響人們的日常生活。

此外哥西特（Robert Grosseteste）曾注解《後分析學》，並翻譯《論天》與《尼可馬科倫理學》。德國教士席奧多瑞克（Theodoric of Freiberg），英國牛津的教授群、法國的布律丹（John Buridan）和奧瑞斯美（Oresme），以及皈依天主教的猶太人巴爾赫伯洛斯等人，都對於亞式的自然科學觀念，以及哲學、神學的思想上，進行注解和發揮。

五、西元後第 16～19 世紀

在西元第 14～18 世紀間，歐洲社會發生了文藝復興、宗教改革與啓蒙運動等大事，人文主義、世俗主義、理性主義與科學的價值觀逐漸盛行，連帶地對於深受亞理斯多德思想影響的士林哲學造成挑戰與衝擊。此一時期有阿基羅伯洛斯（Argyropolos）主教注解亞氏的《倫理學》；柏沙利翁（Bessarion）主教翻譯亞氏的《形上學》，並調和柏拉圖與亞理斯多德思想。西元第 15～16 世紀間，學界對於亞理斯多德的思想研究愈來愈熱烈，亞氏的大部分著作也被出版界發行。嘉本達利烏斯（J.Carpentarius, 1524～1574）曾出版比較柏拉圖與亞理斯多德的著作，意在調和二者間的思想。在法國則有尼達柏（Lefévre d'Ètaples）展開亞理斯多德思想史的研究。此一時期的英國，牛津大學傾向支持亞氏思想，特重視亞氏的邏輯、倫理與政治學著作的研讀和闡釋。而劍橋大學則持反對立場，傾向於柏拉圖學說立場。英國教會人士泰勒（Thomas Taylor, 1758～1835），幾乎獨自一人翻譯亞氏全部著作。

德國的密蘭遜（P.Melanchthon）對亞氏的邏輯研究甚深入；斯濟克（Jacob Schegk）教授對亞氏的《分析學》的著力頗深。荷蘭的佛提厄斯（G.Vo 'e'tius）

〔註 95〕《中世紀哲學精神》（***L'esprit de la philosophie médiévale***），頁 603。

對亞氏的思想亦擁護甚力；法國與德國柏林的大學，亦分別於 16～17 與 19 世紀，逐漸對亞氏思想進行深入的研究，而且成績斐然。西班牙與葡萄牙乃至於中西歐和拉丁美洲的大學教育體系，也都深受亞氏學說思想影響。葡萄牙的方西嘉（P.da Fonseca）和蘇亞黎（Fr.Suárez）兩位學者對於亞理斯多德《形上學》的研究與發揮，做了巨大學術貢獻。

第 17、18 世紀時亞氏的思想在義大利受到猛烈的抨擊，主要是針對自然、宇宙和上帝等概念與認知的歧異。較主要的學者有佛蘭加斯多羅（G.Fracastoro, 1478～1553）、嘉納諾（G.Cardano）、泰雷西奧（B.Telesio）、布魯諾（G.Bruno）和甘巴尼拉（T.Campanella）等，其中布魯諾主張上帝即原質，作爲潛能的質料，與作爲純實現的上帝，是統合爲一的。另外瓦尼尼（G.C.Vanini, 1584～1619）則主張自然即是不動的首動者。哥白尼（Copernicus, 1473～1543）及伽利略（Galileo, 1546～1642）則是挑戰亞氏的自然科學觀念；法蘭西絲培根（Francis Bacon, 1561～1626）則極力抨擊亞氏的邏輯三段論學說，他認爲唯有經驗過的事物才是發現與檢驗眞理的標準，並主張歸納法才是唯一可靠的方法。並著述《新工具論》（***Novum Organum***）強調歸納法的價值，企圖取代亞理斯多德的《工具論》。亞氏的宇宙論在此一時期飽受質疑，但是其政治學卻逐漸產生影響力。馬基維利（Machiavelli）、洛克（J.Lock, 1632～1704）、孟德斯鳩（Montesquie, 1689～1755）與美國獨立宣言的起草先賢傑弗遜等人，其有關權力結構與政治理論的主張，均直接或間接受亞理斯多德政治學思想影響。萊布尼茲（G.Leibniz, 1646～1716）則甚推崇亞理斯多德的邏輯學，並將其「質料與形式」的說法，作爲其個別單子形上學（Metaphysics of individual monads）的基礎。

在 18 世紀年代飽受挑戰與質疑的亞理斯多德思想，受到德國柏林學院（Berlin Academy）與士林哲學學派的努力發揚之下，使其繼續在人類文化中發揮重大影響力。柏林學院的貝克於 1838 年主持出版《亞理斯多德全集》（***Corpus Aristotleicum***），其後該學院又出版《亞理斯多德的希臘文注解》（***Commentaria in Aristotelem Gracea***）與《亞理斯多德附錄》（***Supplementum Aristotelicum***）等大部頭著作。魏特也於 1844 至 1846 年編注亞氏的《工具論》。1908 年的諾貝爾文學獎得主尤肯（R. Eucken），特倫德連柏格（A. Trendlenberg, 1802～1972），及其門生海德（C. Heider）與伯倫塔諾（Fr.Brentannnnno, 1838～1917），均是深入研究並力護亞氏學說的思想家。

羅馬教宗李奧13世（Leo XIII）大力提倡多瑪斯思想，並於1879年頒佈「永恆的天父」（Aeternis Patris）通諭，鼓勵天主教學者多研究多瑪斯思想。由於多瑪斯是極重要的亞氏思想學說的發揚者，鼓勵研究多瑪斯思想學說，便間接推動亞理斯多德思想的探究。由於這股推波助瀾的風潮，使得《亞理斯多德全集》（***Aristoteles Latinus***）拉丁文譯本得以在義大利問世。

亞理斯多德的思想學說，自從他在柏拉圖雅典學園修習20年有成，而在梨塞翁自立門戶，創立逍遙學派以來，其思想學說在人類文化的影響力，已逾二千年而猶存。同軸心時代以來的易學思想一般，兩者都有一段各自的發展歷史，並且在東西方的人類文明發展史上，都產生重要的影響和啓發。

第三節 《周易》與亞理斯多德天人思想對當代的影響比較

一、當代的《周易》研究發展摘述

20世紀以來學術界研究易學者如百花奔放，累積成果豐碩，大抵可分爲兩種系統，一是較偏向字義闡釋與歷史考證的國學系統；二是較側重於其中的哲學思想，繼續自易理中闡發新思想的哲學系統。哲學系統的易學專家諸如熊十力、方東美、唐君毅、羅光、南懷瑾、愛新覺羅毓鋆、張廷榮、程石泉、黎凱旋、牟宗三、高懷民、陳鼓應、成中英、傅佩榮、吳怡、郭文夫、朱高正、林義正、曾春海、林安梧、趙建偉、李霖生、魏元珪、陳榮波、杜保瑞……等。國學系統的易學家則如錢穆、戴君仁、屈萬里、高明、胡自逢、黃錦鋐、黃慶萱、李威熊、戴璉章、簡博賢、呂凱、徐芹庭、黃沛榮、劉君祖、林麗眞、莊耀郎、岑溢成、龔鵬程、劉瀚平、謝大寧、黃忠天、孫劍秋、何澤恆、鄭吉雄、董金裕、王關仕、王開府、王西基、黃明理、顏國明、王財貴、林文彬、黃忠天、游志誠、賴錫三、賴貴三、林文欽、林益勝、曾昭旭、陳廖安、陳郁夫、王金凌、趙中偉、許朝楊、許維萍……等。

在中國大陸則有高亨、尙秉和、李鏡池、黃壽祺、于省吾、金景芳、朱伯崑、唐明邦、湯一介、劉大鈞、呂紹綱、劉長林、吳敦康、董光璧、張立文、張善文、蕭漢明、郭齊勇、施炎平、姜廣輝、鄭萬耕、鄧球柏、陳居淵、廖名春、林忠軍、張其成、黃玉順、鄧立光、汪學群、楊慶中、傅榮賢……

等，於易學研究斐然有成。

易學在國際間的傳播，就東亞文化圈而言，鄰近的韓國與日本、馬來西亞都在每年舉辦跨國界的易學研討大會，其中有學界人士，亦有民間團體共同參與。關於易學的推廣、應用和研究，被視爲東亞文化的共同核心，在東方世界輻射出一個文化圈與精神感召力〔註96〕。

本世紀初部分外籍人士從事《易經》的譯注工作〔註97〕，其中較著名者如衛禮賢（Richard Wilhelm, 1873～1930 A.D.）父子，他是一位德國籍傳教士，於1920年代將《易經》譯爲德文出版，之後再由美國籍的蓋瑞（Cary F.Baynes）譯爲英文版，於 1977 年由普林斯敦大學出版社出版。心理學大師榮格（1949年版），與衛禮賢之子小衛禮賢（Hellmut Wilhelm, 1905～1990A.D.，1968 年版）均曾爲該書的英譯版本作序言。自此以後歐美世界的人士對於《易經》始能更深入地一窺其堂奧。在英語世界尚有一些關於《易經》的研究，如約翰・布勞菲爾德（John Bloffld，1968 年）附占筮說明的新譯本；R.G.H.許（1968 年）、克雷・伍爾桑（Clae Waltham，1969 年）、約瑟夫・墨菲（Joseph Murphy，1970年）、阿弗萊德・道格拉斯（Alfred Douglas，1971 年）、Y・海耶席（Y.Hayashy）、黛安娜・霍克（Diana Hook，1973 年）等人，都曾將《易經》引介至英語世界，讓英語世界的讀者得一窺此中華文化之重要寶典，貢獻良多。

此外還有布萊恩・布朗（Brain Browne Walker，1992 年）譯解的《易經》；阿弗列德・黃（Alfred Huang，1998 與 2000 年）與湯姆斯・克禮利（Thomas Cleary，1986 與 1987 年）分別從儒（程頤）、道（全眞派）、佛（禪宗）三家的立場譯注與詮解的《易經》。經由上述外籍人士的投入，使得易學原理思想，逐漸地影響若干西方人的精神生活，這些影響包含價值觀念和生活中的行爲模式等面向。

在一般民間數術界流行的風水、堪輿、奇門、遁甲和命相等百姓日用之學領域，以及管理、決策與醫學、心理諮商和精神分析等面向，也都相當程度地參酌運用易學原理，或可視其爲實用生活易學。但是若干職業術士信口

〔註96〕成中英，《易學本體論》，頁 201～202。

〔註97〕外籍人士翻譯《易經》並非始於衛禮賢，早於 1626 年（明天啓 6 年），法國耶穌會傳教士金尼格（P.Nictaus Trigaut, 1577～1628），即已翻譯過《易經》。而比利時耶穌會士柏應理（Philippe Couplet, 1623～1693），也曾將《易經》翻譯成當時歐洲通用的學術語言拉丁文。19 世紀時，也有英法文譯本各 2～3 種。

開河，天花亂墜，學養、歷練與經歷參差不齊，將易學市場化、現實化、庸俗化或迷信化，雖可濟用一時，一解社會人士的困惑疑問，即使其中偶有奇能異士，臥虎藏龍，總是鳳毛麟角，實不多覯。純就學理而言，有時妄用誤導，錯漏百出。更甚者猶有游走法律邊緣，謀財害命者。打著易學名號職業術士的力量，其影響力深植於民間，不可謂不大，對於社會心理仍有甚大的撫慰作用〔註 98〕。學界似乎應以其精醇的理論基礎，與民間實務界的數術派職業人士多加交流與溝通，彼此攻錯、切磋及合作，相輔相成，如此方能為更多社會人士造福。

二、當代亞理斯多德研究發展摘述

當代的亞理斯多德研究主要以學院的學者主導。此一時期的主要成果在於探討亞氏的思想發展，其中尤以耶克爾（W.Jaeger）於 1923 年發表的《亞理斯多德思想之發展史》為代表。英國學者羅斯（W.D. Ross）與莫爾（G.R.Mure），也是此一方面的專精學者。羅斯與另一名學者史密斯（J.A. Smith），於牛津大學主持將亞氏全集譯成英文的計畫。在牛津、倫敦和紐約等地，均有成立研究亞氏思想的中心或研究社。從 20 至 21 世紀，西方學界同東亞文化圈對於易學的研究一樣，有許多研討會的舉辦，同樣對於亞氏或易學思想有興趣的學人，針對上述二者的不同範疇主題，提出個人或團隊的研究報告與出席與會的同道切磋琢磨，進行溝通與交流。

除上述的羅斯是 20 世紀英語世界研究亞理斯多德的領袖外，歐文（G.E.L. Owen）則是 20 世紀中葉英語世界研究亞氏的第一人。歐文與杜林（I.Düring）是第一屆亞理斯多德學會的共同發起人，1957 年於牛津舉辦第一屆亞理斯多德學會會議。而弗雷德（Michael Frede）則可視為 20 世紀 80 年代以後，英語世界研究亞理斯多德的領軍人物 ，他對於亞氏的《形上學》詮釋有獨到的眼光。其他於當今仍活躍於西方學術界，對於亞理斯多德思想學有專精的學者尚有盧克斯（Michael J. Loux）、波斯塔克（David Boostock）、羅德（Carnes Lord）、索拉比（Richard Sorabji）、華萊士（John R. Wallach）、努斯鮑姆（Martha Nussbaum）、維特（Charlotte Witt）、海倫朗（Helen S. Lang）、提爾尼（Richard Tuerney）、史蒂芬曼（Stephen Menn）、羅森（Stanlet Rosen）、吉爾（Mary Louise Gill）和余紀元（Jiyuan Yu）……等。

〔註 98〕賴貴三主編，《台灣易學史》，台北：里仁書局，2005 年，頁 21。

此外除歐洲不同國度語文的亞氏全集譯本外，在東方的中國亦有苗力田所率領的翻譯團隊，以希英對照的《洛布叢書》（Loeb Series）爲參考版本，於 1997 年在北京由中國人民大學出版社出版簡體字版《亞氏全集》中文翻譯，讓擁有超過 12 億人口的華人，經由閱讀此一中文全集版本，即能夠更便利地親炙亞理斯多思想的堂奧。台灣研究亞氏思想者，其人數與研究易學者相較之下減少許多，比例不可同日而語，其中以曾仰如於東大圖書出版的《亞理斯多德》涵蓋範疇最爲全面，對於亞氏學說的探討與論述面面俱到，亦能兼顧深度與廣度。

三、《周易》與亞理斯多德思想對當代文明的影響

自軸心時代《周易》與亞理斯多德思想各自建立其體系以來，迄今已逾二千年。在這二千餘年裡，人類各國的政權幾經更迭，滄海桑田，文明歷經多少代的盛衰起伏。然而，易學與亞理斯多德哲學這兩座人類文化的高峰，仍然屹立不搖，至今仍閃耀著文化的輝光，在人們的思維層面發揮著影響力。《周易》在傳統中華文化中，在思想上與道教、佛教均有會通之處。前述章節曾討論過從老子的思想，到北宋陳摶與周敦頤等人所提出的太極圖的符號圖式；以及明代禪僧眞可與智旭等人，在佛理與易理之間的所進行的合流工作。易學陰陽觀念對於數學的影響，自漢代以來的《周髀算經》、《九章算術》，到宋代邵雍《皇極經世書》的易學數學，乃至於清代焦循以六十四卦結構與五乘方分解結合，而給予代數解法，企圖經由將卦爻辭也視爲類似畫卦的另一個符號系統，建立起一個嚴格地成數學比例關係的易學體系。

當今研究易學的專家們，仍有諸多將道家或佛家的思想與易理融會合流，而成道家易或佛家易者，前者如台灣的陳鼓應，後者如大陸的王仲堯等。易學中陰陽變易的道理，以及其符號體系中所富含嚴密的數學邏輯，在當代仍時常被引用於與鋼琴的黑白鍵，和電腦 0 與 1 所創造出的無限大千世界進行參照比附。

醫、易之間的會通關係更是密切，二者間的天人觀、陰陽觀、五行觀與觀象之基礎，其原理均有深刻之互通處，直接形構中醫養生觀的學理基礎。從馬王堆出土先秦的醫學理論著作如《陰陽十一脈靈經》與《足臂十一脈靈經》，漢代的《黃帝內經》，晉代的《中藏經》，唐代的《千金要方》，明代的《本草綱目》，都與陰陽二氣變化，相應於人體調和氣血的中醫醫療理論相符

合。醫易相通與同源之處除陰陽變化的核心概念外，其他如二者間的象學基礎與思維模式，也都是中醫臨床實務的思想理論基礎。

當代商業主義盛行，經濟行爲成爲人類生活中極重要之事。陰陽變易的道理，可應用於觀察經濟起伏的走勢。現代人遂於易理的啓發中，以《周易》創造之體，結合五行之象，創發出管理之用的商業理論。成中英提出的「五C理論」，以決策、領導、策略、目標、資源分別作五C之象，分屬土、金、水、木、火，而體現爲思想與決策管理、推動與領導管理、銷售與市場管理、製造與生產管理、人事與財務管理等五個範疇之用的管理理論。由陰陽之體，生出的土、金、水、木、火等相生的五行，管理體系宜效此五行活化良善地循環、改進與提升。好的決策人物，應有土（坤之德）一般的包容姓；好的領導人不能腐敗，應像金一樣純陽剛建（乾之德）；且應像水（坎之德）一樣，在充滿挑戰與險陷的變動市場中，立於不敗之地；能生生不息地開發新產品，改進創造（巽之德）；要能獲得人力與財力的支援，形成熊熊的一團火，具有溫情（離之德）〔註99〕。

亞理斯多德對於宇宙人生的思考，建立了少有人能夠超越的龐大思想體系，爲後世人類留下豐富的文化資產，是西方思想史上的巨擘。他的思想學說深入地影響哲學、神學、史學、科學、文學、倫理學、政治學等領域。在現今人們的學術乃至於日常用語間，所常使用的質料（matter）、形式（form）、屬（genus）、種（species）、能量（energy）、潛能（potenciality）、實現（actuality）、實體（substance）、依附體（accident）、性質（quality）、分量（quantity）、本質（essence）、原因（cause）、效果（effecy）、關係（relation）、個體（individual）、主詞（subject）、述詞（predicate）……等，其根源均來自於亞氏著作中所使用的語詞。這些用詞包涵於其所建構的理性客觀思想模式，預計將繼續影響世世代代的人們的思維，稱其爲「智者之師」或「學問之父」應不爲過。

《周易》與亞理斯多德思想對於現今人們的影響的最大交會可能是在當代實用心理學的範疇。《易經》對於作爲佛洛依德（Sigmund Freud, 1856～1939 A.D.）學派重要一員，卻能自成一家的心理學大師榮格（C.G. Yung, 1875～1961A.D.）的實務心理諮商工作，曾經產生重大的吸引力和影響力。榮格與翻譯《易經》的德籍傳教士衞禮賢同樣對於東方文化深感興趣。後者父子皆足以稱爲知名的漢學家，榮格因與衞禮賢熟識，經由他的介紹，得以一窺《易

〔註99〕成中英：《易學本體論》，頁284。

經》的奧秘，並以此部經典與他的心理諮商實務工作結合。《易經》在中國群經當中，被列為群經之首，而榮格在其自傳裡亦讚揚衛禮賢翻譯該書的貢獻，認為他讓這本「東方最有深度的著作」第一次以生動、易懂的形式被介紹到西方來，榮格將《易經》視為無可匹敵的中國心理學〔註100〕。

榮格因為衛禮賢的引介，對於大衍之數以50根籌策揲筮成卦的方法至為熟稔。他將這種提問諮詢與占卦結果之中的心理與生理聯繫稱之為「共時性原理」（acausal parallelism or synchronicity），也將之視為「心理現象學」（psychological phenomenonology）〔註101〕。他並舉一個接受他諮商的案例說，他是一個具有強烈戀母情結的年輕人，並且認識了一個看來挺適合他的女孩，而很想與她結為連理。但不知怎麼的，內心又不十分確定。他擔心在自己的戀母情結影響下，又會發現自己受母親的強烈影響。榮格為他占得的卦辭是：「這個女孩太有能力了，不該娶此女子。」榮格應是占得姤卦䷫，其卦辭是：「女壯，勿用取女。」

榮格顯然認為除了康德所謂的「純粹理性批判」與西方的科學理性，計量數據以外的宇宙，還有其他的自然法則（natural laws）。這種思考如以宋代以來出現的太極陰陽魚圖☯來解釋的話便甚明瞭。圓圖白色的部分是陽，可代表人類理性的思維，但白中仍有黑點，這黑點或可視為人類理性思考中的盲點。原圖黑色的部分是陰，代表人類感性思維或無法預知事物的面向。黑色部分之中還存有白色圓點，或可視之為在暗昧不明之中，經由《易經》占卦，給我們一些啟示，宛如父母、師長給我們的耳提面命一般。榮格將《易經》視為一個諮商師，認為自然法則除了人們可觀、可感，能經驗到的部分以外，在時間與空間之中尚有感官經驗之以外的世界存在。占卦的過程，即是人的身心靈與天地陰陽變化之氣相連繫感應，透過一個六畫卦的圖象，對人們示現一些啟示。此一圖象在原初之時可與大自然的圖象連結，當進一步地賦予卦、爻辭之時，便能在心理層面協助人們解決疑惑。但是榮格也了解關於解卦者知識與文化水平高低的重要性，必須善解卦爻中的辭句和義理，才能允當地進行詮釋，並且與心理諮商工作妥善地結合。他知道每一

〔註100〕C.G.Jung, ***Memories, Dreams, Reflections***, New York: Random House, Inc, 1989, p375.

〔註101〕Richard Wilhelm, Translated by Cary F. Baynes, Forword by C.G. Jung, ***The I Ching or Book Of Changes***, New Jersey: Princeton University Press. , xxxix.

次占卦，都是獨一無二的，最初始的情境無法被重新建構，諮詢與回答都是在無可取代的一次時間與空間中，身體與心理交融匯合的結果。這或許即是《易經》蒙卦 ䷃ 卦辭所說的：「初筮告，再三瀆，瀆則不告」的道理。榮格認爲《易經》與我們人的無意識部分有較多的連結，與人的理性意識與態度運作較無關連〔註 102〕。

對於榮格上述的認知，我們認爲有若干商榷的餘地。依照太極陰陽圖圓形之中由 S 形線均衡地切割，代表陰與陽的黑、白色範圍裡又各有白與黑色的圓點，其所表達的概念可視爲《易經》陰與陽、理性與感性、意識和無意識、已知與未知相互涵藏、辯證與調和的。保合太和的中和之道是《易》的至高境界，因此榮格所言的理性意識的態度，應是與我們感知不到的另外一面相參酌，彼此交互運作，將理性與感性，意識與無意識妥善調和，可能是比較合宜的《易經》占卦結合心理諮商的取向。榮格並不懂中文，因此對於《易經》形式、結構與義理的認識，仍是透過衛理賢的德文翻譯本間接了解。但是我們相信此一版本的《易經》文本，應曾經給予榮格在心理諮商實務工作上甚多的靈感與助益。

至於諮詢的當事人，不論是自行占卦或者是經由諮商者，「自我覺察」（self knowledge）的能力便成爲甚爲重要的因素。榮格認爲《易經》更適用於喜好深思與反省的人，由於他對於自己正在從事與何事正發生於自己身上最爲熟知，經由個人「自知之明」的自我省察，最能受益於《易經》。另一方面，榮格亦不否認《易經》也時常被凡夫作爲迷信之用。

但是榮格深切明瞭《易經》是孔子與老子思想的重要啓發源頭，他以逾八旬之齡替衛禮賢翻譯的《易經》版本寫序，毫不避諱的表明他不理會西方思想哲學界對於東方文明思想的偏見，明白表示他對於中國古老思想智慧的推崇之意〔註 103〕。

而美國知名心理學家哈佛大學教授丹尼爾·高曼（Daniel Goleman, 1946～），於 20 世紀 90 年代提出影響地球村人類甚深廣的「EQ」（情緒商數或智商，Emotional Quotient）理論觀念，其實脫胎換骨於亞理斯多德的《尼可馬科倫理學》中，對於以理性智慧修養中庸的德行，以善度幸福人生的思考。EQ

〔註 102〕Richard Wilhelm, Translated by Cary F. Baynes, Forword by C.G. Jung, ***The I Ching or Book Of Changes***, New Jersey: Princeton University Press. , xxxii.

〔註 103〕同上注，頁 xxxv。

能力的高低，逐漸被多數人認可爲超越智商（IQ，Intelligent Quotient）能力，是人類最重要的生存能力。要建構有禮有序的社會，讓人生獲得眞正的幸福，必須讓自己具有高度的 EQ 方能獲得。

亞理斯多德倫理學所討論的內容主要是以理性中道與自我節制的實踐智慧。亞氏在其倫理學中提到三大層次的人生幸福來源，第一層首要爲思辨（contemplation）的生活；第二層是以中庸之道的標準，修養各種諸如勇敢、節制、慷慨、端莊大方、不亢不卑、溫和、眞誠、親切好客、友善、謙虛……等德行，即所謂內在善；第三層則是諸如朋友、財富、政治權勢、好的出身、眾多子孫、出眾的相貌、健康的身體、好的運氣或機遇……等外在善。亞氏認爲將前述三大領域層面都圓滿完善地兼顧，人生才能活得好又做得好，才有眞幸福。將思辨生活視爲最高的幸福，是希臘愛智哲學傳統的一大特色。以智慧經營情感生活，將激情適度地往中庸之道引導，以倫理智慧作爲人生思想、價值觀與生存能力的指南。高曼則是在亞氏所列舉的內、外在諸善當中，汲取其精華，獲得其啓發。在亞氏的倫理學基礎上，高曼將人類的智力一詞做了新的詮釋，強調情緒與智慧完滿結合的 EQ，是人類最重要的生存能力。EQ 的影響遍及生活的各個層面，攸關個人人際關係的和諧與否，在競爭激烈的職場生態環境中，高人一等的情緒能力，將成爲決勝的關鍵。負面的情緒習慣對健康的危害並不亞於抽菸，情緒的平衡是確保健康與幸福的不二法門。

當代的人們若有較多的孤單、抑鬱、易怒、不馴、容易緊張、憂慮、衝動與好鬥等現像，則理性與感性結合的教育方向顯得特別地重要。自覺、自制、同理心、傾聽的藝術、衝突的解決與互助合作的能力〔註 104〕，便成爲現代倫理學的新課題。高曼將亞理斯多德的倫理智慧德行項目進一步發展出具體的情緒能力，總計有五大架構，及 25 種能力。其中的五大架構是：

（一）自我察覺（Self Awareness）明瞭自己的內在狀態、喜好、資源和直覺；

（二）自我規範、自律（Self Regulation）處理自己的內在狀態、衝動和資源；

（三）動機（Motivation）引導或助長達成目標的情緒趨向；

（四）同理心（Empathy）察覺他人的情緒、需求和關切；

〔註 104〕丹尼爾・高曼譯，張美惠譯：《EQ》，台北：時報出版，2003 年，頁 13～15。

（五）社交技巧（Social Skills）引發適當反映的嫻熟度。

從五大架構再細分爲二十五種能力是：

1、情緒的察覺：認清自己的情緒和其影響力。

2、正確的自我評量：明瞭自己的長處和限制。

3、自信：肯定自我價值和能力。

4、自我控制：處理紛亂的情緒和衝動。

5、值得信賴：保持誠實和完整的價值標準。

6、良知：爲自己的表現負責。

7、適應力：處理變遷的彈性。

8、創新：樂於接受新觀念、新做法和新訊息，並對此保持開放的心胸。

9、成就驅力：努力求改進或達到卓越的標準。

10、承諾：參與團體或組織目標。

11、主動：準備伺機而動。

12、樂觀：無視阻礙、挫折，對追求目標的堅持。

13、了解別人：能感受到人的情感和觀點，並對別人在意的事情主動採取關照的態度

14、服務取向：預期、認清並滿足受服務者的需求。

15、幫助別人發展：感受到別人的發展需求，並支持他們的能力。

16、善用多元化：藉由團體成員的歧異性，尋求再創造機會。

17、政治意識：解釋一個團體的情緒暗潮和權力關係。

18、影響力：發揮有效的說服藝術。

19、溝通：傳遞清晰、具說服力的訊息。

20、團隊領導：鼓舞並引導團體和眾人。

21、改變催化：引發或處理改變。

22、處理衝突：協商並解決爭議。

23、建立連結：培養有益的關係。

24、分工合作：與他人合作以達成共同目標。

25、團隊能力：在追求共同目標上，創造團體的相乘力量〔註105〕。

高曼認爲以上這五大架構與25種能力，都可經由學習而加以改善。而具

〔註105〕丹尼爾·高曼著，李瑞玲等譯：《EQ II: Working with Emotional Intelligence》，台北：時報出版，2003年，頁49～50。

備高度的 EQ 能力，其人生的命運發展，將比僅具備高度的 IQ 能力者更爲順利。高 IQ 但人際智能卻不高者，可能結錯婚或找錯工作，以至於影響人生的幸福指數。若 EQ 能力比別人高明，在人生的各個領域都較可能佔優勢，無論是談戀愛、人際關係或是了解辦公室的政治文化與權力關係，成功的機會都較大。

情感能力較佳的人，對生活的滿意度也相對較高，較能維持正向積極的人生觀。反之，縱然擁有高度的 IQ，但 EQ 能力不甚高明者，情感生活較易失控，必須加倍花費心力與內心交戰，因而削弱實際能力與清晰的思考力。

經由深度的覺醒與自我覺察，以智慧經營情緒，可擁有較好的社交能力，較外向而愉悅，不易限於恐懼煩惱思慮，對人對事也較易於投入。較正直而富於同情心，情感生活通常較豐富但不逾矩，較能隨處怡然自得。

因此具備高度的 EQ 能力，即是具有自制力、熱忱、毅力、自我驅策力等。能妥善將情感、人格與道德結合者，亦即具備良好的道德觀與情感能力，能以較佳的意志力與人格基礎，有效地調合並克制衝動。同時也較具高尚的利他精神（同理心，empathy），能感受他人的需要與絕望，眞心關懷他人。能充分自制與同情，結合情緒與智慧，能善解別人內心深處的感受，能圓融處理群我關係。

EQ 理論的提出雖看似新的觀念，本質上卻是亞理斯多德思想對於當代「德行倫理之復甦」的影響。高曼所揭櫫的讓 EQ 能力的普遍提高，將使社會變得更有禮有序，其實和亞理斯多德倫理學主張的方向一致。亦即讓人心向善，眾多個人的善，所集結而成的結果就是眾人的善、社會的善。倫理德行於當代社會復甦的最大意義即在於讓更多人生活中有幸福，既做得好，也活得好。

自從 EQ 的論述逐漸在人類社會產生極大的迴響，普遍獲得世人的認同以來，陸續又有 CQ（Creation Quotient，創造力商數）、SQ（Spiritual Quotient，心靈商數）等名詞問世。其實這些觀念也都植基於亞理斯多德倫理學思想中，對於人類完善幸福生活的思考。經由上述剖析亞理斯多德倫理學論述，對於當代心理學的直接影響，我們看到此一軸心時代即發展成爲一套成熟體系的思想，持續在二千餘年後的當代，仍在現代人的生活之中持續發揮其影響力。

第九章　結　論

雅斯培提出軸心時代的概念，敘述此一段西元前 200 年至 800 年間，人類理性思想文明的劃時代進展，是一個哲學突破的超越時代。這些發生於歐洲希臘，或亞洲的中國、印度及西亞地區的人類文明，直到二千餘年後的今天，仍對當代人們的生活持續產生著影響力。限於篇幅與能力，本論文聚焦於軸心時代以來中國的《周易》，與古希臘時期的亞理斯多德，探討《周易》與亞理斯多德關於天人之際所思維的宇宙人生之道。比較東西方兩個文明的思想源頭，在本體論、宇宙論、認識論、倫理道德與政治法律等面向的思想觀念上有何異同之處。

本文先從二者間的文明背景環境切入，探討古中國與古典希臘二者間的早期占卜與巫術文化，及其神話與宗教信仰。然後進入哲學突破與人文精神覺醒的軸心時代，比較其精神內涵的異同。在軸心時代出現之前，中國與希臘各有其文明發展的脈絡，也各有其對於宇宙定位和人生安排的思索。《周易》和亞理斯多德出現以前各有其思想文明源頭，本文對於這些源頭嘗試進行一些文化背景的考察，並探討其文明遞嬗過程中的一些重要價值與觀念間的內在聯繫。這些前軸心時代的早期思想，在相當程度上代表中國與古希臘兩個古文明的先哲們，對宇宙和人生深度探索歷程的紀錄。由於文明是逐漸累積發展而來，前代的思想體系與思維內容和方法，必然多少影響下一階段思想文化的發展。經由這些基源問題的探討和疏理後，將有助於繼續了解易學和亞理斯多德天人哲學思想中，關於本體論、宇宙論、認識論、倫理學、政治思想等範疇，及回顧二者在歷史上的傳承與發展和其現代價值。

在本體論方面，我們先討論其二者對於存在的形上學探討，並比較其在實體認知上的異同。由於亞理斯多德是將形而上學理論體系化的先驅，所以本章先論及亞理斯多德關於本體論述的創見：潛能、實現和四因說。而易學的形而上學本體論，則是以《易傳》所闡述的陰與陽作爲宇宙萬物最基本的構成質料。陰陽的摩盪與合和，產生宇宙間的一切變化和形式，這些變化衍生宇宙裡乾坤、晝夜、寒暑、剛柔、虛實、黑白、損益、進退等變化，充滿二元對立正反的辯證觀。而太極與陰陽的動靜與合和，似乎可看成易學本體論中變化與生成的動力因素。亞氏和易學對於本體的考察，都從形而下可感的基本物質元素開始，逐漸形構其各自的形而上理論體系。

亞理斯多德的本體論爲西方哲學對於「存有」的思考奠定形而上學的基礎，只論「有」而不論「無」，成爲西方哲學本體論的重要特徵。而易學哲學自陰陽盈虛消長概念出發的本體論思維中，「有與無」是一個不可分離且並存概念，雖相分對立，卻又相成相濟。

《繫辭傳》言：「一陰一陽之謂道，繼之者善也，成之者性也。」繼承陰陽變化的自然之道，而開創萬物的便是善，甚成此變易之道而化育萬物，使其各自成其性。太極陰陽所化生萬物的道理，顯然也有一個目的性，亦即向善的方向發展化育。亞理斯多德論述本體的方式，雖然迥異於易學哲學從太極陰陽出發的思維理路，但是亞理斯多德將其《形上學》稱爲神學，且將神視爲是最終的純實現，且是最完滿幸福的至善觀之。易學與亞氏的本體論述中，在本體存在的終極處，都同往一個至善的方向發展。

《易》以陰陽二元素，作爲構成宇宙和合變化的最基本成分，來表達對於「至大無外，至小無內」宇宙的認知，基本上與現代的科學精神並無違背，在本質上也符合科學精神。現今能經由儀器分析而發現的最微小粒子如分子（molecule）、原子（atom）、質子（proton），乃至於「夸克」（quark）等，也是僅止於人類當前的科技設備所能發現的最精微極至成分。正如人類至今仍繼續努力地往宇宙的更外層探索一般，依照「至小無內」的原則，人們現今所能發現的最微小粒子，應仍不是宇宙眞正最微細的成分。因此在「至大無外」與「至小無內」的兩個相對立層面而言，都存在著陰陽二氣和正負二極的組合，這也是易學哲學宇宙觀符合科學精神之處。但是僅憑陰陽概念合和、推移與變化的概念，其論證內容將顯得較粗疏，無法較精確而細緻地論述宇宙間運動和變化的成因與過程。

在宇宙論中比較二者關於宇宙的生成與演化、天地空間內的運動與變化，與易學關於天人合一的思想以及亞氏關於天人分論的論述。由於近代以來的科學發現與新理論的建構，對於我們生存的宇宙有許多新的發現和說法的提出，所以文中也針對易學和亞理斯多德宇宙論的一些迷思進行反思，檢討其過時與不合宜之處。

亞理斯多德的宇宙論著，是具有重要價值的哲學與科學史文獻，但是亞理斯多德所建構的宇宙理論，由於先進的探測儀器不斷地推陳出新，亞氏關於永恆寧靜的與不朽的「月上區」，和「第五元素」構成月球之上的宇宙天體之說法，已顯得不合時宜。月上區何以只有五十五個天體，也不能令人信服。月球、地球、太陽，乃至於宇宙間的其它星辰，雖都擁有幾十億年悠久的生命，但並非都永存不朽的。他們從星雲裡誕生而來，但最後不是爆炸就是冷卻死亡。宇宙間的天體世界，幾乎都不能自外於變化和毀滅的過程。亞氏的宇宙論在此處需被大大地修正。

關於認識世界的邏輯思維方面，我們從易學的數象聯想思維切入，將二者間關於邏輯思維的考察，和彼此間的辯證思維之異同進行比較。易學與亞理斯多德對於認知世界的思維方法，有其各自的由表象提升至辯證層次的思維理則。此兩個文明認知世界的思維方法，在最初層的表象認知上多先由對天地萬物的仰觀俯察進入。《易經》除了對可感世界進行分類外，發展出獨特的數象聯想思維。而亞理斯多德則是很務實而精密地對可感的事物進行考察記錄和分類。這些考察記錄和分類的成果，最主要表現於他的動物學和物理學著作裡。

《周易》形式邏輯的思維，表現於對事物的認知上，主要表現於思維的形式化、分類與類推等三層面。而亞理斯多德的邏輯學則為西方傳統形式邏輯奠立一個系統性的基礎，他著重於思想形式的分析，正如他為自己這門學科取名為「分析學」一般。特別是三段論的推論方式，被視為是亞理斯多形式邏輯的重要創見。

在思維邏輯最上層則是辯證邏輯，辯證思維最能體現出人類理性思考的珍貴能力。而亞理斯多德與《周易》都各有其精密而豐富的辯證思維。從陰陽兩個最基本的宇宙成分出發，以運動、變化和相互聯繫的觀點認識事物的思維邏輯，是《周易》辯證思維的主要模式。這也是《周易》的思維邏輯裡推論層次最高，較具系統化，而且充滿對立與統合的辯證思維形式。其主要內涵是變易思維、二元對立正反相成思維與機體統整思維等三個層面。雖同為辯證思維，亞理斯多德思想中所繼承與發展出的西方辯證思維方式，卻與《周易》大異其趣。亞氏的辯證思維是經由對於各種命題進行討論、推理，或思考其解決問題的辦法，肯定或反駁該命題，判定其正確或不正確。辯證思維本身即是對於問題進行推理的能力，亞理斯多德對於問題的提出、推論、回答和解決的方式，大底經由對原因、定義和範疇的考察，以歸納法或演繹法進行推論，用二元對立正、反辯證的觀點來認知事物。經由對於上述二者由事物表象的考察，到最高層次的抽象辯證思考。我們進一層考察了易學與亞理斯多德對於世界的認知的不同思維方式，這些不同的對世界的認識與思考方式，各自形構出其相異的文明面貌，也建構了不同的文化底蘊。

在關於人類道德的倫理學思考上，則以《周易》的避凶趨吉的禎祥之道，與亞理斯多德至善幸福的修德人生，《周易》的尚中與中行和亞理斯多德的中庸之道，針對二者間關於修養德行的細目，以及關於外在善的認知進行比較。避凶趨吉與至善幸福的人生，雖未必然完全等同，但是基於人類對於喜、怒、哀、樂、愛、惡、欲等心靈經驗有著相類似的基礎，避凶趨吉和至善幸福都是人們所欲共同追求的人生方向。《周易》與亞理斯多德都認知到修養德行對於幸福吉祥人生的重要性，但是他們對於德行內涵的論述卻各有異同。彼此間對於修養德行須經由禮俗的沿襲與教化，或是以法治的強行貫徹，以實踐於現實生活的行為活動中，皆有共同的認知。但是其思維內容又有諸多差異，亞氏繼承希臘愛智哲學的傳統，更強調理性智慧靜觀思辨的重要價值；易學則有其獨特的憂患意識，以及由天道體悟人道的天人合德傳統。

二者間對於無過與無不及的中道精神亦有著極類似的觀念，皆認為中庸是衡量行為與感受德行的重要標準。亞氏也明言要準確瞄準中間性，是件不易的事。而易學的尚中精神，除作為衡量行為與感受的標準外，尚具有重視時間與空間的中間性的涵義。倫理學作為思考人生至善幸福與吉祥之道的科學，探討人類理性智慧的靈魂活動所生的德行實踐，以善渡一生。我們在易學哲學與亞理斯多德的思想內涵裡，經由上述面向的比較，發現了一些值得人們深省的同異之處。

在政治思想上，則先比較周代城邦與希臘城邦的政治體制，再比較二者間關於法律正義的觀點，以及彼此間對於德行政治的主張的異同處。法律與刑罰的存在，乃客觀社會現實所需，易學哲學主張應公正嚴明地斷定訟案，但仍應寬緩獄刑，表現出以德行仁政為依歸的價值。亞理斯多德則認為法治精神是城邦治理不可或缺的價值，法律的權威是崇高至上，是人類理性與智慧的結晶。易學哲學的法律刑罰觀念以明慎用刑和議獄緩死的德行仁政優先考量，公正嚴明的法律刑罰僅作爲教化人民的輔助作爲，振民育德才是施政的終極目標；而亞理斯多德的法律觀念似乎是唯客觀理性的法治主義是從，但他強調法律是經由人們客觀、中立、理性與智慧交相激盪所產生，是經由繼承並修正柏拉圖理想國的理論建構，而創發出的早期重要法律哲學概念。

從軸心時代所創發的易學與亞理斯多德兩脈思想，在東西方的文明史中傳承已逾二千年。二者在每一個時期都與該時代的精神結合，並且有諸多的學者參與注解詮釋，留下許多雪泥鴻爪的文化思想痕跡。易學與亞理斯多德思想，同其他軸心時期所創發的思想文明一般，都是人類共有的珍貴文化智慧財產。本文在分述易學與亞理斯多德思想研究的傳承發展後，進一步對二者的傳承發展與現代價值進行回顧與探討。我們發現在當代生活的許多層面，人們的思維仍深受著易學與亞理斯多德直接或間接的影響。我們預估此兩條江河不死的文化思想巨流，將不斷地與各個時期的時代精神結合，在各個層面繼續影響人們的思維與生活。

自東西方相參照比較的角度切入本研究，或許易於遭致因題目過大，致使研究成果流於粗疏且精密度不足之議。未能熟稔古希臘文，直接研讀古希臘先哲原典，而須經由英文譯本與中文譯本進行研究，也是本論文的限制因素之一。但經由此研究，可以較廣遠開闊的視野了解兩個古代文明的傳承與遞嬗過程，並探討其現代的價值和影響力。在研究的過程中，研究者個人開拓了更多的視野，也增長了些智慧。

《周易》與亞理斯多德對於當代文化的影響與價值，其最大的交集在於對現代實用心理學的直接影響與啓發，以及對於德行倫理復甦的直接助益。榮格在心理諮商實務工作中，直接使用《周易》占卦所揭櫫的「共時性心理現象」原理。和丹尼爾·高曼所提出的 EQ 中所架構出的自我察覺、動機、同理心和社交技巧等五大情緒能力架構，以及細分爲情緒的察覺、正確的自我評量、自信、自我控制、值得信賴、良知、適應力、創新、成就驅力、承諾、主動、樂觀、了解別人、服務取向、幫助別人發展、善用多元化、政治意識、影響力、溝通、團隊領導、改變催化、處理衝突、建立連結、分工合作與團隊能力等二十五項 EQ 能力，乃直接脫胎換骨自亞理斯多德的《尼各馬科倫理學》中，對於人們如何以中庸之道的理性智慧與德行，善渡幸福人生的思考。

在過度物質化與商業化的時代，《周易》與亞理斯多德對於個人與公共善的思考，也足以作爲現代倫理德行復甦的重要標竿，其中心精神與經典價值歷久而彌新。《周易》與亞理斯多德思想的現代影響與價值，在上述兩個領域的巧妙性的交會，也是本研究的重要創見。

本論文未來將繼續深化與發展的方向有三個層面，一是《周易》「一陰一陽之謂道」本體宇宙論與氣化理論的進一層研究。「陰陽」之氣不斷地摩盪推移變化，但中庸的保和太和之道，是易理所主張的至高境界。中國思想發展史二千餘年來，都深受「陰陽」變易與調和思想的影響。乃至於當代有部分研究者，結合物理學與測量儀器，對於宇宙的生成與人體氣能量進行數量化研究。這些研究方向與成果，將可進一步與易理相會通，並進行思想流變的比較。二是進一步闡釋《周易》與亞理斯多德倫理學的現代涵義，並參與倫理德行於當代復甦與普及化的理論與實踐工作。幸福吉祥的人生即是活得好與做得好的人生，幸福生活的實踐與獲得，必須有根基穩固強大的理論背景基礎。《周易》與亞理斯多德倫理學思想，正是提供此一穩固強大基礎的理論根基，其本體宇宙核心精神歷久而彌新，其對人類的經典價值眞實而不虛。三是進一層於實用心理學的理論建構和實踐層面中，繼續深入發掘《周易》與亞理斯多德思想所給予的新啓發和新能量。

軸心文明所遺留給我們的智慧遺產是屬於全人類所共有，期盼本研究能與世人分享，並對於人們心靈品質的提升，與幸福生活的促進能有一些助益。

參考書目

一、古籍類（依四部分類與時代排序）

1. 《周易正義》，〔魏〕王弼、，〔晉〕韓康伯註，〔唐〕孔穎達疏，《十三經注疏》，台北：藝文印書館，1989年
2. 《尚書正義》，〔漢〕孔安國傳，〔唐〕孔穎達疏，《十三經注疏》，台北：藝文印書館，1989年
3. 《毛詩正義》，〔漢〕毛亨傳、鄭玄箋，〔唐〕孔穎達疏，《十三經注疏》，台北：藝文印書館，1989年
4. 《周禮注疏》，〔漢〕鄭玄注，〔唐〕賈公彥疏，《十三經注疏》，台北：藝文印書館，1989年
5. 《儀禮注疏》，〔漢〕鄭玄注，〔唐〕賈公彥疏，《十三經注疏》，台北：藝文印書館，1989年
6. 《禮記正義》，〔漢〕鄭玄注，〔唐〕孔穎達疏《十三經注疏》，台北：藝文印書館，1989年
7. 《春秋左傳正義》，〔晉〕杜預注，〔唐〕孔穎達疏，《十三經注疏》台北：藝文印書館，1989年
8. 《春秋公羊傳注疏》，〔漢〕公羊壽傳，何休解詁，唐徐彥疏，《十三經注疏》，台北：藝文印書館，1989年
9. 《春秋穀梁傳注疏》，〔晉〕范寧集解，〔唐〕楊士勛疏，《十三經注疏》，台北：藝文印書館，1989年
10. 《論語正義》，〔魏〕何晏注，〔宋〕邢昺疏，《十三經注疏》，台北：藝文印書館，1989年
11. 《孟子正義》，〔漢〕趙岐注，〔宋〕孫奭注，《十三經注疏》，台北：藝文

印書館，1989 年
12. 《爾雅註疏》，〔晉〕郭璞注，〔宋〕邢昺疏，《十三經注疏》台北：藝文印書館，1989 年
13. 《孝經註疏》，〔唐〕玄宗注，〔宋〕邢昺疏，《十三經注疏》台北：藝文印書館，1989 年
14. 《京房易傳》，〔漢〕京房傳陸續注，台灣商務印書館影印文淵閣四庫全書版
15. 《段注說文解字》，〔漢〕許慎著，〔清〕段玉裁注，台北：廣文書局，1969 年
16. 《周易鄭康成注》，〔漢〕鄭玄撰，王應麟編，台北：台灣商務印書館，1976 年
17. 《易緯乾鑿度》，〔漢〕鄭玄注，《叢書集成初編》，北京：中華書局，1985 年，
18. 《易解附錄》，〔漢〕鄭玄注、胡震亨輯補，《叢書集成初編》，北京：中華書局，1985 年
19. 《周易、老子王弼注校釋》，〔魏〕王弼注，樓宇烈校釋，台北：華正書局，1983 年
20. 《周易注疏》，〔魏〕王弼、晉韓康伯注，孔穎達疏，台北：學生書局，1984 年
21. 《周易集解》，〔唐〕李鼎祚輯，台北：商務印書館，1996 年
22. 《易童子問》，〔宋〕歐陽修撰，浙江：浙江古籍出版社，1993 年
23. 《東坡易傳》，〔宋〕蘇軾撰，《易經集成》，台北：成文出版社，1976 年
24. 《易程傳》，〔宋〕程頤撰，《二程集》（下），台北：漢京文化，1983 年
25. 《二程全書》，〔宋〕程灝、程頤撰，北京：中華書局，1972 年
26. 《皇極經世書》，〔宋〕邵雍撰，北京：中華書局，1972 年
27. 《易數鉤隱圖》，〔宋〕劉牧撰，《通志堂經解》，江蘇：廣陵古籍刻印社，1996 年
28. 《横渠易說》，〔宋〕張載撰，《易學集成》，成都：四川大學出版社，1998 年
29. 《周張全書》，〔宋〕周敦頤、張載撰，徐必達編，今井宇三郎題解，京都：中文出版社，1981 年。
30. 《周易卦圖》，〔宋〕朱震撰，《通志堂經解》，揚州：廣陵古籍刻印社，1996 年
31. 《周易本義》，〔宋〕朱熹撰，台北：華聯出版社，1989 年
32. 《朱子語類》，〔宋〕朱熹撰，台北：文津出版社，1986 年

33. 《易學啓蒙》，〔宋〕朱熹撰，台北：廣學印書館，1975年
34. 《誠齋易傳》，〔宋〕楊萬里撰，《武英殿聚珍叢書》台北：成文出版社，1976年
35. 《周易卦爻辭經傳訓解》，〔宋〕蔡淵撰，台灣商務印書館影印文淵閣四庫全書，1983年版
36. 《易象易言》，〔宋〕蔡淵撰，台灣商務印書館影印文淵閣四庫全書，1983年版
37. 《文公易說》，〔宋〕朱鑑輯，《通志堂經解》，江蘇：廣陵古籍刻印社，1996年
38. 《讀易舉要》，〔元〕俞琰撰，台灣商務印書館影印文淵閣四庫全書1983年版
39. 《易學啓蒙通釋》，〔宋〕胡方平撰，台北：武陵出版社，1990年
40. 《讀易私言》，〔元〕許衡撰，《通志堂經解》，揚州：廣陵古籍刻印社，1996年
41. 《周易啓蒙翼撰》，〔元〕胡一桂撰，《通志堂經解》，揚州：廣陵古籍刻印社，1996年
42. 《易纂言》，〔元〕吳澄撰，台北：成文出版社，1976年
43. 《易學濫觴》，〔元〕黃擇撰，台灣商務印書館影印文淵閣四庫全書1983年版
44. 《周易本義集成》，〔元〕熊良輔撰，《通志堂經解》，江蘇：廣陵古籍刻印社，1996年
45. 《讀易考原》，〔元〕蕭漢中撰，《易經集成》，台北：成文出版社，1976年
46. 《易精蘊大義》，〔元〕解蒙撰，台北：新文豐出版社，1983年
47. 《周易會通》，〔元〕董眞卿撰，《易經集成》台北：成文出版社，1976年
48. 《周易旁注卦篆前圖》，〔明〕朱升撰，上海：上海古籍出版社，1995年
49. 《周易來注》，〔明〕來知德撰，選自《易經集成》，台北：成文出版社，1976年
50. 《來注易經圖解》，〔明〕來知德撰，台北：益群出版社，1970年
51. 《周易易簡說三卷》明，高攀龍撰，台灣商務印書館影印文淵閣四庫全書1983年版
52. 《陽明全書》，〔明〕王守仁撰，北京：中華書局，1985年
53. 《古易考原》，〔明〕梅鷟撰，《易經集成》，台北：成文出版社，1976年
54. 《易象正十六卷》，〔明〕黃道周撰，台灣商務印書館影印文淵閣四庫全

書 1983 年版
55. 《周易時論合編》，〔明〕方以智撰，台北：文鏡文化，1983 年
56. 《船山全書》，〔清〕王夫之撰，長沙：嶽麓書社，1998 年
57. 《讀通鑑論》，〔清〕王夫之撰，湖南：長沙嶽麓書社，1996 年
58. 《周易內傳》、《周易外傳》、《周易大象解》、《周易稗疏》，〔清〕王夫之撰，《船，山全書》，湖南：嶽麓書社，1996 年
59. 《易學象數論》，〔清〕黃宗羲撰，《黃宗羲全集》，浙江：浙江古籍出版社，1993 年
60. 《周易象辭》，〔清〕黃宗炎、毛奇齡等撰，趙蘊如編，台北：新文豐，1983 年
61. 《周易尋門餘論》，〔清〕黃宗炎撰，台灣商務印書館影印文淵閣四庫全書 1983 年版
62. 《圖學辨惑》，〔清〕黃宗炎撰，台灣商務印書館影印文淵閣四庫全書 1983 年版
63. 《西河集》，〔清〕毛奇齡撰，台灣商務印書館影印文淵閣四庫全書 1983 年版
64. 《仲氏易三十卷》，〔清〕毛奇齡撰，台灣商務印書館影印文淵閣四庫全書 1983 年版
65. 《推易始末四卷》，〔清〕毛奇齡撰，台灣商務印書館影印文淵閣四庫全書 1983 年版
66. 《春秋占筮書三卷》，〔清〕毛奇齡撰，台灣商務印書館影印文淵閣四庫全書 1983 年版
67. 《易小帖五卷》，〔清〕毛奇齡撰，灣商務印書館影印文淵閣四庫全書 1983 年版
68. 《河圖洛書原舛編》，〔清〕毛奇齡撰，上海：上海古籍出版社，1995 年
69. 《周易通論》，〔清〕李光地撰，台灣商務印書館影印文淵閣四庫全書 1983 年版
70. 《周易觀象》，〔清〕李光地撰，台灣商務印書館影印文淵閣四庫全書 1983 年版
71. 《易圖明辨》，〔清〕胡渭撰，北京：中華書局，2008 年
72. 《周易述》，〔清〕惠棟撰，《皇清經解易類彙編》，台北：藝文印書館，1992 年
73. 《易漢學》，〔清〕惠棟撰，北京：中華書局，1985 年
74. 《易通》，〔清〕程廷祚撰，上海：上海古籍出版社，1995 年
75. 《讀易管見》，〔清〕程廷祚撰，上海：上海古籍出版社，1995 年

76. 《大易擇言》,〔清〕程廷祚撰，台灣商務印書館影印文淵閣四庫全書 1983 年版
77. 《易義別錄》,〔清〕張惠言撰,《皇清經解易類彙編》，台北：藝文印書館，1992 年
78. 《易圖略》,〔清〕焦循撰,《皇清經解易類彙編》，台北：藝文印書館，1992 年
79. 《易通釋》,〔清〕焦循撰,《皇清經解易類彙編》，台北：藝文印書館，1992 年
80. 《雕菰樓易學》,〔清〕焦循撰，上海：上海古籍出版社，1995 年
81. 《易話》,〔清〕焦循撰，上海：上海古籍出版社，1995 年
82. 《焦氏遺書》,〔清〕焦循撰，清光緒二年衡陽魏氏重刊本，中央研究院傅斯年圖書館藏善本
83. 《易經異文釋》,〔清〕李富孫撰,《讀經解易類彙編》，台北：藝文印書館，1992 年
84. 《六十四卦經解》,〔清〕朱駿聲撰，北京：中華書局，1998 年
85. 《周易姚氏學》,〔清〕姚配中撰，上海：上海古籍出版社，1995 年
86. 《周易通論月令》,〔清〕姚配中撰，上海：上海古籍出版社，1995 年
87. 《姚氏易學闡元》,〔清〕姚配中撰，上海：上海古籍出版社，1995 年
88. 《易數偶得》,〔清〕杭辛齋撰,《易經集成》，台北：成文出版社，1976 年
89. 《竹書紀年》，台灣商務印書館影印文淵閣四庫全書版
90. 《逸周書》，台灣商務印書館影印文淵閣四庫全書版
91. 《國語》,〔吳〕韋昭註，台灣商務印書館影印文淵閣四庫全書版
92. 《戰國策註》,〔漢〕高誘註宋姚宏校正，台灣商務印書館影印文淵閣四庫全書版
93. 《史記會注考證》,〔漢〕司馬遷宋裴駰集解唐司馬貞索引唐張守節正義日本瀧川資言考證，台北：天工書局，1989 年
94. 《說苑》,〔漢〕劉向撰，台灣商務印書館影印文淵閣四庫全書版
95. 《漢書》,〔漢〕班固撰，台灣商務印書館影印文淵閣四庫全書版
96. 《資治通鑑》,〔宋〕司馬光撰，台灣商務印書館影印文淵閣四庫全書版
97. 《管子》,〔周〕管仲撰，台灣商務印書館影印文淵閣四庫全書版
98. 《商子》,〔周〕商鞅撰，台灣商務印書館影印文淵閣四庫全書版
99. 《韓子》,〔周〕韓非撰，台灣商務印書館影印文淵閣四庫全書版
100. 《黃帝素問》,〔唐〕王冰注，台灣商務印書館影印文淵閣四庫全書版

101. 《墨子》,〔周〕墨翟撰，台灣商務印書館影印文淵閣四庫全書版
102. 《老子》,〔魏〕王弼注，台灣商務印書館影印文淵閣四庫全書版
103. 《列子》,〔周〕列御寇撰，台灣商務印書館影印文淵閣四庫全書版
104. 《莊子注》,〔晉〕郭象注，台灣商務印書館影印文淵閣四庫全書版
105. 《荀子》,〔周〕荀況撰，台灣商務印書館影印文淵閣四庫全書版
106. 《慎子》,〔周〕慎到撰，台灣商務印書館影印文淵閣四庫全書版
107. 《公孫龍子》,〔周〕公孫龍撰，台灣商務印書館影印文淵閣四庫全書版
108. 《鬼谷子》，台灣商務印書館影印文淵閣四庫全書版
109. 《呂氏春秋》,〔秦〕呂不韋撰，台灣商務印書館影印文淵閣四庫全書版
110. 《淮南子》,〔漢〕劉安撰，台灣商務印書館影印文淵閣四庫全書版
111. 《法言》,〔漢〕楊雄撰，台灣商務印書館影印文淵閣四庫全書版
112. 《山海經》,〔晉〕郭璞注，台灣商務印書館影印文淵閣四庫全書版
113. 《穆天子傳》,〔晉〕郭璞注，台灣商務印書館影印文淵閣四庫全書版
114. 《抱朴子》,〔晉〕葛洪撰，台灣商務印書館影印文淵閣四庫全書版
115. 《神仙傳》,〔晉〕葛洪撰，台灣商務印書館影印文淵閣四庫全書版
116. 《張載集》,〔宋〕張載撰，台北：漢京文化事業公司，2004 年，
117. 《東坡全集》,〔宋〕蘇軾撰，台灣商務印書館影印文淵閣四庫全書版
118. 《文心雕龍》,〔梁〕劉勰撰，台灣商務印書館影印文淵閣四庫全書版
119. 《詩品》,〔梁〕鍾嶸撰，台灣商務印書館影印文淵閣四庫全書版
120. 《詩品》,〔唐〕司空圖撰，台灣商務印書館影印文淵閣四庫全書版
121. 《亞里士多德全集》，苗力田主編，北京：中國人民出版社，1990 年
122. 《追思錄——蘇格拉底的言行》，齊諾芬（Xenophon）撰，鄺健行譯，台北：聯經出版公司，1989 年。
123. Aristotle, ***The Works of Aristotle I,II***, edited by W.D.Ross from The Works of Aristotle, Encyclopadia Britannica Inc.,1993
124. Plato, ***The Dialogues of Plato***, translated by J.Harward, by arrangement with Cambridge University Press, 1994

二、現代專書（依作者姓氏筆劃排序）

1. 丁山，《甲骨文所見氏族及其制度》，台北：大通出版社，1971 年
2. 丁山，《甲骨文所見氏族及其制度》，北京：科學出版社，1956 年
3. 丁驌，《夏商史研究》，台北：藝文印書館，1993 年
4. 于省吾主編，《甲骨文字詁林》，台北：中華書局，1996 年

5. 小島毅編著，孫歌、劉東譯，《中國的思維世界》，南京：江蘇人民出版社，2006
6. 山井湧等著，《氣的思想：中國自然觀和人的觀念的發展》，上海：上海人民出版社，2007 年
7. 上海博物館商周青銅器銘文選編寫組編，《商周青銅器銘文選》，北京：新華書店，1986 年
8. 中央研究院歷史語言研究所中國上古史編輯委員會，《中國上古史（待定稿）》，台北：中央研究院，1985 年
9. 中村元著，林太、馬小鶴譯，《東方民族的思維方法》，台北：淑馨出版社，1990
10. 中國文化大學哲學研究所，《東西哲學比較論文集》，台北：新文豐出版社，1992 年
11. 中國古文字研究會，《古文字研究》，北京：中華書局，1979 年
12. 中國社會科學院考古研究所，《殷墟花園莊東地甲骨》，昆明：雲南人民出版社，2003 年
13. 中國社會科學院考古研所編，《小屯南地甲骨》，上海：中華書局，1980 年
14. 中國社會科學院歷史研究所甲骨文合集編輯工作組，《甲骨文合集》，北京：中華書局，1996 年
15. 中國科學院考古學研究所編，《考古學基礎》，北京：科學出版社，1958 年
16. 丹尼爾高曼（Daniel Golman）著，張美惠譯，《***EQ －Emotional Intelligence***》，台北：時報文化，1995 年
17. 丹尼爾高曼（Daniel Golman）著，張美惠譯，《破壞性情緒管理——達賴喇嘛與西方科學大師的智慧》，（***Destructive Emotions：How Can We Overcome Them? A Scientific Dialogue with the Dalai Lama***）台北：時報文化出版社，2003 年
18. 方東美，《中國人生哲學》，台北：黎明文化出版，1993 年
19. 方東美，《方東美演講集》，台北：黎明文化出版，1989 年
20. 方東美，《生生之德》，台北：黎明文化出版，1982 年
21. 方東美，《科學哲學與人生》，台北：黎明文化出版，1993 年
22. 方東美，《原始儒家道家哲學》，台北：黎明文化出版，1993 年
23. 方東美，《哲學三慧》，台北：三民書局，1992 年
24. 方東美，《新儒家哲學十八講》，台北：黎明文化出版，1993 年
25. 方述鑫，《殷墟卜辭斷代研究》，台北：文津出版社，1992 年

26. 方豪審定，地球出版社編輯部編輯，《古代中國》，台北：地球出版社，1994 年
27. 王力，《古代漢語》，北京：中華書局，1996 年
28. 王力，《漢語音韻學》，北京：中華書局，1981 年
29. 王世民等，《西周青銅器分期斷代研究》，北京：廣文物出版社，1999 年
30. 王宇信、宋鎮豪，《紀念殷墟甲骨文發現一百周年國際學術研討會論文集》，北京：社會科學文獻出版社，1999 年
31. 王宇信、楊升南，《甲骨學一百年》，北京：社會科學文獻出版社，1999 年
32. 王宇信主編，《甲骨文精萃選讀》，北京：語文出版社，1997 年
33. 王克芬，《中國舞蹈發展史》，台北：南天出版社，1991 年
34. 王國維，《王國維先生全集》，台北：大通書局，1976 年
35. 王貴民，《商周制度考信》，台北：文明書局，1989 年
36. 王新春，《周易虞氏學》，台北：頂淵文化事業公司，1999 年
37. 王暉，《商周文化比較研究》，北京：人民出版社，2000 年
38. 王路，《亞理士多德的邏輯學說》，北京：中國社會科學出版社，2005 年
39. 王曉朝，《希臘哲學簡史》，上海：上海三聯書店，2007 年
40. 卡西勒（Cassirer）著，劉述先譯，《論人：人類文化哲學導論》台北：台灣學生出版社，1989 年
41. 史正永、韓守利譯，Jonathan Barnes 著，《亞里士多德的世界》，南京：譯林出版社，2010 年
42. 本田成之，《中國經學史》，台北：廣文書局，2001 年
43. 白川靜著，溫天河譯，《金文的世界：殷周社會史》，台北：聯經出版公司，1989 皮錫瑞，《增註經學歷史》，台北：藝文印書館，2000 年
44. 石敏敏，《希臘人文主義》，上海：上海人民出版社，2003 年
45. 石璋如，《小屯第一本：遺址的發現與發掘.丙編》，台北：中央研究院歷史語言研究所，1970 年
46. 光復書局編，《文明曙光期祭祀遺珍：遼寧紅山文化壇廟冢》，台北：文物出版社，1994 年
47. 光復書局編，《南長沙馬王堆西漢墓》，台北：文物出版社，1994 年
48. 光復書局編，《殷墟地下瑰寶：河南安陽婦好墓》，台北：文物出版社，1994 年
49. 光復書局編，《商代蜀人祕寶：四川廣漢三星堆遺跡》，台北：文物出版社，1994

50. 光復書局編，《戰國地下樂宮》，台北：文物出版社，1994 年
51. 匡業明，《孔子評傳》，南京：南京大學出版社，1990 年
52. 地球出版社編輯，《古代希臘》，台北：地球出版社，1994 年
53. 安志敏，《中國新石器時代論集》，北京：文物出版社，1982 年
54. 成中英，《易學本體論》，台北：康德出版社，2009 年
55. 朱自振、沈漢，《中國茶酒文化史》，台北：文津出版社，1995 年
56. 朱伯崑，《國際易學研究》，北京：華夏出版社，1995 年
57. 朱歧祥，《甲骨文研究》，台北：里仁書局，2000 年
58. 朱歧祥，《甲骨學論叢》，台北：學生書局，1992 年
59. 朱歧祥，《殷墟花園莊東地甲骨校釋》，台中：東海大學中文系，2006 年。
60. 朱歧祥，《殷墟花園莊東地甲骨論搞》，台北：里人書局，2008 年
61. 朱歧祥，《圖形與文字——殷金文研究》，台北：里仁書局，2004 年
62. 朱伯崑，《周易知識通覽》，濟南：齊魯書社，1993 年
63. 朱伯崑，《易學哲學史》，台北：藍燈文化，1991 年
64. 朱伯崑主編，《易學基礎教程》，北京：九州出版社，2006 年
65. 朱伯崑，《易學漫步》，台北：台灣學生書局，1996 年
66. 朱伯崑，《國際易學研究》，北京：北京華夏出版社，1999 年
67. 朱鳳翰，《商周家族型態研究》，天津：天津古籍出版社，1990 年
68. 朱劍心，《金石學》，台北：台灣商務印書館，1995 年
69. 江淑惠，《齊國彝銘彙考》，台北：台灣大學出版中心，1990 年
70. 牟宗三，《中西哲學之會通十四講》，桂林：廣西師大，2006 年，
71. 牟宗三，《中國哲學的特質》，台北：台灣學生書局，1980 年
72. 牟宗三，《周易的自然哲學與道德涵義》，台北：文津出版社，1998 年
73. 牟宗三，《周易哲學演講錄》，台北：聯經出版公司，2003 年
74. 何光岳，《周源流史》，江西南昌：江西教育出版社，1997 年
75. 余紀元著，林航譯，《德行之鏡，孔子與亞理斯多德的倫理學》，北京：中國人民出版社，2009 年
76. 余英時，《士與中國文化》，上海：上海人民出版社，1987 年
77. 余英時，《中國知識階層史論（古代篇）》，台北：聯經出版公司，1980 年
78. 余英時，《從價值系統看中國文化的現代意義：中國文化與現代生活總論》，台北：時報出版社，1986 年
79. 吳哲夫，《中華五千年文物集刊：樂器篇》，台北：中華文物五千年編輯

委員會，1985 年

80. 沈清松譯，Etienne Gilson 原著，《中世紀哲學精神》，台北：台灣商務印書館，2001
81. 吳浩坤、潘悠，《中國甲骨學史》，上海：上海人民出版社，2006 年
82. 吳曉群，《希臘思想與文化》，上海：社會科學院出版社，2009 年
83. 呂振羽，《中國原始社會史》，桂林：耕耘出版社，1943 年
84. 呂紹綱，《周易辭典》，吉林：吉林大學出版社，1992 年
85. 呂紹綱，《周易闡微》，台北：韜略出版社，1996 年
86. 宋鎮豪，《百年甲骨學論著目》，北京：語文出版社，1999 年
87. 宋鎮豪，《夏商社會生活史》，北京：中國社會科學院社會出版社，1996 年
88. 李威熊，《大學國文精選》，台北：五南出版社，1997 年
89. 李威熊，《中國經學發展史論》，台北：文史哲出版社，1988 年
90. 李威熊，《民俗文化的歸向》，台北：文史哲出版社，1984 年
91. 李威熊，《孟子的故事》，台北：聯經出版社，1987 年
92. 李威熊，《問學叢談》，台北：文史哲出版社，1980 年
93. 李威熊，《董仲舒與西漢學術》，台北：文史哲出版社，1978 年
94. 李威熊，《漢書導讀》，台北：文史哲出版社，1977 年
95. 李威熊，《魏晉玄學家的故事》，台北：麥田出版社，2005 年
96. 李玉福，《秦漢制度史》，濟南：山東大學出版社，2002 年
97. 李申，《話說太極圖 —— 易圖明辨補》，北京：知識出版社，1992 年
98. 李冰清譯，John Griffiths Pedley 著，《希臘藝術與考古》，桂林：廣西師範大學，2005 年
99. 李吟，《原初智慧形態：希臘神學的兩大話語系統及其歷史轉換》，上海：上海人民出版社，1999 年
100. 李孝定編述，《甲骨文字集釋》，台北：中央研究院歷史語言所，1991 年
101. 李周龍，《易學拾遺》，台北：文津出版社，1992 年
102. 李周龍，《易學窺餘》，台北：文津出版社，1991 年
103. 李明輝編，《中國經典詮釋傳統（二）儒學篇》，台北：喜馬拉雅基金會，2001 年
104. 李約瑟（Joseph Needham）原著，柯林．羅南（Colin，A.Ronan）改編，上海交通大學科學史系譯，《中華科學文明史》，（***The Short Science Civilization in China***），上海：上海人民出版社，2001 年
105. 李圃著，《甲骨文文字學》，上海：學林出版社，1996 年

106. 李圃選注，《甲骨文選注》，上海：上海古籍出版社，1989 年
107. 李眞、李先焜譯，Jan Eucasiewicz，著，《亞里士多德的三段論》，北京：商務印書館，1997 年，
108. 李雪濤等譯，Karl Jaspers 著，《大哲學家》，北京：社會科學文獻出版社，2010
109. 李煥明，《易經的生命哲學》，台北：文津出版社，1997 年
110. 李廣琴譯，Nathaniel Harris，原著，《古希臘的歷史》，台北：究竟出版社，2006
111. 李慶，《中國文化中人的觀念》，上海：學林出版社，1996 年
112. 李學勤，《中國古代文明研究》，上海：華東師範大學出版社，2005 年
113. 李學勤，《中國古代文明起源》，上海：上海科學技術文獻出版社，2007 年
114. 李學勤，《當代學者自選文庫：李學勤卷》，合肥：安徽教育出版社，1999 年
115. 李學勤、彭裕商，《殷墟甲骨分期研究》，上海：上海古籍出版社，1996 年。
116. 李學勤，《中國古代文明十講》，上海：復旦大學出版社，2003 年
117. 李學勤，《中國古代文明研究》，上海：華東師範大學出版社，2005 年
118. 李學勤，《周易溯源》，成都：巴蜀書社，2006 年
119. 李學勤主編，《中國古代文明與國家形成研究》，昆明：雲南人民出版社，1997 年
120. 李澤厚，《中國古代思想史論》，台北：三民書局，1996 年
121. 李霖生，《周易神話與哲學》，台北：台灣學生書局，2002 年
122. 李鏡池，《周易探源》，北京：中華書局，1991 年
123. 杜正勝，《古代社會與國家》，台北：：允晨文化出版公司，1992 年
124. 杜正勝，《周代城邦》，台北：聯經出版，1979 年
125. 杜松柏，《國學治學方法》，台北：五南出版社，1998 年
126. 杜維明，《杜維明全集》，武漢：武漢大學出版社，2002 年
127. 杜維明著，郭齊勇編，《杜維明文集》，武漢：武漢出版社，2002 年
128. 杜蘭（Will Durant）撰，張身華等譯，《希臘的黃金時代》，台北：幼獅出版公司，1972 年
129. 沈玉成，《春秋左傳學史稿》，南京：江蘇古籍出版社，1992 年
130. 沈清松、傅佩榮，《易經的現代詮釋》，台北：業強出版社，1996 年
131. 汪子嵩，《希臘哲學史》，北京：人民出版社，1997 年

132. 汪子嵩，《亞理斯多德關於本體的學說》，北京：人民出版社，1997 年
133. 汪學群，《王夫之易學：以清初學術爲視角》，北京：社會科學文獻出版社，2002
134. 汪顯超，《古易筮法研究》，合肥：黃山書社，2002 年
135. 周立升，《兩漢易學與道家思想》，上海：上海文化出版社，2001 年
136. 周策縱，《古巫醫與六詩考——中國浪漫文學探源》，台北：聯經出版公司，1986 年
137. 周錫保，《中國古代服飾史》，台北：丹青圖書，1986 年
138. 屈萬里，《殷墟文字甲編考釋》，台北：聯經出版公司，1984 年
139. 屈萬里，《尚書釋義》，台北：華岡出版社，1995 年
140. 屈萬里，《詩經釋義》，台北：華岡出版社，1980 年
141. 屈萬里，《先秦漢魏易例述評》，台北：台灣學生書局，1985 年
142. 屈萬里，《屈萬里先生文存》，台北：聯經出版公司，1985 年
143. 屈萬里，《讀易三種》，台北：聯經出版公司，1983 年
144. 彼得・蓋伊（Peter Gay）著/劉森堯,，梁永安合譯，《啓蒙運動》，台北：立緒出版社，2008 年
145. 林尹，《中國學術思想大綱》，台北：台灣商務印書館，1995 年
146. 林文欽，《周易時義研究》，台北：國立編譯館，2002 年
147. 林宗鴻譯（Jerry M.Burger 原著），《人格心理學》（***Personality***），台北：揚智文化，1997 年
148. 林忠軍，《易學心知》，北京：華夏出版社，1994 年
149. 林忠軍，《象數易學發展史》，濟南：齊魯書社，1994 年
150. 林淑梨、王若蘭、黃慧眞等譯（E. Jerry Pharesm 原著），《人格心理學》（***Introduction to Personality***），台北：心理出版社，1997 年
151. 林鳴高（林河），《儺史：中國儺文化概論》，台北：東大圖書公司，1994 年
152. 林德柏格（Lindberg D.）著，王珺譯，《西方科學的起源》，北京：中國對外翻譯出版社，2001 年
153. 林慶彰編，《中國經學史論文選集》，台北：文史哲出版社，1992 年
154. 林慶彰編，《經學研究論叢》，台北：聖環圖書公司，1994 年
155. 林麗眞，《王弼及其易學》，台北：台灣大學文學院，1977 年
156. 肯尼・安東尼（Kenny Anthony）原著，曾滄浪譯，《阿奎那斯》，台北：聯經出版公司，1984 年
157. 金景芳、呂紹綱，《周易全解》，台北：韜略出版社，2003 年

158. 金景芳，《易學四種》，吉林：文史出版社，1987 年
159. 阿克羅伊德著（Peter Acroyd），《古代希臘》，北京：三聯書店，2007 年
160. 姜文奎，《中國歷代政制考》，台北：國立編譯館，1987 年
161. 姜亮夫，《古史學論文集》，上海：上海古籍出版社，1996 年
162. 姚永樸，《文學研究方法》，台北：廣文書局，1981 年
163. 姚孝遂，《殷墟甲骨刻詞類纂》，北京：中華書局，1992 年
164. 姚孝遂、蕭丁，《小屯地甲骨考釋》，北京：中華書局，1985 年研究所，2005 年
165. 吳北江，《彝銘會釋》，台北：樂天出版社，1971 年
166. 胡自逢，《先秦朱子易說通考》，台北：文史哲出版社，1989 年
167. 胡自逢，《周易鄭氏學》，台北：文史哲出版社，1990 年
168. 胡自逢，《程伊川易學述評》，台北：文史哲出版社，1995 年
169. 胡厚宣，《甲骨學商史論叢初集》，石家莊：河北教育出版社，2002 年
170. 胡海帆、湯燕，《北京大學圖書館藏歷代金石拓本精華》，北京：文物出版社，1998 年
171. 胡留元、馮卓慧，《西周法制史》，西安：陝西人民出版社，1988 年
172. 胡發貴，《王夫之與中國文化》，貴州：貴州人民出版社，2000 年
173. 胡適，《中國哲學史大綱》，台北：台灣商務，2008 年
174. 胡適等著，項唯新、劉福增主編，《中國哲學思想論集總論篇》，台北：水牛出版社，1990 年
175. 胡元玲，《張載易學與道學》，台北：台灣學生書局，2004 年
176. 馬承源主編，《中國古青銅器》，台北：南天出版社，1991 年
177. 韋政通，《中國思想史方法論文選集》，上海：上海人民出版社，2009 年
178. 韋政通，《中國哲學思想批判》，台北：水牛圖書，1992 年
179. 唐宇元，《中國倫理思想史》，台北：文津出版社，1996 年
180. 唐君毅，《中國人文精神之發展》，台北：台灣學生書局，2000 年
181. 唐君毅，《中國哲學原論・導論篇》，台北：台灣學生書局，1986 年
182. 唐蘭，《中國文字學》，上海：上海古籍出版社，1986 年
183. 唐蘭，《西周青銅器銘文分代史徵》，北京：中華書局，1986 年
184. 孫淼，《夏商史稿》，北京：文物出版社，1987 年
185. 容希白，《商周彝器通考》，台北：大通書局，1973 年
186. 容庚，《金文編》，北京：中華書局，1996 年
187. 容庚等，《殷周青銅器通論》，北京：中國科學院考古研究所，1958 年

188. 島邦男，《殷墟卜辭研究》，台北：鼎文書局，1975 年
189. 島邦男，《殷墟卜辭綜類》，東京：汲古書院，1971 年
190. 徐志鋭，《周易大傳新注》，台北：里仁書局，1995 年
191. 徐志鋭，《周易陰陽八卦說解》，台北：里仁書局，1994 年
192. 徐志鋭，《周易新譯》，台北：里仁書局，1996 年
193. 徐芹庭，《兩漢十六家易注闡微》，台北：五州出版社，1975 年
194. 徐芹庭，《易學源流》，台北：國立編譯館，1987 年
195. 徐芹庭，《虞氏易闡微》，台北：龍泉出版社，1998 年
196. 徐芹庭，《魏晉七家易學之研究》，台北：成文出版社，1977 年
197. 徐國超，《圖解周易》，北京：華夏出版社，2007 年
198. 徐復觀，《中國人性論史：先秦篇》，台北：台灣商務，1982 年
199. 徐復觀，《中國藝術精神》，台北：學生書局，1979 年
200. 徐復觀，《中國思想史論集》，台北：台灣學生書局，1959 年
201. 徐復觀，《中國思想史論集續篇》，上海：上海書店，2004 年
202. 徐蘋芳，《中國考古學論叢》，台北：允晨文化，1995 年
203. 晏紹祥譯，（美國）威廉・佛格森原著，《希臘帝國主義》，上海：上海三聯書店，2002 年
204. 浙江文物考古文物研究所等，《良渚文化玉器》，北京：文物出版社，1989 年
205. 祖保泉，《司空圖的詩歌理論》，台北：萬卷樓，1991 年
206. 翁惠美，《通往善美之路：以儒家三聖及希臘三哲思想爲中心探索》，台北：大
207. 耿雲志編，《胡適著作選》，台北：台灣商務，1999
208. 衷耳鉅、張岱年，《王夫之》，吉林：吉林文史出版社，1997 年
209. 袁珂，《中國神話傳說》，台北：里仁書局，1987 年
210. 袁珂，《中國古代神話》，北京：華夏出版社，2003 年
211. 馬修・李卡德（Mathieu Ricard），鄭春淳（Thuan Trinh Xuan）著，杜墨譯，《僧侶與科學家：宇宙與人生的對談》（***L'infini dans la paume de la main***），台北：先覺出版社，2003 年
212. 馬銀琴，《兩周詩史》，北京：社會科學文獻出版社，2006 年
213. 高亨，《周易古經今注》，台北：中華書局，1963 年
214. 高亨，《周易大傳今注》，濟南：齊魯書社，1998 年
215. 高明，《中國古文字學通論》，北京：北京大學出版社，1997 年

216. 高明，《高明文學論集》，台北：黎明文化出版公司，1978 年
217. 高鴻縉，《毛公鼎集釋》，台北：世界書局，1956 年
218. 高鴻縉，《散盤集釋》，台中：故宮博物院印行，1952 年
219. 高懷民，《先秦易學史》，台北：中國學術著作獎助委員會，1990 年
220. 高懷民，《宋元明易學史》，台北：中國學術著作獎助委員會，1983 年
221. 高懷民，《兩漢易學史》，台北：中國學術著作獎助委員會，1983 年
222. 商國君，《中國易學史話》，哈爾濱：黑龍江人民出版社，1995 年
223. 張弓，《現代漢語修辭學》，天津：天津人民出版社，1963 年
224. 張立文，《中國哲學範疇發展史（天道篇）》，北京：中國人民大學，1989 年
225. 張立文，《和境：易學與中國文化》，北京：人民出版社，2005 年
226. 張立文，《周易帛書今注今譯》，台北：台灣學生書局，1991 年
227. 張立文，《周易思想研究》，武漢：湖北人民出版社，1980 年
228. 張立文，《周易與儒道墨》，台北：東大圖書，1991 年
229. 張立文編，《氣》，北京：中國人民大學，1990 年
230. 張光直，《美術、神話與祭祀》，台北：稻鄉出版社，1993 年
231. 張光直，《中國考古學論文集》，台北：聯經出版公司，1995 年
232. 張光直，《中國青銅時代》，台北：聯經出版公司，1983 年
233. 張光直，《考古學專題六講》，台北：道香出版社，1994 年
234. 張亨，《思文之際：儒道思想的現代詮釋》，台北：允晨文化出版公司，1997 年
235. 張身華譯，杜爾蘭特（Will Durant）原著，《希臘的興起》，台北：幼獅文化出版公司，1978 年
236. 張亞初，《西周金文官制研究》，北京：中華書局，1986 年
237. 張其成，《易通：中華文化主幹》，北京：中國書店，1997 年
238. 張其成，《易學大辭典》，台北：建宏出版社，1996 年
239. 張善文，《歷代易家與易學要籍》，福州：福建人民出版社，1998 年
240. 張滌華、胡裕樹、張斌、林祥楣主編，《漢語語法修辭詞典》，安徽：安徽教育出版社
241. 張端穗，《左傳思想探微》，台北：學海出版社，1987 年
242. 張端穗，《西漢公羊學研究》，台北：文津出版社，2005 年
243. 張廣志，《西周史與西周文明》，上海：上海科學技術文獻出版社，2007 年

244. 張毅，《儒家文藝美學：從原始儒家道現代新儒家》，天津：南開大學出版社
245. 張毅，《儒家文藝美學》，天津：南開大學出版社，2004 年
246. 張寶梅譯，Stefano Maggi 原著，《世界古文明之旅—— 眾神殿堂的希臘》（***Greece：History and Treasures of an Ancient Civilization***），台北：，閣林圖書公司，2009 年
247. 御手洗盛等著，王孝廉編，《神與神話》，台北：聯經出版公司，1988 年
248. 曹定雲，《殷商考古論叢》，台北：藝文出版社，1996 年
249. 梁啓超，《中國哲學思想論集先秦篇》，台北：水牛出版社，1986 年
250. 梁啓超，《中國歷史研究法》，台北：台灣商務印書館，1995 年
251. 梁啓超，《先秦政治思想史》，台北：東大圖書公司，1980 年
252. 梅眙寶等，《中國人的心靈：中國哲學與文化要義》，台北：聯經出版公司，1984 年
253. 莊雅州，《夏小正析論》，台北：文史哲出版社，1985 年
254. 莊雅州，《經學入門》，台北：台灣書店，1997 年
255. 許倬雲，《西周史，》，台北：台灣商務印書館，1999 年，
256. 連樹聲譯，（英）Edward B. Tylor 著，《人類學，人及其文化研究》，桂林：廣西師範大學出版社，2004 年
257. 郭小凌譯，Cartledge,Paul 主編，《劍橋插圖古希臘史》，濟南：山東畫報出版社，2005 年
258. 郭丹，《左傳國策研究》，北京：人民文學出版社，2004 年
259. 郭沫若，《奴隸制時代史學論集》，北京：人民出版社，1985 年
260. 郭沫若，《郭沫若全集》，北京：人民出版社，1985 年
261. 郭沫若，《十批判書》，北京：東方出版社，2003 年
262. 郭沫若，《兩周金文辭大系圖錄考釋》，台北：大通書局，1957 年
263. 陳廖安，《中華續道藏・初輯》，台北：新文豐出版社，1999 年
264. 陳廖安，《國學文獻選輯》，台北：新文豐出版社，1998 年
265. 陳全方，《周原與周文化》，上海：上海人民出版社，1988 年，
266. 陳來，《古代宗教與倫理》，台北：允晨文化，2005 年
267. 陳來，《古代思想文化的世界：春秋時代的宗教、倫理與社會思想》，北京：三聯書店，2002 年
268. 陳來，《詮釋與重建：王船山的哲學精神》，北京：北京大學出版社，2004 年
269. 陳居淵，《焦循儒學思想與易學研究》，濟南：齊魯書社，2000 年

270. 陳初生編，《金文常用字典》，高雄：復文出版社，1992 年
271. 陳夢家，《殷墟卜辭綜述》，北京：科學出版社，1956 年
272. 陳夢家，《殷商卜辭綜述》，北京：科學出版社，1956 年
273. 傅佩榮，《柏拉圖》，台北：東大出版社，1998 年
274. 傅佩榮，《儒道天論發微》，台北：台灣學生書局，1985 年
275. 傅佩榮，《解讀易經》，台北：傅佩榮，2011 年
276. 傅佩榮，《不可思議的易經占卜》，台北：時報出版社，2010 年
277. 傅斯年等，《中國考古報告集之一~城子崖》，台北：中央研究院歷史語言研究所，1975 年。
278. 傅樂安，《托馬斯.阿奎那傳》，石家莊市：河北人民出版社，1997 年
279. 傅樂安，《托馬斯阿奎那基督教哲學》，上海：上海人民出版社，1990 年
280. 勞思光，《新編中國哲學史》，台北：三民書局，2004 年
281. 斯威布著，楚圖南譯，《希臘的神話和傳說》，北京：人民文學出版社，1958
282. 曾仰如，《亞理斯多德》，台北：東大出版社，1989 年
283. 曾春海，《易經的哲學原理》，台北：文津出版社，2003 年
284. 曾春海，《易經哲學的宇宙與人生》，台北：文津出版社，1997 年
285. 曾春海，《儒家哲學論集》，台北：文津出版社，1989 年
286. 朝戈金等譯，（美）Alan Dundes 編，《西方神話學讀本》，桂林：廣西師範大學出版社，2006 年
287. 湯用彤著，湯一介編，《西方哲學講義》，台北：佛光出版社，2001 年
288. 湯用彤著，湯一介編，《理學、佛學、印度學》，台北：佛光出版社，2001 年
289. 程石泉，《易學新探》，台北：文景書局，1999 年
290. 程石泉，《易學新詮》，台北：文景書局，1995 年
291. 程石泉，《易學新論》，台北：文景書局，1996 年
292. 舒維普著，葉青譯，《古希臘羅馬神話與傳奇》，桂林：廣西師大出版社，2003
293. 雅思培（K. Jaspers）著，周行之譯，《智慧之路》（***Way to Wisdom: An Introduction to Philosophy***），台北：志文出版社，1988 年
294. 馮友蘭，《中國哲學史》，台北：台灣商務印書館，2002 年
295. 馮波，《中西哲學文化比較研究》，北京：北京廣播學院出版社，2004 年
296. 黃沛榮，《周易彖象傳義理探微》，台北：萬卷樓圖書公司，2001 年
297. 黃沛榮，《易學乾坤》，台北：大安出版社，1998 年

298. 黃沛榮，《易學論著選集》，台北：長安出版社，1991 年
299. 黃忠天，《周易程傳註評》，高雄：復文圖書出版社，1994 年
300. 黃壽祺、張善文，《周易研究論文集》，北京：北京大學出版社，1990 年
301. 黃慶萱，《周易縱橫談》，台北：東大圖書公司，1995 年
302. 黃慶萱，《周易讀本》，台北：三民書局，1984 年
303. 黃慶萱，《魏晉南北朝易學書考佚》，台北：幼獅出版社，1975 年
304. 楊中芳、高尚仁，《中國人、中國心——人格與社會篇》，台北：遠流出版社，1991
305. 楊向奎，《宗周社會與禮樂文明》，北京：人民出版社，1992 年
306. 楊成寅，《太極哲學》，上海：學林出版社，2004 年
307. 楊國樞、李亦園、文崇一編，《現代化與中國化論集》，台北：桂冠圖書公司，1985
308. 楊渝東等譯，（法）Marcel Mauss 等著，《巫術的一般理論，獻祭的性質與功能》，桂林：廣西師大出版社，2007 年
309. 楊寬，《西周史》，台北，台灣商務印書館，1999 年
310. 楊寬，《戰國史》，台北，台灣商務印書館，1997 年
311. 楊寬，《戰國史料編年輯證》，台北，台灣商務印書館，2002 年
312. 楊慧傑，《天人關係論》，台北：水牛出版社，1989 年
313. 楊儒賓、黃俊傑，《中國古代思維方式探索》，台北：正中書局，1996 年
314. 楊儒賓，《中國古代思想中的氣論及身體觀》，台北：巨流圖書，1993 年
315. 楊樹達，《積微居小學金石論叢》，台北：大通書局，1971 年
316. 楊樹達，《積微居小學述林》，台北：大通書局，1971 年
317. 楊樹達，《積微居金文說、甲文說》，台北：大通書局，1971 年
318. 楊樹達，《積微居讀書記》，台北：大通書局，1971 年
319. 楊澤波，《孟子評傳》，南京：南京大學出版社，2004 年
320. 葉玉森，《殷虛書契前編集釋》，台北：藝文印書館，1966 年
321. 葉舒憲，《詩經的文化闡釋——中國詩歌的發生研究》，武漢：湖北人民出版社，1996 年
322. 董作賓，《甲骨學六十年》，台北：藝文印書館，1974 年
323. 董作賓，《殷歷譜》，台北：中央研究院歷史語言研究所，1992 年
324. 董作賓，《甲骨文詩畫集》，台北：偉霊企業公司，1996 年
325. 裘錫圭，《文字學概要》，台北：萬卷樓出版社，1995 年
326. 詹子慶，《夏史與夏代文明》，上海：上海科學技術文獻出版社，2007 年

327. 鄒衡，《夏商周考古學論文集》，北京：文物出版社，1980 年
328. 鄔昆如，《希臘哲學》，台北：五南出版公司，2001 年
329. 廖名春，《周易研究史》，長沙：湖南出版社，1991 年
330. 榮格著，劉國彬、楊德友譯，《榮格自傳：回憶・夢・省思》，台北：張老師出版社，1997 年
331. 熊十力，《新編讀經示要》，台北：明文書局，1999 年
332. 熊十力，《原儒》，台北：明文書局，1988 年
333. 趙林，《商代的社會政治制度》，台北：中央研究院三民主義研究所，1982 年
334. 趙剛，《中國城市發展史論集》，台北：聯經出版公司，1995 年
335. 劉榮賢，《王船山張子正蒙注研究》，台北：花木蘭文化出版社，2002 年
336. 劉榮賢，《莊子外雜篇研究》，台北：聯經出版社，2004 年
337. 劉大杰，《中國文學發展史》，台北：華正書局，2002 年
338. 劉大鈞，《周易概論》，成都：巴蜀書社，1999 年
339. 劉百閔，《周易事理通義》，台北：世界書局，1985 年
340. 劉君祖，《決策易》，台北：牛頓出版社，1996 年
341. 劉孟溪主編，《李濟卷》，石家莊市：河北教育出版社，1996 年
342. 劉述先，《大陸與海外：傳統的反省與轉化》，台北：允晨出版社，1989 年
343. 劉述先，《中西哲學論集》，台北：台灣學生書局，1987 年
344. 劉述先，《現代儒家與東亞文明》，台北：中央研究院文哲所，2002 年
345. 劉述先，《新時代哲學的信念與方法》，台北：台灣商務印書館，1991 年
346. 劉述先，《儒家思想與現代世界》，台北：中研院文哲所籌備處，1997 年
347. 劉師培，《國學發微》，台北：廣文書局，1986 年
348. 劉敦楨等，《中國古代建築史》，台北：明文書局，1982 年
349. 劉敦愿，《美術考古與古代文明》，台北：允晨出版社，1994 年
350. 劉景輝譯，《古代希臘史與羅馬共和史》，Chambers Mortimer/Gruen Erich S.著，***La Grece et de Rome***），上海：華東師範大學出版社，2005 年
351. 劉梁劍，《天、人、際：對王船山的形而上學闡明》，上海：上海人民出版社，2007 年
352. 劉夢溪主編，《方東美卷》，石家莊：河北教育出版社，1996 年
353. 劉夢溪主編，《郭沫若卷》，石家莊：河北教育出版社，1996 年
354. 劉夢溪主編，《傅斯年卷》，石家莊：河北教育出版社，1996 年

355. 劉夢溪主編，《董作賓卷》，石家莊：河北教育出版社，1996 年
356. 劉綱紀，《周易美學》，長沙：湖南教育出版社，1992 年
357. 劉翰平，《周易思想探微》，台北：商鼎文化出版社，1997 年
358. 劉燁、曾紀軍編譯，《亞理士多德的智慧》，北京：中國電影出版社，2007 年
359. 潘吉星主編，《李約瑟集》，天津：天津人民出版社，1998 年
360. 潘吉星譯，李約瑟（Joseph Needham）著，《李約瑟集》，河北：天津人民出版社，1998 年
361. 蔡仁厚，《孔孟荀哲學》，台北：台灣學生書局，1984 年
362. 蔡尚思，《中國思想研究法》，台北：台灣商務印書館，1991 年
363. 蔡尚思編，《十家論易》，長沙：岳麓書社，1993 年
364. 鄭吉雄，《易圖象與易詮釋》，台北：喜馬拉雅研究發展基金會，2002 年
365. 蕭公權，《中國政治思想史》，台北：文化大學出版社，1982 年
366. 蕭興華，《中國音樂史》，台北：文津出版社，1995 年
367. 賴貴三，《台灣易學史》，台北：里仁書局，2005 年
368. 賴貴三，《焦循雕菰樓易學研究》，台北：里仁書局，1994 年
369. 遼寧省文物考古研究所編，《牛河梁紅山文化遺址與玉器精粹》，北京：文物出版社，1997 年
370. 錢存訓，《中國古代書史》，香港：中文大學，1975 年
371. 錢穆，，《中國學術思想史論叢》，台北：聯經出版公司，1998 年
372. 錢穆，《中國歷代政治得失》，台北：東大圖書公司，1990 年
373. 錢穆，《中國歷史研究法》，台北：東大圖書公司，2002 年
374. 錢穆，《先秦諸子繫年》，台北：東大圖書公司，1990 年
375. 錢穆，《秦漢史》，台北：東大圖書公司，1992 年
376. 龍宇純，《中國文字學》，台北：台灣學生書局，1972 年
377. 戴璉璋，《易傳之形成及其思想》，台北：文津出版社，1997 年
378. 戴君仁，《談易》，台北：台灣開明書店，1995 年
379. 濮茅佐，《楚竹書周易研究——兼論先秦兩漢出土傳世易學文獻資料》，上海：上海古籍出版社，2006 年。
380. 謝保成，《郭沫若評傳》，南昌：百花洲文藝出版社，1995 年
381. 韓國磐，《中國古代法制史研究》，北京：人民出版社，1997 年
382. 簡博賢，《魏晉四家易研究》，台北：文史哲出版社，1986 年
383. 聶敏里選譯，《20 世紀亞里士多德文選》，上海：華東師範大學出版社，

2009 年
384. 羅光，《中國哲學思想史，先秦篇》，台北：台灣學生書局，1996 年
385. 羅光，《儒家的生命哲學》，台北：台灣學生書局，1995 年
386. 羅振玉，《殷墟書契考釋》，台北：藝文印書館，1975 年
387. 羅振玉，《羅雪堂先生全集》，台北：台灣大通書局，1989 年
388. 羅振玉，《增訂殷墟書契考釋》，台北：藝文印書館，1981 年
389. 羅素（Bertrand Russel），《西方哲學史》，北京：商務印書館，1991 年
390. 羅素（Bertrand Russel），何保中譯，《西方的智慧》，台北：業強出版社，1986 年
391. 藝文印書館，《校正甲骨文編》，台北：藝文印書館，1974 年
392. 譚立鑄譯，庫朗熱（Coulanges, Fustel de）原著，《古代城邦：古希臘羅馬祭祀、權利和政治研究》（***La cite antique: Etude sur le culte le droit les institutions de la Grece et de Rome***），上海：東師範大學出版社，2005 年
393. 譚其驤主編，《中國歷史地圖集》，台北：曉園出版社，1991 年
394. 譚德貴，《多維文化視野下的周易》，濟南：齊魯書社，2005 年
395. 嚴靈峰，《易學新論》，台北：正中書局，1971 年
396. 嚴靈峰，《無求備齋易學論集》，台北：成文出版社，1995 年
397. 鐘嵩譯，安德魯斯（A. Andrews）原著，《希臘僭主》，北京：商務印書館，1997
398. 顧頡剛，《中國上古史研究講義》，北京：中華書局，2000 年
399. 顧頡剛，《中國上古史研究講義》，台北：文史哲出版社，1989 年

三、西文書籍（依作者姓名字母排序）

1. Allison Penelope Mary, ***The Archaeology of Household Activities: Dwelling in the Past***, New York：Routledge, 1999
2. Brian Browne Walker , ***The I Ching or Book of Changes: A Guide to Life's Turning Points*** , St.Martin's Griffin Press,1993
3. Chang Kwang-Chih ,***The Archaeology of Ancient China*** , New Haven & London: Yale University Press,1977
4. Chih-Hsu Ou-I （translated by Thomas Cleary）, ***The Buddhist I Ching: Chi-Hsu Ou-I***,Shambhala Press,2001
5. Creel H.G.,***Confucious and the Chinese Way*** ,N.y.: Harper & Brothers,1960
6. Gates C, Harles, ***Ancient Cities：the Archaeology of Urban Life in the Ancient Near East and Egypt, Greece and Rome***, New York：Routledge, 2003

7. C.G.Yung, ***Memories,dreams,reflections***,New York: Random House Inc, 1989.
8. Hellmut Wilhelm & Richard Wilhelm, ***Understanding the I Ching***, (translated by Cary F. Baynes & Irene Eber) ,Princeton University Press , 1995
9. Karl Jaspers (translated by Ralph Manheim), ***Way to Wisdom***, New Haven: Yale University Press, 2003
10. Lui I-Ming(translated by Thomas Cleary) , ***The Daoist I Ching*** , Shamhala Press , 2005
11. Richard Wilhelm (edited and translated by, Cary F. Baynes) , ***I Ching or Book of Changes*** , New Jersey: Princeton University Press,1997.
12. Richard Wilhelm, ***The Secret of the Golden Flower: A Chinese Book of Life***, Harvest Books Press,1962
13. Schwartz Benjamin I, ***The World of Thought in Ancient China***,Cambridge: Harvard University Press ,1985
14. Taoist Master Alfred Huang , ***The Complete I Ching: The Definitive Translation by the Taoist Master Alfred Huang*** , Inner Traditions Press , 2004
15. Taoist Master Alfred Huang , ***The Numerology of the I Ching: A Sorcebook of Symbols , Structures , and Traditional Wisdom*** , Inner Traditions Press , 2000
16. Thome H. Fang , ***Chinese Philosophy: Its Spirit and its Development***, Linking Publishing Co. Ltd, 1981
17. Thome H. Fang, ***Creativity in Man and Nature***, Linking Publishing Co. Ltd, 1983
18. Thome H. Fang , ***The Chinese View of Life-The philosophy of Comprehensive Harmony***, Linking Publishing Co. Ltd, 1986
19. Wilhelm Hellmut , ***Heaven, Earth, and Man in the Book of Changes*** , Seattle: University of Washinton Press,1977
21. Wilhelm Richard , ***Lectures on the I Ching ,*** New Jersey: Princeton University Press,1979

四、博士學位論文（依年代排序）

1. 胡自逢，《周易鄭氏學》，台灣師大國文研究所博士論文，1966 年。
2. 黃慶萱，《魏晉南北朝易學考佚》，台灣師大國文研究所博士論文，1972 年。
3. 徐芹庭，《漢易闡微》，台灣師大國文研究所博士論文，1973 年。
4. 曾春海，《王船山易學闡微》，輔仁大學哲學研究所博士論文，1977 年。

5. 簡博賢，《今存三國兩晉經學遺籍考》，台灣師大國文研究所博士論文，1981 年。
6. 黃成權，《易經倫理思想研究》，文化大學哲學研究所博士論文，1983 年。
7. 劉遠智，《易數研究》，文化大學中文研究所博士論文，1987 年。
8. 朴正根，《易經之人生哲學研究》，文化大學中文研究所博士論文，1987 年。
9. 劉瀚平，《宋象數易學研究》，政治大學中文研究所博士論文，1988 年。
10. 金周昌，《王弼易研究》，文化大學哲學研究所博士論文，1989 年。
11. 孔令信，《伯格森生命哲學與易經生命哲學比較研究》，文化大學哲學研究所博士論文，1990 年。
12. 金學權，《易經之天人關係研究》，文化大學哲學研究所博士論文，1990 年。
13. 江弘毅，《宋易大衍學研究》，台灣大學國文研究所博士論文，1991 年。
14. 莊耀郎，《王弼玄學》，台灣師大國文研究所博士論文，1991 年。
15. 王新華，《周易繫辭傳疏證》，文化大學哲學研究所博士論文，1991 年。
16. 鄭炳碩，《易經哲學中人與道德理念之研究》，文化大學哲學研究所博士論文，1991 年。
17. 金尚燮，《朱熹以理學詮釋易學之研究》，台灣大學哲學研究所博士論文，1992 年。
18. 孫劍秋，《清代吳派經學研究》，政治大學中文研究所博士論文，1992 年。
19. 杜保瑞，《論王船山易學與氣論進路並重的形上學進路》，台灣大學哲學研究所博士論文，1993 年。
20. 尹任圭，《易經之生生思想研究》，輔仁大學哲學研究所博士論文，1993 年。
21. 千炳敦，《易傳道德形上學研究——並省王弼與朱子之易學》，東海大學哲學研究所博士論文，1993 年。
22. 林文彬，《船山易學研究》，台灣師大國文研究所博士論文，1994 年。
23. 賴貴三，《焦循雕菰樓易學研究》，台灣師大國文研究所博士論文，1994 年。
24. 金聖基，《易經哲學中人之研究，——，以人之自律擴大過成爲中心》，文化大學哲學研究所博士論文，1994 年。
25. 趙中偉，《周易變的思想研究》，輔仁大學國文研究所博士論文，1994 年。
26. 蔡憲昌，《周易與孫中山先生人生哲學之比較》，師範大學三民主義研究所博士論文，1995 年。

27. 黄忠天，《宋代史事易學研究》，高雄師大國文研究所博士論文，1995 年。
28. 周甘逢，《周易教育思想研究》，高雄師大教育研究所博士論文，1995 年。
29. 林志孟，《俞琰易學思想研究》，文化大學哲學研究所博士論文，1995 年。
30. 張銀樹，《易傳哲學思想析論》，輔仁大學中文研究所博士論文，1995 年。
31. 李霖生，《辭與物：易傳釋物的秩序》，台灣大學哲學研究所博士論文，1996 年。
32. 林文欽，《周易時義研究》，高雄師大國文研究所博士論文，1996 年。
33. 劉慧珍，《漢代易象研究》，輔仁大學國文研究所博士論文，1997 年。
34. 楊自平，《吳澄之易經解釋與易學觀》，中央大學國文研究所博士論文，2000 年。
35. 許朝陽，《胡煦易學研究》，輔仁大學國文研究所博士論文，2000 年。
36. 王宏仁，《張惠言易學研究》，高雄師大國文研究所博士論文，2001 年。
37. 許維萍，《宋元易學的復古運動》，東吳大學中文研究所博士論文，2001 年。
38. 康全誠，《清代易學八家研究》，文化大學中文研究所博士論文，2003 年。
39. 陳進益，《蕅益智旭《易》佛會通研究》，東吳大學中文研究所博士論文，2004 年。
40. 段致成，《道教丹道易學研究》，台灣師範大學中文研究所博士論文，2004 年。
41. 陳伯適，《惠棟易學研究》，東吳大學中文研究所博士論文，2005 年。
42. 陳明彪，《牟宗三的漢代易學觀評述》，台灣師範大學中文研究所博士論文，2006 年。
43. 謝綉治，《魏晉象數易研究》，高雄師範大學國文研究所博士論文，2008 年。
44. 劉秀蘭，《宋代史事易學之易理分析》，高雄師範大學國文研究所博士論文，2008 年。
45. 喬家駿，《孟喜、焦延壽、京房及其易學研究》，高雄師範大學國文研究所博士論文，2009 年。
46. 羅卓文，《清乾嘉易學七家研究》，文化大學中文研究所博士論文，2010 年。

五、單篇論文（依作者姓氏筆劃排序）

1. 丁山，〈宗法考源〉，《中央研究院史語所集刊》，1934 年，頁 399～415。
2. 于逸生，〈夏商周三代神權法思想嬗變〉，《求是學刊》，1997 年第 1 期，頁 94～96。

3. 王宇信，〈試論周原出土的商人廟祭甲骨〉，《中國史研究》，1988 年第 1 期，頁 107～120。
4. 田永勝，〈論王弼易學對兩漢易學的繼承〉，《周易研究》，1998 年，8 月，第 3 期。
5. 佟柱臣，〈中國夏商王國文明與方國文明試論〉，《考古》，1991 年第 11 期，頁 1003～1018。
6. 金祥恆，〈從甲骨卜辭研究殷商軍旅中之三行三師〉，《中國文字》(52)，1974 年，頁 5659～5706。
7. 周玉山，〈易學文獻原論〉，《周易研究》，1994 年，第 1 期。
8. 周玉山，〈易學文獻原論〉，《周易研究》，1994 年，第 2 期。
9. 周玉山，〈易學文獻原論〉，《周易研究》，1994 年，第 3 期。
10. 林安梧，〈《易經》思想與二十一世紀文明之發展〉，《鵝湖月刊》28 卷，第 6 期，1980 年，12 月。
11. 徐中舒，〈殷周文化蠡測〉，《中央研究院史語所集刊》，1935 年，頁 275～280。
12. 徐志銳，〈論周易的形象思維〉，《中華易學》，17 卷，第 3 期，1996 年，5 月。
13. 晁福林，〈試論殷代的王權與神權〉，《社會科學戰線》，1984 年第 4 期，頁 96～102。
14. 宮長爲，〈試論西周王朝三大職官系統之構成〉，《求是學刊》，1998 年第 2 期，頁 97～100。
15. 姬乃軍，〈關於華夏文化發祥地的思考〉，《考學與文物》，1999 年第 1 期，頁 44～47。
16. 涂白奎，〈釋「巫」〉，《華夏考古》，1997 年第 1 期，頁 89～92。
17. 高懷民，〈西漢孟喜改列卦序中的人文思想〉，《周易研究》，2001 年第 6 期。
18. 高晨陽，〈王弼的崇本息末觀與玄理化的易學傾向〉，《周易研究》，1997 年，第 2 期。
19. 曹定雲，〈論族字異構和「王族」合文〉，《中央研究院史語所集刊》，1934 年，頁 275～319。
20. 陳獻猷，〈從易理看王夫之對朱熹的吸收和繼承〉，《船山學刊》，1994 年 1 月。
21. 張秉權，〈卜辭所見殷商政治統一的力量及其達到的範圍〉，《中央研究院史語所集刊》，1979 年，頁 175～229。

22. 張秉權，〈祭祀中卜辭的犧牲〉，《中央研究院史語所集刊》（38），1962年，頁181～232。
23. 張學海，〈城起源研究的重點突破〉，《考古學文物》，1999年第1期，頁36～43。
24. 張光直，〈殷周關係再檢討〉，《中央研究院史語所集刊》，1980年，頁97～216。
25. 張亞初，〈商代職官研究〉，《古文字研究》（12），1984年，頁275～319。
26. 張濤，〈秦代易學思想探微〉，《漢學研究》，第18卷，2期，2000年，12月。
27. 黃競新，〈甲骨文「翌」、「來」分用釋例〉，第七屆中國文字學研討會論文，1996年。
28. 黃沛榮，〈先秦筮書考〉，《書目季刊》，1983年12月。
29. 黃沛榮，〈《易經》形式結構中所蘊涵之義理〉，《漢學研究》，第19卷，1期，2001年，6月。
30. 傅斯年，〈東周封與殷遺民〉，《中央研究院史語所集刊》，1934年，頁275～319。
31. 傅斯年，〈論所謂五等爵〉，《中央研究院史語所集刊》，1930年，頁176～209。
32. 傅佩榮，〈易傳的天人關係〉，《中華易學》，第5卷，11期，1985年，1月。
33. 彭忠德，〈章學誠易教、書教、詩教補說〉，《漢學研究》，第18卷，1期，2000年，6月。
34. 葛志毅，〈西周春秋制度掘微〉，《中國史研究》，1988年，第1期，頁49～58。
35. 董作賓，〈殷商疑年〉，《中央研究院史語所集刊》，1936年，頁78～109。
36. 蔡鳳書，〈成址、文字及文明起源〉，《中國史研究》，1997年第1期，頁15～24。
37. 鍾柏生，〈卜辭職官泛稱之一——臣〉，《中國文字》，新二十期，頁79～134。
38. 鍾柏生，〈卜辭所見殷代的軍禮之二〉，《中國文字》，新十六期，頁78～129。
39. 劉慶柱，〈中國古代宮城考古學研究的幾個問題〉，《文物》，1998年第3期，頁49～57。
40. 劉大鈞，〈周易古易考〉，《中國社會科學》，2002年第5期。
41. 劉光本，〈象數易與義理易之流變——從易學發展之角度看象數、義理、卜筮三者之關係〉，《周易研究》，1992 年第 4 期。

42. 鄭吉雄，〈從卦爻辭字義的演繹論《易傳》對《易經》的詮釋〉，《漢學研究》，第 24 卷，1 期，2006 年，6 月。

43. 賴錫三，〈《周易參同契》的「先天後天學」與「內養外煉體觀」〉，《漢學研究》，第 20 卷，2 期，2002 年，12 月。